U0153936

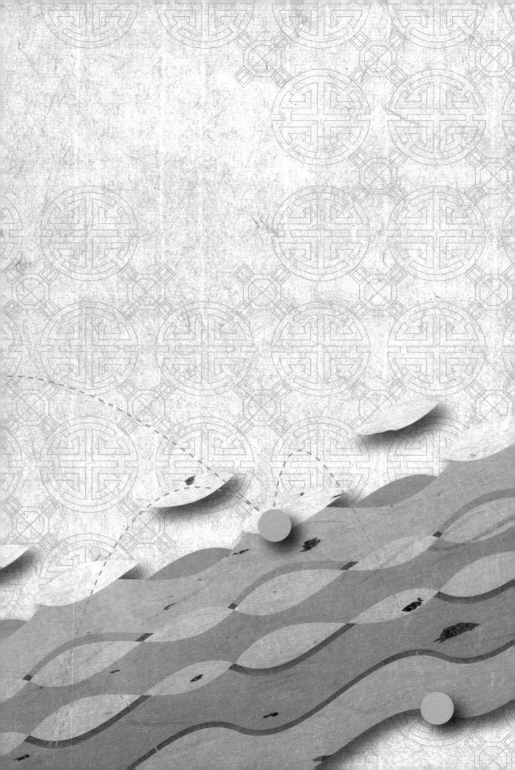

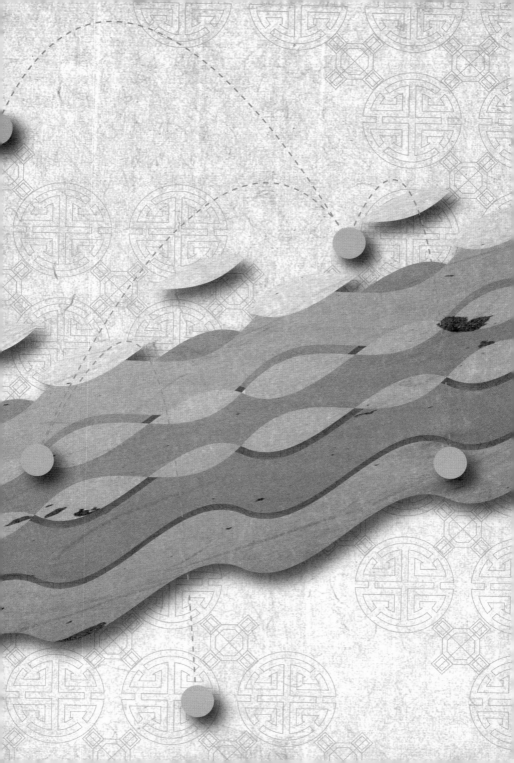

政大人文系列叢書

近代中國外交的
大歷史與小歷史

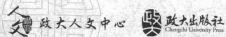
政大人文中心　政大出版社
Chengchi University Press

國家圖書館出版品預行編目 (CIP) 資料

近代中國外交的大歷史與小歷史／王文隆等著. --
初版. -- 臺北市：政大出版社出版：政大人文中
心發行, 2016.12
　　面；　公分.
　　ISBN 978-986-6475-93-1（平裝）

1. 中國外交 2. 外交史 3. 文集

640.7　　　　　　　　　　　　　　　105024339

政大人文系列叢書

近代中國外交的大歷史與小歷史

著　　者　王文隆　陳立樵　黃文德　呂慎華　張志雲
　　　　　侯彥伯　任天豪　許峰源　林亨芬　應俊豪
　　　　　楊子震

發 行 人　周行一
發 行 所　國立政治大學人文中心
出 版 者　政大出版社
執行編輯　林淑禎　蕭淑慧
封面設計　談明軒
地　　址　11605 臺北市文山區指南路二段 64 號
電　　話　886-2-29393091#80625
傳　　眞　886-2-29387546
網　　址　http://nccupress.nccu.edu.tw

經　　銷　元照出版公司
地　　址　10047 臺北市中正區館前路 18 號 5 樓
電　　話　886-2-23756688
傳　　眞　886-2-23318496
網　　址　http://www.angle.com.tw
郵撥帳號　19246890
戶　　名　元照出版有限公司

法律顧問　黃旭田律師
電　　話　886-2-2391-3808

排版印刷　鴻柏印刷事業股份有限公司
初版一刷　2016 年 12 月
定　　價　360 元
I S B N　9789866475931
G P N　1010503006

政府出版品展售處
‧國家書店松江門市：104 臺北市松江路 209 號 1 樓
　電話：886-2-25180207
‧五南文化廣場臺中總店：400 臺中市中山路 6 號
　電話：886-4-22260330

目　次

導論：大歷史與小歷史

王文隆

中國國民黨文化傳播委員會黨史館主任

「大歷史」（Macrohistory）與「小歷史」（Microhistory）可說是兩種歷史研究的不同取徑與關懷。「大歷史」和「小歷史」也分別被翻譯成「宏觀史」與「微觀史」，就其字面來看，或許更能理解兩者的分別。

「大歷史」研究通常討論的時空跨度較大，自此找尋歷史發展脈絡、趨勢與模式，也從中尋覓歷史循環的理路與邏輯，闡釋歷史發展關鍵的重大脈絡，凸顯因果關係，關照對歷史發展具有影響的決策高層，進而建構出一個較大的歷史圖像。「大歷史」過去爲歷代史家所注目，用治亂、分合等模式，闡述鼎革、盛世、變亂等重大歷史事件。如房龍（Hendrik Willem Van Loon）所寫，曾經全球流行的《人類的故事》（*The Story of Mankind*）便是代表作之一，又如新銳的以色列耶路撒冷希伯來大學歷史系教授哈拉瑞（Yuval Noah Harari）所撰寫的《人類大歷史：從野獸到扮演上帝》（*Sapiens (From Animals Into Gods): A Brief History of Humankind*）也是備受矚目的傑作。

「小歷史」的出現，惠於歷史多樣化的討論，以及馬克思主義史學對非

上層群體的關注，使得史家將焦點轉向個人、個人與群體間的關聯，從而關懷隱伏於歷史洪流之下，接近於庶民與底層人士的生活，進一步關注個人史、生活史、日常史等不同的議題，探討特定族群、生活類型、物種物品等不同面向的片段，除了政治史、軍事史與外交史之外，亦含括社會史、文化史、觀念史等多樣領域，觸及宗教、性別、展示、飲食等不同主題。最早出現「小歷史」這個詞的，或許是史伊尹（George R. Stewart）教授所寫的《皮克特衝鋒：從小歷史看蓋茲堡的最後一擊》（*Pickett's Charge: A Microhistory of the Final Attack at Gettysburg, July 3, 1863*）。爾後，也有以小的歷史事件，對大的歷史脈絡帶來如何衝擊的討論，或是將各個不同的個案匯聚一起，與大的歷史脈絡比對或是對話的嘗試。

　　中外關係史、國際關係史或是外交史所討論的，多是牽涉國與國間的交涉、溝通、談判與往來，常以官式來往與外交菁英的記載為據，聚焦於霸權興衰，多為以「大歷史」為焦點的研究。然而，國際間的互動，經常不僅止於官方間的接觸，自清末以來，隨著列強越發深入中土，各列強在華的行為，多少有避開官式途徑的試探。除了「大歷史」之外，史家擴大其觸角，憑藉曾被忽略的瑣碎事件或是非官方史料，拼湊出另一塊「大歷史」以外的圖像，成為觀察過去的新切點。

　　「大歷史」與「小歷史」彼此交相影響。「大歷史」或能限制「小歷史」的發展，然而「小歷史」也有扭轉「大歷史」的可能，若偏廢一端，將失卻窺看全豹的機會。中外關係與近現代中國形塑研究群，在國立政治大學人文中心所屬現代中國的形塑研究計畫的挹注下，經過幾年的努力，我們發現，「大歷史」與「小歷史」的互動，頗值得討論。本書基於此，收錄2015年1月，於國立政治大學人文中心舉辦之「近代中國外交的大歷史與小歷史」學術研討會的論文，經審查後結集成書，將近代中國外交的「大歷史」與「小

歷史」之間的映照，加以討論，以國際秩序中各類衝突與紛爭與中國對外交涉爲切點，透過學術討論將宏觀與微觀的歷史關懷，藉由個案研究爲基礎，透過研究實績呈現於世人眼前。

　　天主教輔仁大學歷史學系助理教授陳立樵博士所撰〈一次戰後中國與伊朗之權益爭取及條約締結（1918-1921）〉一文，以中國與伊朗因受不平等條約束縛的共同背景下，莫不寄望在一戰結束後，藉由國際間民族自決的氛圍，脫除領事裁判權在內的不平等桎梏，可惜這並非列強所願。一戰期間雖說中國選擇參戰，伊朗選擇中立，造就中國有機會派遣代表參與巴黎和會，但伊朗卻被拒於門外的結果。但參與巴黎和會的中國，仍擺脫不了被列強擺佈的命運。在列強所主導的「大歷史」脈絡下，中國與伊朗在不平等條約的撤廢上進展有限，但至少中伊雙邊在建立條約關係時都有共識，不再加諸不平等的限制予對方，這一平等相待的舉措，雖一時無法翻轉「大歷史」，但卻是「大歷史」之外的一條「小歷史」的伏流。

　　國家圖書館特藏文獻組編輯黃文德博士所撰〈1936年日英基隆事件重探〉一文，藉由1936年爆發的英國訪日海員拒付車資，由日警插手的微小事件，一方面探索日治時期間諜熱與對英美人士不信任的源頭，一方面又細膩地觀察到英日兩方在面子上的爭執，雙方在沒有合適下臺階的情況下，這一事件最終以日本秩父宮親王訪英的政治考慮才草草結案。這樣的「小歷史」無法動搖日本對外國的不信任，或是遏制日警汗幔，「大歷史」的洪流沒有被撼動。

　　國立中央大學歷史研究所兼任助理教授呂愼華博士所撰〈袁世凱與威海衛勘界問題〉一文，以袁世凱擔任山東巡撫時期，與英方爲了威海衛租借地劃界所持的立場爲例，說明袁世凱的外交策略，是遵守約章，避免落入列強口實而橫遭干涉，並在權衡實力與現況下盡可能地爭取利權。這一段「小歷

史」，成就了袁世凱外交策略的根源，也因爲袁世凱在日後不斷升轉，逐漸成爲他理政、治國的核心策略，使得這「小歷史」變成往後「大歷史」的源初。

上海交通大學歷史系研究員張志雲博士所撰〈中國海關官員的遺留和抉擇（1949-1950）〉一文，以不同區域爲範圍，挑選了幾個相當具有代表性的華籍關員爲例，以他們的個人史所組建的「小歷史」能窺探中共建政初期，對於各機構人員留任與聘用，抛棄清末以來尊重特殊專業的習慣，轉而聘用政治正確或經過思想改造的人員，以確保政權的穩定，這大大出乎這些關員對政權轉換的經驗，也遠遠超乎這些關員對政權轉換的想像。每個人的「小歷史」也都只能在「大歷史」的奔流中浮沉。

廣州中山大學歷史學系專職科研特聘副研究員侯彥伯博士所撰〈亞東開埠與「抵關貿易」（1876-1895）〉一文，以海關協助西藏在中印邊界的西藏亞東設關的「小歷史」爲例，一方面說明清廷透過邊區海關設置彰顯治權，一方面也闡述海關關員藉著協助清廷設立西藏海關，能使其他國家意識到清廷對此的實際掌治，進而鞏固清廷對西藏的統治。這一段「小歷史」是中國海關「大歷史」的一個片段，雖令清廷對西藏的統治有所開創，可惜清廷卻沒有修改原本對西藏統治的模式以應新局，「小歷史」沒能翻轉「大歷史」。

國立臺中科技大學通識教育中心專案助理教授任天豪博士所撰〈冷戰與宗教：中華民國對創價學會在臺發展的因應及其意義〉一文，以日本來臺傳教之宗教團體，立場偏左的創價學會爲例，說明當時我國政府對宗教的普遍管制態度，並以此例說明政府當時所設定的紅線，無論是本土或是外來宗教團體都一視同仁，這是爲了國內統治的安定而設的限制。本文所舉的民間團體傳教的「小歷史」，在政府爲首的「大歷史」的壓制下，雖不斷希望能挑戰政府的底線，卻難有實質突破。

　　國家發展委員會檔案管理局研究員許峰源博士所撰〈東沙島氣象臺建置
與南海主權的維護（1907-1928）〉一文，以中國地圖上幾乎不見蹤影只見文
字的東沙與西沙群島爲主角，討論清末以來政府面對其他國家侵奪群島主權
的應對辦法。雖說東沙與西沙群島的面積都不大，但這卻是清廷以及北洋政
府利用國際法爲工具，抗拒日、法兩國取先佔爲藉口，而以設立氣象臺與電
臺，並派駐人員常駐，證明對此地有實際控制與利用。以東沙與西沙作爲爭
取海權、海域的重要先例，雖都是不起眼的「小歷史」，但確實開了往後政
府以實際利用爲依據的「大歷史」。

　　國立政治大學歷史學系博士生林亨芬所撰〈日俄戰後中日奉天警務交涉
（1906-1908）〉一文，以牽涉地方管轄的警務爲例，闡述日方以此爲蠶食中
國東北利權及管轄權之起點。這是存在於地方交涉、牽涉平民百姓的「小歷
史」，但卻也是日本逐漸擴張其在中國東北影響力之「大歷史」的起點，不僅
爲日後日軍在中國東北發動戰爭、創建滿洲國鋪路，擴大控制層面，也使得
日本在此地的影響竟綿延了半世紀之久。

　　國立海洋大學海洋文化研究所教授應俊豪博士所撰〈愛仁輪事件與國民
政府外交部的處置對策〉一文，以英國海軍潛艇在中國廣東大亞灣灣區轟沉
輪船招商局所屬華籍輪船的例子，說明南京國民政府或因寧漢重新合作後的
不穩局面，逐漸放棄其北伐初期常採行的輿論攻勢與革命外交，轉由國際
法、國際慣例、人道問題等訴求爲基盤，指謫英國艦艇的不當行爲。這或許
與國民政府在清黨後，政治路線與蘇聯分道揚鑣有關，因而不可能再高舉革
命外交徒增阻礙。這使得本案的「小歷史」成爲日後國民政府推展外交工作
的變點，造就了日後「大歷史」的發展。

　　就本書所探擇的幾個歷史個案，大抵能劃出「大歷史」限制「小歷史」
發展，與「小歷史」扭轉「大歷史」兩條取徑。然而無論是哪一種取徑，都

是本研究群多年來堅持以檔案爲本，從事個案研究所獲的成果。「小歷史」所積累的個案，匯集成「大歷史」的主流；「大歷史」的巨流下也隱藏「小歷史」的伏流或分岔，「大歷史」與「小歷史」的交疊，撥出了歷史的不同面貌。

一次戰後中國與伊朗之權益爭取及條約締結（1918-1921）

陳立樵

天主教輔仁大學歷史學系助理教授

一、前言

　　近代中國與伊朗之間並無密切的外交關係，[1] 然而兩國有相似的處境，內政與外交都受到列強的壓力，在改革方面也有一樣的路線，例如伊朗於1905年有立憲運動，中國在1906年（清光緒32年）也有立憲運動。在中國的報章雜誌中，可看到有相關伊朗立憲的報導。[2] 1920年（民國9年）6月，中國與伊朗簽訂了《中華波斯通好條約》，爲近代兩國正式來往之文件。雙方締結條約是否與相似的處境有關、簽約又代表什麼意涵，爲本文將討論之對象。

　　一次大戰之前，中國受許多列強條約之束縛，然而戰時又面臨了對日

1　本文提及伊朗，均稱「伊朗」而不稱「波斯」，因爲伊朗人已稱自己的國家爲「伊朗」有幾世紀之久，「波斯」（Persia）僅於中西文裡使用。本文使用的中文檔案均爲「波斯」，引用時保留不變。

2　見Yidan Wang（王一丹）, 'The Iranian Constitutional Revolution as Reported in the Chinese Press,' in H. E. Chehabi and Vanessa Martin (eds.), *Iran's Constitutional Revolution: Popular Politics, Cultural Transformations and Transnational Connections* (London: I.B. Tauris, 2010), pp. 369-379.

本的山東問題與《民四條約》。[3]此後中國有意參戰，以改變其國際地位，「以工代兵」便是一種方式。1918年8月，中國對德國宣戰。[4]伊朗則是面臨英國與俄國的壓力，自19世紀起兩強在伊朗爭奪勢力範圍，英國掌控的是伊朗南部的波斯灣地帶，俄國則是在北部的政治中心，到了1907年雙方簽署協定，為《1907年英俄協定》(*Anglo-Russian Convention of 1907*)，劃分伊朗北部為俄國勢力範圍，東南部為英國範圍，中間有中立區做為緩衝。一次大戰期間，俄國與鄂圖曼帝國在伊朗西北邊境交戰，而1916年英國在伊朗南部駐紮軍隊，兩強在伊朗軍事力量擴大。伊朗在戰時雖宣布中立，卻仍然受到戰事波及。[5]中伊兩國都欲擺脫列強箝制，中國決心參戰，伊朗堅持中立，一戰後期國際秩序都將重整之際，兩國也想藉機扭轉頹勢。

在前人研究裡，有關中國與伊朗關係的作品並不多見。以目前所得資料來看，有英國學者巴斯特 (Oliver Bast) 的波斯文文章，〈伊朗與1919年巴黎和會：以中國為例〉("Iran va Konferans-e Solh-e 1919: Amidha-ye Barbadrafte va Sarmashq-e Chini") 寫道，戰後伊朗雖想仿照中國模式向列強爭取權益，但巴黎和會 (Paris Peace Conference) 期間，中國的山東問題談判失敗，所以伊朗不必以中國作為範例。[6]中國學者范鴻達的著作《伊朗與美國：從朋友到仇敵》，簡略提及一次大戰之後，中國與伊朗都在巴黎和會

3　林明德，〈民初日本對華政策之探討 (1911-1915)〉，收入中華文化復興運動推行委員會主編，《中國近代現代史論集——第二十三編：民初外交 (上)》(臺北：臺灣商務印書館，1986)，頁59-126。

4　中國的「以工代兵」可參見徐國琦著，馬建標譯，《中國與大戰：尋求新的國家認同與國際化》(上海：上海三聯書店，2013)，頁121-167。中國決定參戰的過程，可見吳翎君，《美國與中國政治 (1917-1928)——以南北分裂政局為中心的探討》(臺北：東大圖書公司，1996)，頁13-34。

5　Rouhollah K. Ramazani, *The Foreign Policy of Iran: A Developing Nation in World Affairs 1500-1941* (Charlottesville: University Press of Virginia, 1966), pp. 114-136.

6　Oliver Bast, "Iran va Konferans-e Solh-e 1919: Amidha-ye Barbadrafte va Sarmashq-e Chini," in Safa Akhavan (ed.), *Iran va Jang-e Jahani-ye Avval (Majmu'e-ye Maqalat-e Seminar)* (Tehran: Markaz-e Asnad va Tarikh-e Diplomasi, 1380/2001), pp. 443-458.

遭遇困難。[7]儘管就只有這段文字，而范鴻達的研究重心也不在此，但仍然可做爲進一步探討中伊關係的線索。上述兩位學者都提到了巴黎和會，可見中伊兩國都有些問題需要透過巴黎和會來解決。不過，卻都沒有提到1920年中伊締結條約。而中伊兩國在戰後巴黎和會期間的外交問題，已經有不少研究。以戰後的中國來說，中國加入巴黎和會，有很多研究可以參考。過去許多研究批判中國在巴黎和會的交涉失敗，未能取回山東，近來則有研究指出中國在巴黎和會的努力成果。[8]有關一戰後伊朗的研究，多數學者討論英國以《1919年英伊條約》（*Anglo-Iranian Treaty of 1919*）控制了伊朗，英國成爲伊朗的保護國；[9]僅有巴斯特的文章提到，該項條約讓英國協助伊朗在戰後重建，其實是伊朗的外交勝利。[10]也有些研究討論《1919年英伊條約》

7　范鴻達，《伊朗與美國：從朋友到仇敵》（北京：新華出版社，2012），頁5。范鴻達寫道：「第一次世界大戰之後，所謂的戰勝國雲集法國巴黎，希望通過巴黎和會的努力來彌補自己的戰爭損失，或是再獲取一些未來利益。在1919年巴黎和會召開之際，深受戰爭和外部勢力佔領之苦的伊朗決定與會，其訴求幾乎和中國的一樣簡單且理所當然，德黑蘭希望能藉此機會取締外國特別是英國在伊朗的特權，重新獲得國家的獨立自主。但也正如中國在巴黎和會上的悲慘遭遇，伊朗的訴求也遭到拒絕……。」

8　可參考陳三井，〈陸徵祥與巴黎和會〉，《歷史學報》，第2期（1974年2月），頁189-203；張春蘭，〈顧維鈞的和會外交——以收回山東主權問題爲中心〉，《中央研究院近代史研究所集刊》，第23期（1994年6月），頁29-52；廖敏淑，〈巴黎和會與中國外交〉（臺中：國立中興大學歷史學系碩士論文，1998）；唐啓華，《北京政府與國際聯盟》（臺北：東大圖書公司，1998）；陳三井，《中國躍向世界舞台——從參加歐戰到出席巴黎和會》（臺北：秀威資訊，2009）；唐啓華，《巴黎和會與中國外交》（北京：社會科學文獻出版社，2014）；鄧野，《巴黎和會與北京政府的內外博奕：1919年中國的外交爭執與政派利益》（北京：社會科學文獻出版社，2014）。

9　William J. Olson, "The Genesis of the Anglo-Persian Agreement of 1919," in Elie Kedourie and Sylvia G. Haim (eds.), *Towards A Modern Iran: Studies in Thought, Politics and Society* (London: Frank Cass, 1980), pp.185-216; W. J. Olson, *Anglo-Iranian Relations During World War I* (London: Frank Cass, 1984); Houshang Sabahi, *British Policy in Persia 1918-1925* (London: Frank Cass, 1990), pp. 33-58; Nikki Keddie, "Iran under the Later Qajars, 1848-1922," in Peter Avery, Gavin Hambly and Charles Melville (eds.), *The Cambridge History of Iran: From Nadir Shah to the Islamic Republic,* vol. 7 (Cambridge: Cambridge University Press, 1991), pp. 174-212; Mohammad Gohli-Majd, *From Qajar to Pahlavi: Iran, 1919-1930* (Maryland: University Press of America, 2008), pp. 22-26.

10　Oilver Bast, "Putting the Record Straight: Vosuq al-Dowleh's Foreign Policy in 1918/19," in Touraj Atabaki and Erik J. Zürcher (eds.), *Men of Order: Authoritarian Modernization under*

簽訂時美國的立場，強調美國對於該條約之批判，[11]以及當時英國、美國、俄國的三角關係。[12]2013年伊朗出版了《伊朗：從巴黎和會到1919年英伊條約》（*Amal-e Iran: Az Konferans-e Solh-e Paris tal Qarardad-e 1919 Iran va Engelis*）的檔案選輯，[13]儘管主要對象是英國，但仍是瞭解戰後伊朗難能可貴的波斯文檔案。於是，在巴黎和會期間，中國有山東問題，伊朗有《1919年英伊條約》，兩國在國際間的處境相似，應是1920年兩國締結條約的背景。

　　本文運用英國外交檔（FO）、美國對外關係文件（*FRUS*）、中央研究院近代史研究所檔案館藏之《北洋政府外交部檔案》、《國民政府外交部檔案》，[14]探討一次世界大戰後期中國及伊朗的對外方針、兩國參與巴黎和會過程中所面對的問題、以及兩國於1920年締結條約的重點與意涵。有關中國的部分，因為已有諸多的研究，本文無須再詳述其細節，僅陳述重要經過，而多著墨伊朗的部分。

二、一戰後期中伊之外交方針

　　一戰後期的國際情勢，對中國與伊朗來說都是擺脫西方列強控制的機

　　Atatürk and Reza Shah (London: I.B. Tauris, 2004), pp. 260-281.

11　Mehdi Heravi, *Iranian-American Diplomacy* (New York: Theo. Gaus'Sons, 1969), pp. 35-51.

12　Ahmad Ishtiaq, *Anglo-Iranian Relations 1905-1919* (New York: Asia Publishing House, 1974), pp. 311-329; M. Reza Ghods, *Iran in the Twentieth Century: A Political History* (London: Adamantine Press, 1989), pp. 54-56.

13　Kaveh Bayat va Reza Azari Shahrezayei, *Amal-e Iran: Az Konferans-e Solh-e Paris tal Qarardad-e 1919 Iran va Engelis* (Tehran: Shiraz-e Ketab, 1392/2013).

14　本文為討論1918年到1921年之間中國與伊朗的關係，主要運用1928年以前的《北洋政府外交部檔案》，而有關1920年《中華波斯通好條約》，在《北洋政府外交部檔案》只有條約，條約討論過程的文件紀錄，則是放在1928年之後的《國民政府外交部檔案》。參見《國民政府外交部檔案》，中央研究院近代史研究所檔案館藏，檔號：112.6/0001、112.6/0002。

會。19世紀中葉以來，中國與列強簽署的條約，讓中國受到土地割讓、賠款、領事裁判權的困擾。伊朗與西方列強簽訂條約，則是集中在19世紀前期。伊朗與俄國爭奪高加索（Caucasus）地區，因戰敗而簽下了《1828年土庫曼查宜條約》（Treaty of Torkmanchai of 1828），條約中給予了俄國領事裁判權。[15] 伊朗雖不像中國一樣受到諸多條約束縛，但受到的是英國與俄國在各方面的壓力，《1907年英俄協定》更劃分勢力範圍，讓伊朗對英俄更加不滿。過去曾給予列強特權的條約，或是列強所劃分的勢力範圍，都是中伊兩國要努力擺脫的束縛。一戰期間已經有停戰後開啟和平會議的氣氛，中伊兩國都試圖取得入會資格。尤其自1918年1月美國威爾遜（Woodrow Wilson）總統發表《十四點原則》之後，飽受列強壓力的中國與伊朗都為之振奮。兩國都希望威爾遜的原則，例如國際盟約不得私下締結、組織國際聯盟以保障各國政治自由與領土完整，各國享有同等權利，都能夠實踐。[16] 因此，中伊都有聯合美國的策略。

中國自清末以來與外國簽立的條約之中，多給予領事裁判權與最惠國待遇。儘管清朝已經試圖要修改條約，但還沒有明確的成果。在一次大戰期間，北京政府對於無約國，如古巴、智利、瑞士，簽署條約，已有不讓出領事裁判權之嘗試。對於有約國，如德國、奧地利，藉由對德奧宣戰而廢止既有條約。[17] 在一次大戰之後，北京政府有三方面進行修約外交，例如對協約國，要改正條約；對戰敗國，簽訂平等新約；對無約國，堅持訂定平等條

15　J. C. Huweritz, *Diplomacy in the Near and Middle East, A Documentary Record: 1535-1914*, vol. 1 (Toronto: D. Van Nostrand Company, 1956), pp. 101-102.

16　中國社會科學院近代史研究所《近代史資料》編輯室主編，《秘笈錄存》（北京：中國社會科學出版社，1984），頁28-29。

17　唐啓華，〈民國初年北京政府「修約外交」之萌芽，1921-1918〉，《興大人文史學報》，第28期（1998年6月），頁117-143。

約。[18]廢除領事裁判權，為北京政府廢約、修約的目的之一。

　　在1911年中國革命之後，列強稱北京政府只是臨時性質，不願給予正式之外交承認，只有美國於1913年5月宣布承認，對於中國來說有突破外交困境的作用。[19]1915之後的山東問題與《民四條約》，駐美公使顧維鈞認為應爭取國際支援。唯一能給予中國外交支持的只有美國，另外是英國，可能會因他們在中國之利益而有所行動。[20]1918年1月威爾遜宣布《十四點原則》後，北京外交部有意援引威爾遜原則來改變外交困境。[21]中國要聯合美國的作法，在這時候已經相當明顯。

　　不過，中國欲聯合美國，並不代表美國能有令中國滿意的回覆。美國對於中國的態度，有駐外公使與外交部之差異。例如，1917年間，美國以歐洲戰事為優先，並不鼓勵中國參戰，也認為北京政府動盪不安有損美國對華利益。[22]而且，1917年11月美國與日本的《藍辛——石井協定》（*Lansing-Ishii Agreement*）之後，美國承認日本在中國之利益。[23]因此，對於中國問題，美國也得考慮日本的態度。[24]然而駐華公使芮恩施（Paul S. Reinsch）希望促成中國參戰，更希望美國政府對中國加強援助，以擴大美國對中國之影響、進

18　唐啓華，〈1919年北京政府「修約外交」的形成與展開〉，《興大歷史學報》，第8期（1998年6月），頁167-196；李恩涵，〈九一八事變（1931）前中英撤廢領事裁判權的交涉：北伐後中國「革命外交」的研究之四〉，《中央研究院近代史研究所集刊》，第17期上冊（1988年6月），頁152-154。

19　張水木，〈一九一三年列強對中華民國政府之外交承認〉，收入中華文化復興運動推行委員會主編，《中國近代現代史論集——第二十三編—民初外交（上）》，頁1-58。

20　張春蘭，〈顧維鈞的和會外交——以收回山東主權問題為中心〉，《中央研究院近代史研究所集刊》，頁34。

21　唐啓華，《巴黎和會與中國外交》，頁142。

22　吳翎君，《美國與中國政治（1917-1928）——以南北分裂政局為中心的探討》，頁25-32。

23　《國際條約集（1917-1923）》（北京：世界知識出版社，1961），頁1-2。

24　衛藤瀋吉，〈1911-1931年中國的國際關係〉，收入費正清、費維愷編，《劍橋中華民國史：1914-1949年（下）》（北京：中國社會科學出版社，1993），頁121。

而遏止日本擴張。[25]儘管美國是唯一能在遠東抗衡日本的國家，但主要注意力還是放在歐洲，中國只希望美國能夠維持遠東現狀，以防範日本擴張的機會。其實，威爾遜參與和會的主要目的，是爲了實踐《十四點原則》與組織國際聯盟，而且法國、英國、義大利不盡然同意威爾遜的意見，[26]使得威爾遜在和會頗爲受挫。國際間的問題，影響著中國聯美策略的結果。

此時的伊朗，雖在戰時保持中立，但俄國與鄂圖曼帝國的軍隊在伊朗西北方境內交戰，讓伊朗損失慘重。不過，1917年俄國革命，國力衰弱，對長期受到俄國壓制的伊朗來說，這是擺脫俄國控制的時機。7月，俄國政府命令俄軍不再進逼伊朗，而且伊朗境內的俄軍會盡快撤離。[27]12月，蘇俄成立，明確宣布瓜分伊朗的條約（即《1907年英俄協定》）已經撕毀和取消。俄國軍隊將自伊朗撤離，伊朗人民自由決定自己命運。[28]伊朗駐俄公使也要求蘇俄以書面形式向伊朗宣布放棄《1907年英俄協定》。蘇俄於1918年1月27日宣布，剝奪伊朗人自由與獨立的《1907年英俄協定》永遠無效，而且宣布廢除一切不平等條約和協定。[29]1月底，伊朗更進一步宣布取消外國在伊朗的領事裁判權。[30]2月，蘇俄宣布廢除對伊朗的不平等條約；[31]這更讓伊朗興

25 吳翎君，《美國與中國政治（1917-1928）》，頁25。
26 張春蘭，〈顧維鈞的和會外交──以收回山東主權問題爲中心〉，頁46；黃正銘，《巴黎和會簡史》（臺北：臺灣商務印書館，1970），頁38。
27 Nasrollah Saifpour Fatemi, *Diplomatic History of Persia 1917-1923: Anglo-Russian Power Politics in Iran* (New York: Russell F. Moore Company, 1952), p. 7.
28 Miron Rezun, *The Soviet Union and Iran: Soviet Policy in Iran from the Beginnings of the Pahlavi Dynasty until the Soviet Invasion in 1941* (Colorado: Westview Press, 1988), p. 13.
29 李春放，《伊朗危機與冷戰的起源（1941-1947年）》（北京：社會科學文獻出版社，2001），頁23-24。
30 Rouhollah K. Ramazani, *The Foreign Policy of Iran: A Developing Nation in World Affairs 1500-1941* (Charlottesville: University Press of Virginia, 1966), pp. 158-159.
31 Oliver Bast, "Duping the British and Outwitting the Russians? Iran's Foreign Policy, the 'Bolshevik Threat', and the Genesis of the Soviet-Iranian Treaty of 1921," in Stephanie Cronin (ed.), *Iranian-Russian Encounters: Empires and Revolutions since 1800* (London and New York: Routledge, 2013), p. 262.

起廢約廢利權的浪潮。[32] 3月初，德國與蘇俄簽署的《布列斯特——里托夫斯克條約》（*Brest-Litovsk Treaty*），其中蘇聯對德、奧、保、鄂之和約第7款：「鑑於波斯與阿富汗是自由和獨立的國家，締約國有義務尊重該兩國的政治與經濟獨立和領土完整。」在蘇聯對鄂圖曼政治條約第八款：「根據集體和約第七條所規定的原則，締約雙方宣布度於企圖在波斯造成勢力範圍和獨佔利益的一切以前國際文件，均應認為無效。兩國政府將從波斯領土撤出其軍隊。為此目的，它們應與該國政府聯繫，以便做出撤退的細節以及足以保證第三國尊重該國政治獨立和領土完整所必須的措施。」[33] 此條約讓伊朗暫時脫離了蘇俄的軍事壓力。3月21日，伊朗向各國駐德黑蘭使館正式發出照會：「鑑於沙皇俄國政府——在其與伊朗政府締結的土庫曼（查宜）條約中開了享有領事裁判權的先例——已不復存在，因此宣布取消領事裁判權。」[34] 7月，伊朗宣布俄國與伊朗之間的條約與利權，包括領事裁判權，一律無效。[35] 8月，德國也已同意放棄1873年以來在伊朗的領事裁判權。[36] 從1917年俄國革命以來，伊朗獲得了廢除外國人特權的機會，儘管伊朗與列強尚未簽訂平等新約，但在改變自身處境方面算是有了初步的成果。1919年6月，蘇俄再次向伊朗發出照會，願意放棄所有在伊朗的特權。[37] 俄國對伊朗釋出的善意，

32　Nasrollah Saifpour Fatemi, *Diplomatic History of Persia 1917-1923: Anglo-Russian Power Politics in Iran,* p. 8.

33　《國際條約集（1917-1923）》，頁7、26。

34　阿布杜爾禮薩‧胡尚格‧馬赫德維著，元文琪譯，《伊朗外交四百五十年》（北京：商務印書館，1982），頁292。

35　Abraham Yeselson, *United States-Persian Diplomatic Relations 1883-1921* (New York: Rutgers University Press, 1956), p. 143.

36　"The Minister in Persia (Caldwell) to the Secretary of State, August 31, 1918," Yonah Alexander and Allan Nanes (eds.), *The United States and Iran: A Documentary History* (Maryland: University Publications of America, 1980), p. 18.

37　George Lenczowsky, *Russia and the West in Iran 1918-1948: A Study in Big-Power Rivalry* (New York: Cornell University Press, 1949), p. 49.

並不表示就此對伊朗沒有企圖心，[38]實是因為國力虛弱與國際情勢之影響。但無論如何，在國際情勢變遷的情況下，伊朗獲得了可以改變處境的機會。英國雖於1918年宣布，同意會尊重伊朗的「獨立與領土完整」，還有廢除《1907年英俄協定》，但是拒絕從伊朗撤軍。[39]在蘇俄勢力離開伊朗之際，英國有意要將勢力在整個伊朗領土內拓展。

　　尋求美國協助，伊朗與中國有一樣的遭遇，美國並沒有報以實際行動。1917年12月，伊朗駐華盛頓公使梅赫迪汗（Mehdi Khan）給美國外交部的電報說：「威爾遜主張要保障每個國家的主權與獨立，激勵了伊朗政府，遂請求美國協助伊朗朝這目標邁進。伊朗公使指出，伊朗雖然保持中立，但交戰國（俄國與鄂圖曼帝國）在伊朗領土對戰，危害伊朗主權；俄國軍隊還搶走當地伊朗人的食物。有這樣的損失，伊朗有資格參與和會，以排除外國勢力威脅其獨立與自主、進步與發展。」[40]伊朗公使向美國提出幾項要求：讓伊朗參與和會、保障伊朗獨立與主權完整外國軍隊撤離伊朗、伊朗獲得損失賠償遵守伊朗中立、修訂《1828年土庫曼查宜條約》與廢除伊朗受脅迫而給予他國的特殊權利。[41]美國國務卿藍辛（Robert Lansing）回覆，已經有要求外交部未來在巴黎和會支持伊朗；[42]不過，藍辛沒有指明如何協助。1918年威爾遜《十四點原則》宣布之後，伊朗仍然希望美國能夠落實這些原則。美國駐德黑蘭公使卡維爾（John Caldwell）也認為，雖然他盡可能向伊朗表達友好

38　Firuz Kazemzadeh, "Russia and the Middle East," in Ivo J. Lederer (ed.), *Russian Foreign Policy: Essays in Historical Perspectives* (New Haven and London: Yale University Press, 1962), p. 521.

39　李春放，《伊朗危機與冷戰的起源（1941-1947年）》，頁19。

40　"The Persian Minister (Mehdi Khan) to the Secretary of State, December 17, 1917," Yonah Alexander and Allan Nanes (eds.), *The United States and Iran: A Documentary History,* p. 15.

41　The Persian Legation to the Department of State [Memorandum], Yonah Alexander and Allan Nanes (eds.), *The United States and Iran: A Documentary History,* p. 16.

42　Abraham Yeselson, *United States-Persian Diplomatic Relations 1883-1921,* p. 146.

態度，卻不知道該如何協助。[43] 和會還沒開始，可能美國也沒有任何計畫，但美國對於伊朗本沒有利害關係，一戰期間也僅著眼於歐洲國家，伊朗曾對美國提出貸款的要求，藍辛沒有同意，也沒有意願要介入伊朗的事務。[44] 因此，威爾遜的原則並不等於實際的外交政策。1918年10月，伊朗駐華盛頓公使阿里古力汗（Mirza 'Ali Quli Khan）再向藍辛提到，希望美國偉大的人性與正義原則，能夠在戰後協助伊朗參與和平會議。[45] 藍辛還是沒有肯定的回應，僅說要等威爾遜抵達巴黎之後再做決定。[46] 伊朗對美國之請求，仍然沒有正面回覆。

　　一次戰後伊朗與中國有相似的目標、相似的處境，例如力求擺脫列強之壓迫、也尋求美國之協助。然而，中國尚有新約簽訂之成果，伊朗僅是與俄國相互宣布條約無效，還沒有新約簽訂。兩國在這方面之比較，看似中國在對外關係比較有所收穫。在聯合美國方面，美國總統威爾遜的原則，與外交現實卻無法相符。對於中國問題，美國需考慮日本的立場，對於伊朗問題，美國因為沒有直接的利害關係而保持不介入的態度；這也是威爾遜理想主義令人詬病的一面。

三、中國與伊朗在巴黎和會期間之努力

　　組織國際會議、聯盟，是美國總統威爾遜的主張。一次大戰後期，國際間興起參與和平會議的氣氛，中國與伊朗都願意加入國際組織，目的在於提

43　Mehdi Heravi, *Iranian-American Diplomacy,* p. 36.

44　Abraham Yeselson, *United States-Persian Diplomatic Relations 1883-1921,* pp. 138-140.

45　The Persian Chargé (Ali-Kuli Khan) to the Secretary State, October 5, 1918, no. 177, Yonah Alexander and Allan Nanes (eds.), *The United States and Iran: A Documentary History*, p. 19.

46　"The Secretary of State to the Persian Chargé (Ali-Kuli Khan)," no. 26, 763. 72119. 3279, Washington, December 2, 1918, *Papers Relating to the Foreign Relations of the United States* (hereafter referred to as *"FRUS"*), *The Paris Peace Conference*, vol. 1 (Washington DC: Government Printing Office, 1919), p. 261.

升自身的國際地位，也欲藉著國際的力量取得自由權益。不過，中伊兩國在和會時期，都有難以解決的問題。中國有山東問題與《民四條約》，伊朗有《1919年英伊條約》，都牽涉到國家主權能否獨立的層面。儘管巴黎和會之召集有各國一律平等之理想基礎，但與和會開幕之後遭遇的現實問題仍有一段距離。

　　一戰結束之後，中國準備以戰勝國的身分參加和會。不過，中國參與和會一事，卻有反對的聲音。協約國以中國參戰不力、南北分裂，阻擋中國加入和會。北京外交部決定請美國協助，也與英國、日本聯繫，希望有機會參與和會。[47]顧維鈞曾建議在和會要順應美國之主張，因為此時應只有美國能夠出手協助。[48]1918年11月14日，顧維鈞電報說道：「對於中國加入和會一層，該副外部（美國副國務卿）言如協約國欲摒阻，美國當協助中國以達目的。今日彼復沿中國經對德奧宣戰，若不加入和會，無從議和。又向國務卿藍辛探詢，彼亦謂和會應議問題，必有關係中國利益者，協約國有何理由可阻中國加入。美政府素以助華為政策，協約國果擬攔阻，中國自可信託美國出面主持公道。」[49]11月28日，前往巴黎的代表團接獲訓令，其基本原則是：追求平等國際地位、與美國保持一致。平等國際地位包含對日平等、對列強平等及對德奧平等。[50]之後，1918年底中國南北雙方停戰，於是，中國既為參戰國之一，協約各國不再能將中國摒除於和會之外，中國終於得以參與和會。[51]然而，中國原先希望能夠和其他協約國獲得同等待遇，不料和

47　唐啓華，《巴黎和會與中國外交》，頁82。

48　「函外交部」（1918年5月21日），〈使美檔〉，《北洋政府外交部檔案》，中央研究院近代史研究所檔案館藏，檔號：03-12-008-02-012。

49　「電外交部」（1918年11月14日），〈使美檔〉，《北洋政府外交部檔案》，中央研究院近代史研究所檔案館藏，檔號：03-12-008-02-036。

50　唐啓華，《巴黎和會與中國外交》，頁145。

51　林明德，《近代中日關係史》（臺北：三民書局，1984），頁164。

會開幕時，中國卻發現和會決定的各國席次是：英、美、法、義、日各佔五席，對大戰有實際貢獻的塞爾維亞、比利時、巴西各為三席。中國、希臘、波蘭、葡萄牙、羅馬尼亞、暹羅、捷克等國各為二席。其餘南美國家各一席。[52]北京的輿論批判和會開始之前的自由平等、民族自決、解放弱國，今日卻仍然有國際的階級、強弱之區分、代表人數之多寡，已經令人失望。[53]儘管中國成為巴黎和會的成員，卻受到三等的待遇，期望落空。

之後，中國要面臨的是處理對日本的山東問題。中國出席巴黎的代表團目的有四：「1.收回戰前德人在山東省內之一切利益，該項利益不得由日本繼承；2.取消民四條約之全部或一部；3.取消外人在中國享有之一切特殊利益，例如領事裁判權、外人在華之勢力範圍；4.結束德、奧等戰敗國家在華之政治與經濟利益。」[54]1919年1月，日本想要德國在山東所享有之各種權利、德國以無條件之手續讓與日本，並無交還中國之意。[55]當然，中國不可能同意。4月，山東問題終於在巴黎和會中進行討論。可是，顧維鈞見了威爾遜，討論有關山東問題的解決方法，卻沒有結果。英國與日本有同盟關係，外交總長陸徵祥也指出請求英國調停很困難。[56]美國代表雖然提議山東權益應歸還中國，但遭到日本反對。[57]此時正值義大利因阜姆（Fiume，另譯為飛烏滿、烏梅）問題，離開了巴黎，而日本也揚言山東問題不依他們主張，日本代表亦將退出。若義、日兩國退出，德國也可能拒絕簽訂和約，巴

52　黃正銘，《巴黎和會簡史》，頁48。

53　鄧野，《巴黎和會與北京政府的內外博奕：1919年中國的外交爭執與政派利益》，頁36。

54　張忠紱，《中華民國外交史（一）》（臺北：正中書局，1953），頁257。

55　鄧野，《巴黎和會與北京政府的內外博奕：1919年中國的外交爭執與政派利益》，頁50-51。

56　「收法京陸總長電」（1919年4月17日），〈山東問題〉，《北洋政府外交部檔案》，中央研究院近代史研究所檔案館藏，檔號：03-33-150-01-044。

57　「第七十二次會議錄」（1919年4月22日），〈和會會議記錄〉，《北洋政府外交部檔案》，中央研究院近代史研究所檔案館藏，檔號：03-37-011-03-008。

黎和會終將破局。[58]為此，威爾遜僅能同意日本的要求。陸徵祥強調，若是沒能解決山東問題，中國就拒簽和約。[59]這又可以看出，在這樣的國際氣氛之中，中國山東問題的重要性還是僅次於歐美、日本之後。威爾遜甚至以中國在1918年山東鐵路換文中「欣然同意」的字樣，強調這是讓日本得以繼承德國在山東的權利，將責任推給中國。[60]5月，最後中方決定只有在和約上簽字，但保留山東條款。威爾遜卻建議，應正式宣布保留將來適當時候，提交山東問題的權利。[61]因此，最終中國還是失去了保留山東問題的機會，代表團於6月28日拒簽對德條約。但是，後來中國因9月簽署對奧地利條約，得以成為國際聯盟（League of Nations）創始會員國。[62]受到挫折的時刻，北京政府及代表團還是找尋可能方式來改變國家的國際關係，努力爭取自身利益，也以簽訂部分和約來提昇、保障其國際地位。[63]後續發展便是中國在華盛頓會議（Washington Conference）得以再提出山東問題，也取得能夠接受的解決方案。

　　伊朗加入和會之路，比起中國來得更不順暢，而且還面臨了他們與英國之間的問題。1919年1月，伊朗政府得知，中立國不得參與巴黎和會。[64]英國的代理外交部長寇松（George Curzon）認為伊朗不是交戰國，若成為和會會員就會引起爭議。但是，英國向來都承認伊朗的主權獨立與領土完整，而且《1907年英俄協定》早就失效了。若伊朗不接受英國的友好態度，就不

58　陳三井，《中國躍向世界舞台──從參加歐戰到出席巴黎和會》，頁163。

59　川島真著，田建國譯，《中國近代外交的形成》（北京：北京大學出版社，2012），頁236。

60　鄧野，《巴黎和會與北京政府的內外博奕：1919年中國的外交爭執與政派利益》，頁93-94。

61　川島真著，田建國譯，《中國近代外交的形成》，頁240。

62　唐啟華，《北京政府與國際聯盟》，頁18。

63　廖敏淑，〈巴黎和會與中國外交〉，頁194；徐國琦著，馬建標譯，《中國與大戰：尋求新的國家認同與國際化》，頁285。

64　"Cox to Curzon," January 11, 1919, 6345, no. 20, FO371/3858.

必期望英國會有任何協助。[65]寇松也告知英國駐伊朗公使考克斯（Sir Percy Cox），巴黎這邊並沒有任何決定要讓中立國進入和會。[66]1月30日，伊朗外交部長，摩夏維爾道拉（Moshaver al-Dowleh）給美方一份文件，有8點要求：「1.伊朗代表團要進入巴黎和會，即使其他中立國沒有能夠進入，理由是因為伊朗有戰爭損失，交戰國在伊朗領土發生衝突；2.廢除違反伊朗主權獨立與領土完整的條約、協定、協議，還有獲得簽署國際和平條約國家的有效保障，確保未來伊朗主權與領土不受到干涉；3.伊朗應獲得賠償；4.伊朗要經濟獨立；5.修改還有效力的條約，也要取消對外優惠待遇；6.訂立新的商貿條約，以及關稅自主；7.修訂尚未廢除的利權；8.恢復以前伊朗遭錯誤劃分的邊界。」[67]伊朗外交部長強調這8項要求，完全符合威爾遜的《十四點原則》。不過，伊朗非交戰國，要進入和會確實名不符實。法國認為，伊朗跟其他中立國一樣，沒有更多的權利；伊朗代表抵達巴黎後，也感受到他們沒有機會參與和會的氣氛。[68]

3月10日，伊朗代表團在巴黎參與了中立國會議。[69]伊朗能否進入巴黎和會，寇松還是沒有給予明確答覆，只強調這得看和會的意見，他不能給予任何建議，也再次指明伊朗不是交戰國，進入和會的機會很小。而且，伊朗能否進入和會，並非英國的責任。不過，寇松提到，伊朗爭取進入和會若沒有結果，可以直接跟英國協商即可。[70]寇松的觀念，便是試圖要在蘇俄勢力離

65　"Curzon to Balfour," January 10, 1919, no. 20, FO 248/1255.

66　"Curzon to Cox," January 14, 1919, 6345, no. 24, FO 371/3858.

67　"The Persian Foreign Minister (Aligoli) to the Persian Chargé (Ali-Kuli Khan)," Enclosure 2, no. 30, *FRUS*, *The Paris Peace Conference*, vol. 1 (Washington DC: Government Printing Office, 1919), p. 259.

68　"Curzon to Balfour," February 22, 1919, FO 248/1255.

69　C. Howard-Ellis, *The Origin Structure & Working of The League of Nations* (London: George Allen & Unwin, 1928), p. 90.

70　"Curzon to Cox," March 26, 1919, 48160, no. 38, FO 416/56.

開伊朗之後，英國可以主宰整個伊朗，不必再與他國劃分勢力範圍。寇松擔任過英屬印度總督，相當強調保障印度及鄰近區域安全的重要性，不容許有任何一絲的外在威脅。伊朗局勢穩定，便是英屬印度關切的重心，自19世紀以來便是如此。即使在一次戰後，保護印度仍然是寇松的重要政策。[71]他的目的就是要讓英國的勢力涵蓋地中海到印度西部邊界，伊朗因而有重要地位，要從伊朗取得最大利益，防範德國、鄂圖曼、蘇俄的勢力進逼伊朗，進而進入阿富汗、印度。[72]英國外交部長貝爾福（Arthur James Balfour）也同意這樣的看法，會讓伊朗外交部長瞭解英國的立場。[73]

1919年3月23日，伊朗代表在中立國和會提出10項要點，大致重點爲廢除《1907年英俄協定》、外國軍隊都該撤離伊朗、取消或修正所有損害伊朗獨立的條約、取消過去給予外國人的特權。[74]整體來看，伊朗欲藉由巴黎和會來爭取獨立自由的權益。不過，4月初，伊朗代表已經知道進入和會這件事，不會有任何進展。[75]1919年5月，貝爾福認爲，伊朗需要知道現實層面就是英國會給予他們好處，若跟其他列強合作，英國便不會承認他們的獨立自主。而且，英國有意要讓阿富汗、印度西側的伊朗，可以是友善、富強、平和的鄰國。[76]所以，伊朗如果能跟英國友好，便有機會獲得承認是主權獨立的國家，比起在巴黎和會毫無進展會來得有成果。其實，巴黎和會無暇顧忌

71　William J. Olson, "The Genesis of the Anglo-Persian Agreements of 1919," in Elie Kedourie and Sylvia G. Haim (eds.), *Towards A Modern Iran: Studies in Thought, Politics and Society,* p. 185.

72　H. W. V. Temperly, *A History of the Peace Conference of Paris,* vol. VI (London: Henry Frowde and Hodder & Stoughton, 1924), p. 210.

73　"Balfour to Curzon," March 27, 1919, no. 178, FO248/1255.

74　"Claims of Persia before the Conference of the Preliminaries of Peace at Paris," April 17, 1919, 60025, FO371/3860.

75　"Cox to Curzon," April 9, 1919, no. 255, FO248/1256.

76　"Balfour to Curzon," May 2, 1919, 67783, no. 800, FO371/3860.

伊朗問題的審理，法國與英國關注著瓜分鄂圖曼帝國，又當威爾遜於1919年6月離開巴黎之後，伊朗進入和會就更加不可能了。[77]

　　伊朗代表團爭取參與和會之際，伊朗首相維蘇克道拉（Vusuq al-Dowleh）與英國外交部也有許多協商。伊朗首相想藉由與英國簽署條約，來保障國家利益。可能維蘇克道拉已瞭解參與巴黎和會機會很小，若與英國合作反而能有強大的盟友。而且，他向英國的要求，其實跟伊朗代表團在巴黎的要求，是一模一樣的，都是追求獨立自主。例如：1.要保障伊朗獨立；2.要鄂圖曼與俄國人賠償伊朗；3.要求關稅修訂；4.協助收復失土。[78]英伊之協商不盡然是貝爾福與寇松主導，維蘇克道拉也有自己的盤算。1918年開始他擔任首相，就知道戰爭結束後，英國就是整個地區無法撼動的統治者。於是，與英國達成協議是唯一一條路。[79]1919年8月9日，維蘇克道拉與考克斯簽署條約，是為《1919年英伊條約》。條約內容大致是：1.英國承認伊朗是主權獨立與領土完整的國家；2.英國協助伊朗改革；3.英國提供軍事專家給伊朗、保護邊境；4.英國貸款給伊朗以供財政改革；5.英國協助伊朗興建鐵路、發展交通；6.英伊兩國一同改善關稅制度。[80]從條約來看，英國雖得以深入伊朗，但伊朗也受益良多。

　　美國批判《1919年英伊條約》，美國駐伊朗公使卡維爾說，伊朗輿論對於該條約的反對聲浪很大，[81]而且條約在國會沒有批准之下就開始運作（伊

77　Oliver Bast, "Putting the Record Straight: Vosuq al-Dowleh's Foreign Policy in 1918/19," in Touraj Atabaki and Erik J. Zürcher (eds.), *Men of Order: Authoritarian Modernization under Atatürk and Reza Shah*, p. 270.

78　W. J. Olson, *Anglo-Iranian Relations During World War I*, p. 231.

79　Cyrus Ghani, *Iran and the Rise of Reza Shah: From Qajar Collapse to Pahlavi Rule* (New York: I.B. Tauris, 1998), p. 31.

80　J. C. Huweritz, *Diplomacy in the Near and Middle East, A Documentary Record: 1535-1914*, vol. 1, pp. 64-66.

81　"The Minister in Persia (Caldwell) to the Secretary of State," 741.91/81: Telegram, August 13,

朗國會在一戰期間因國內局勢混亂而無法召集），[82]這代表伊朗獨立的希望
幻滅。[83]藍辛也認為，《1919年英伊條約》公布後，美國人終於瞭解為什麼伊
朗進和會的事情難以進入審理程序，畢竟連伊朗政府都沒有大力支持。儘管
伊朗代表團在巴黎不斷強調需要美國協助，但很明顯伊朗政府並不在意。[84]
因此，《1919年英伊條約》簽訂之後，美國對於伊朗不願表示友好態度，當
伊朗駐華盛頓公使，阿布杜爾阿里汗（'Abdul 'Ali Khan），向美國外交部表
示，伊朗國王希望知道美國的態度，但美方的回覆是這單純是伊朗事務，若
伊朗因此失去獨立自主，美國只會感到遺憾。[85]美國駐德黑蘭公使卡維爾認
為，英國阻擋伊朗參與和會，《1919年英伊條約》取得了全然勝利。[86]不過，
英伊雙方之間對於條約都表示滿意。伊朗外交部長肯定了8月簽署的《1919
年英伊條約》，認為該條約有政治、經濟的作用，維持伊朗主權獨立與領土
完整，而且英國協助伊朗財政與經濟，有助於改善兩國關係。[87]由於《1919年
英伊條約》，寇松也明白指出了，在國際聯盟該會前夕，伊朗得以成為聯盟
會員國。[88]伊朗方面也有3項說明：1.英國會尊重伊朗主權獨立與領土完整；
2.伊朗會支持國際聯盟盟約第10條：聯合會會員擔任尊重並保持所有聯合
會各會員之領土完全，及現有之政治上獨立，以防禦外來之侵犯。英國也

1919, *FRUS, Persia* (Washington DC: Government Printing Office, 1919), p. 699.

82 "The Minister in Persia (Caldwell) to the Secretary of State," 741.91/22: Telegram, August 16, 1919, *FRUS, Persia*, p. 699.

83 "The Minister in Persia (Caldwell) to the Secretary of State," 741.91/83: Telegram, August 28, 1919, *FRUS, Persia*, p. 701.

84 "The Minister in Persia (Caldwell) to the Secretary of State," 741.91/83: Telegram, September 4, 1919, *FRUS, Persia*, p. 699.

85 Abraham Yeselson, *United States-Persian Diplomatic Relations 1883-1921*, p. 167.

86 Abraham Yeselson, *United States-Persian Diplomatic Relations 1883-1921*, p. 152.

87 August 26, 1919, no. 89, FO248/1256, p. 315.

88 "Lord Curzon's Speech on Persia at the Banquet given in honour of His Highness Prince Nosret-ed-Dowleh at the Carlton Hotel," September 18, 1919, FO248/1257.

會向世界宣布，伊朗也是聯盟之成員。[89]伊朗首相維蘇克道拉也對寇松表示感謝，肯定這項條約還是維持英國尊重伊朗主權完整與領土獨立的原則。[90]不過，伊朗國內輿論還是有批判聲浪，認為伊朗無法擺脫英國的控制，如同中國在山東問題面臨的困難一樣。[91]1919年11月21日，伊朗受邀加入國際聯盟。[92]因此，無論美國或伊朗輿論的批判是否正確，無論維蘇克道拉是否不支持伊朗代表團在巴黎和會的努力，其實《1919年英伊條約》對於伊朗的保障，比造成的損失還要多。

多數研究批判伊朗因此條約成為了英國的附庸國，[93]其實並非如此。《1919年英伊條約》對於伊朗與英國，雙方都得到利益。這也不盡然如伊爾伍德（Peter J. Yearwood）的研究所說：伊朗懼怕英國軍隊撤離伊朗邊界，蘇俄就會軍事侵犯伊朗，所以受寇松脅迫才簽訂《1919年英伊條約》；[94]或是如耶塞爾森（Abraham Yeselson）的研究認為，一次大戰後美國成為世界最強國家，英國國力衰退，伊朗遭英國阻擋於和會之外。[95]其實，若理解戰後的情況來看，英國在西亞地區一方獨大，維蘇克道拉既已知難以進入巴黎和

89 "Curzon to Cox," September 24, 1919, no. 195, FO 248/1257.

90 "Vusuk ud Dowleh to Cox," October 8, 1919, translation, no. 163, FO 248/1257.

91 "En'ekas-e Qararadad-e Iran va Engelis dar Franse, 7 Moharram 1338," Kaveh Bayat va Reza Azari Shahrezayei, *Amal-e Iran: Az Konferans-e Solh-e Paris tal Qararadad-e 1919 Iran va Engelis*, p. 691.

92 C. Howard-Ellis, *The Origin Structure & Working of the League of Nations*, p. 101.

93 Nikki Keddide, "Iran under the Later Qajars, 1848-1922," in Peter Avery, Gavin Hambly and Charles Melville (eds.), *The Cambridge History of Iran: From Nadir Shah to the Islamic Republic*, vol. 7, p. 209; Homa Katouzian, "The Campaign against the Anglo-Iranian Agreement of 1919," *British Journal of Middle Eastern Studies*, vol. 25, No. 1 (Oxford: Taylor & Francis, Ltd, 1998), pp. 5-7; Cyrus Ghani, *Iran and the Rise of Reza Shah: From Qajar Collapse to Pahlavi Rule*, p. 29; 阿布杜爾禮薩‧胡尚格‧馬赫德維著，元文琪譯，《伊朗外交四百五十年》，頁296-297。

94 Peter J. Yearwood, *Guarantee of Peace: The League of Nations in British Policy 1914-1925* (Oxford: Oxford University Press, 2009), p. 176.

95 Abraham Yeselson, *United States-Persian Diplomatic Relations 1883-1921*, p. 154.

會，拉攏英國絕對會是比較有效的方式。在《1919年英伊條約》簽訂之後，英國承認伊朗是主權獨立的國家，伊朗就算沒能進入巴黎和會，也已經有英國這樣強大的盟友，進而得以受邀參與國際聯盟。維蘇克道拉藉由《1919年英伊條約》簽署，讓伊朗成為英國承認的主權獨立國家，也讓英國同意伊朗加入國際聯盟。[96]該條約簽訂，代表著幾年下來伊朗努力，例如：減低列強對伊朗內政之干涉、取消《1907年英俄協定》、終止領事裁判權、維護財政獨立、收復失土、發展國家軍隊、取得外國保證伊朗之獨立，[97]終於有了一些成果。

1919年初參與巴黎和會一事，對中伊兩國來說相當重要。儘管中國在巴黎和會因山東問題沒有結果，遭到交涉失敗之指責；而伊朗既無法進入巴黎和會，還因《1919年英伊條約》而成為英國附庸國。但以上都是全然負面的看法，畢竟外交失敗或成功沒有評斷的標準。也許有些結果讓某部分的人感到不滿意，但從交涉的過程便知，以中伊兩國當時的處境，在這場參與和會的過程中，都已盡力取得一定程度的權益。巴黎和會是中國第一次加入國際家庭，即明白表示中國國際地位已經提升；伊朗儘管無法進入巴黎和會，卻是以《1919年英伊條約》讓英國直接負責伊朗所有的要求，以該條約的內容來看，伊朗並無嚴重損失。與其在巴黎和會一無所獲，《1919年英伊條約》滿足了伊朗當時的需求。而且，伊朗也得以在英國支持之下進入國際聯盟。中伊兩國在1919年，都已經離自身的目標更靠近了一步。

96　Mikhail Volodarsky, *The Soviet Union and its Southern Neighbours: Iran and Afghanistan, 1917-1933* (Essex: Frank Cass, 1994), p. 27.

97　William J. Olson, "The Genesis of the Anglo-Persian Agreements of 1919," p. 200.

四、1920年《中華波斯通好條約》之簽訂

在巴黎和會期間，中伊在處境不利之下各有收穫，隨後也都加入了國際聯盟。中伊兩國同屬亞洲國家，兩國在國際聯盟中有所合作。例如1921年12月18日，唐在復與顧維鈞電報說：「我國當選行政院非常任會員……波斯、暹羅、南美多國代表均允協助，……我國當選投票時，英法主張甚利，義大利未有表示，暹羅、波斯與英屬全體助我，南美各國多數贊同。」[98]由此可見，中國當選有伊朗之協助，表示雙方都欲共同凝聚戰後亞洲國家的力量。而兩國之友好關係，可能1920年條約締結可視為開始。

在巴黎和會初期，中伊雙方都知曉彼此的處境，在檔案之中都有記載對方的情況。例如，1919年2月底，北京外交部的檔案提到：

> 自一千九百〇七年英俄條約分配波斯勢力，波斯久已不國矣。當英國勸誘我國加入戰團之際，同時迫脅波斯對德宣戰，波人拒之。及俄國要求停戰，德國以中立國之自由與獨立主義，要求俄國撤退駐防波斯軍隊，為停戰條件之一……。未幾……英政府已通告波斯一九〇七年之英俄條約從此擱置。又謂若歐戰期中，波斯能堅守中立，則戰後波斯當可獲完全獨立云……。觀此則俄軍撤退，英國難以獨力維持其勢力明矣。迨波斯得德、土之援助，對英將有作戰之舉，以求獨立。英人復希其中立，並許以戰後力保其完全獨立。及閱去年五月六日字林西報電，波斯已正式通告各國，一九〇七英俄自訂在波斯勢力範圍條約，完全無效。至是英政府亦無他言，是已承認廢約矣。今德雖失敗，而波斯則始終堅守中立，英政府決不能以勝利之故，干涉波斯獨立，自食前言。此波斯以堅守中立之故，得由滅亡獲取獨立之一證也。[99]

98　「收日來佛顧唐代表」（1921年12月18日），〈推選非常任委員〉，《北洋政府外交部檔案》，中央研究院近代史研究所檔案館藏，檔號：03-38-014-01-011。

99　「對於歐洲和平會議之獻議」（1919年2月27日），〈和會〉，《北洋政府外交部檔案》，中央

在北京政府的檔案中，對於一次大戰前後的伊朗有簡潔的描述，即伊朗受外力之壓迫。伊朗方面，1918年底，伊朗外交部曾表示：伊朗可尋中國之方式改變國際地位。[100]這代表著中國修訂條約的努力，受到伊朗的注意。此外，1919年2月，伊朗外交部也聲明：英國應廢除對中國與伊朗的《1907年英俄協定》及不平等條約。[101]《1907年英俄協定》包括了伊朗、阿富汗、西藏，對於伊朗來說，這項協定不尊重伊朗主權獨立與領土完整，故西藏與伊朗一樣遭英俄劃分勢力範圍，也等於中國領土完整與主權獨立遭到英國漠視。

1920年3月，中國與伊朗在羅馬有了首次接觸。3月6日，中國駐義公使王廣圻說：「波斯駐義公使伊薩剛（Issac Khan）奉政府訓令，願與我國通好訂約。據稱現在時局變遷，我亞洲各國尤宜迅先聯合，互為援手。特先奉達等情，政府當以中波兩國誼屬同洲，有唐以來業經通好。茲值歐戰以後，允宜聯絡，……謂請訂約一事，自屬當今急務。」[102]王廣圻也提到，「中波兩國文化開發之早，相同所受外界刺戟之際」，提議可訂通好條約。[103]由此可見，中國與伊朗使節之接觸，便是在「時局變遷」、「互為援手」、「有唐以來業經通好」等基礎。雙方在國際上的相似處境，成了締結條約的推動力。隔日，北京外交部回覆，「波斯自唐以來已與中國通商，典籍具在，斑斑可考。與

研究院近代史研究所檔案館藏，檔號：03-37-007-03-033。

100 Oliver Bast, "Iran va Konferans-e Solh-e 1919: Amidha-ye Barbadrafte va Sarmashq-e Chini," in Safa Akhavan (ed.), *Iran va Jang-e Jahani-ye Avval (Majmu'e-ye Maqalat-e Seminar)*, p. 452.

101 "Vezarat-e Amur-e Kharaejeh, Mashavar al-Mamalek, 29 Ravi'ol'avval 1337," no. 121, Kaveh Bayat va Reza Azari Shahrezayei, *Amal-e Iran: Az Konferans-e Solh-e Paris tal Qarardad-e 1919 Iran va Engelis,* p. 206.

102 「遯啟者准公府秘書廳函奉」（1920年9月16日），〈中伊（伊朗）訂約及設使領館〉，《國民政府外交部檔案》，中央研究院近代史研究所檔案館藏，檔號：112.6/0002。

103 「收駐義王公使電」（1920年3月6日），〈中伊（伊朗）訂約及設使領館〉，《國民政府外交部檔案》，中央研究院近代史研究所檔案館藏，檔號：112.6/0001。

我政府宗旨相同，即請由執事辦理，與訂平等條約，即以玻約爲根據，力與
妥商爲盼。」[104]玻約指的是北京政府與玻利維亞（Bolivia）於前一年12月3日
簽訂的《中華玻利維亞條約》，爲北京政府的第一份平等條約；[105]「此約附二
照會聲明通好條約第二章中，最惠國待遇一節，並不包含在華之領事裁判權
在內。」[106]於是，《中華波斯通好條約》之締結，正好都符合兩國對外簽訂條
約不給予領事裁判權之目的，中國與伊朗「兩國人民 …… 無論何處，各服
從其所在地之法律。」[107]外交部電駐日代辦庄璟珂說道：「應先與亞洲各國聯
合通好，互爲援助，共躋文化，波斯方面已電囑駐義公使王廣圻與波使商訂
平等通使條約。」[108]可見中國與伊朗簽約，爲中國聯合亞洲國家之重要一步。

　　6月1日，中伊雙方在羅馬簽署條約。約文重點：「第二條：兩締約國得
派大使公使代辦及其館員，除關於領事裁判權者外，享受之待遇及特權與豁
免利益，均與其他最惠國大使公使相同；第四條：兩締約國之臣民或人民，
在他一締約國遊歷或居留時服從所在國之法律。儻遇有訴訟爭執，犯所有
法律上之一切輕重最案，歸所在國即中國或波斯國法庭審理。」[109]兩國互不

104「發駐義王公使電」（1920年3月7日），〈中伊（伊朗）訂約及設使領館〉，《國民政府外交
　　部檔案》，中央研究院近代史研究所檔案館藏，檔號：112.6/0001。

105 唐啓華，《被「廢除不平等條約」遮蔽的北洋修約史（1912-1928）》（北京：社會科學文獻
　　出版社，2010），頁77-79。

106 外交部編，《中外條約彙編》（臺北：文海出版社，1964），頁478。《中華玻利維亞條
　　約》，第二章：「大中華民國政府大玻利非亞民國政府均得派外交代表總領事、正領事、
　　副領事、代理領事駐紮彼國京城及許他國代表駐紮之重要城邑，得享有同等之一切權利
　　待遇，其他特許免除之例，均與其他最惠國之代表領事等一律。總領事、正領事、副領
　　事及代理領事，於未到任之先須照通例請求所駐國政府發給證書，方能就職視事。立約
　　兩國均不准派商人充總領事或正領事、副領事及代理領事，惟可派充爲名譽領事。其應
　　享之權限利益，與各國之名譽領事相等。」

107「收駐義王公使電」（1920年3月12日），〈中伊（伊朗）訂約及設使領館〉，《國民政府外交
　　部檔案》，中央研究院近代史研究所檔案館藏，檔號：112.6/0001。

108「發駐日庄代辦電」（1920年3月7日），〈暹羅訂約〉，《北洋政府外交部檔案》，中央研究
　　院近代史研究所檔案館藏，檔號：03-23-006-01-019。

109「中華波斯通好條約」（1920年6月1日），〈其他各國訂約〉，《北洋政府外交部檔案》，中
　　央研究院近代史研究所檔案館藏，檔號：03-23-096-01-001。

給予領事裁判權，爲本條約最重要的一環。6月2日，王廣圻電報北京國務院，提及條約協商之過程：

> 前據波斯駐義公使伊薩剛將軍來館，面稱奉其政府命，願與中國通好，先訂友誼條約，等情當於三月二日電請。訓示在案，嗣奉同月七日電示，當即與波使接洽，旋由該使交來草案一件，經圻詳加審核，將廢除領事裁判權一層切實添入嗣。該使又將稿約重加修改而於廢除領事裁判權字樣一切刪去，並謂此係經波斯外交總長核定畫押之件。該使祇可照此簽字，不能再有增。經圻力與駁辯，一再磋商，改照其所定具體之條文，而於第一段及第一條內加入（人民）字樣，以符民國體例。第二條內加入（除關於領事裁判權者外）一句。第三、第四條內，加入（人民）字樣及（歸所在國即中國或波斯國）字樣。第五條內，加入（除領事裁判權外）一句，並（商人不得派充領事，僅可派爲名譽領事）一層。該使初尚耿耿，嗣幸一律照允。遂於本月一日上午十一時，在本館會同該使正式簽押蓋印。[110]

王廣圻文中提到與伊朗公使有條文之辯駁，而對於修改之條文，「該使初尚耿耿」。本處似乎有可以討論之處，希望未來能有伊朗波斯文檔案可以參考、運用，以瞭解伊朗的立場。不過，總之最終條約簽訂，應該還是符合兩國之期望。北京政府於9月16日批准該約，同屬亞洲的中國與伊朗，就形成了正式通好的關係。

此後，中伊兩國持續努力擺脫過往與西方列強的不平等地位，儘管結果還不夠令人滿意，其實仍是頗有成果。例如，在1921年11月將召集的華盛頓會議，中國希望重新討論山東問題並獲得解決方案，因爲這嚴重影響中

110「收駐義王公使函」（1920年7月29日），〈中伊（伊朗）訂約及設使領館〉，《國民政府外交部檔案》，中央研究院近代史研究所檔案館藏，檔號：112.6/0001。

國獨立與領土完整，但最後美國只表示同情，而日本堅持不退讓。最後山東問題於會外交涉，簽訂了《解決山東懸案條約》，由中國購回膠濟鐵路與膠州，日本歸還膠州灣、撤退駐守之軍隊。[111]儘管很多問題僅獲得部分解決，但中國在華會的表現已經盡量將傷害降低。[112]同樣在1921年年初，伊朗內閣興起反對英國的力量，先於2月底與蘇俄簽署了《蘇伊友好條約》（Soviet-Iranian Treaty of Friendship）。約文中聲明蘇俄不再遵循舊俄時期的壓迫政策，也廢止所有過去侵犯伊朗的條約，以及取消過去擁有的領事裁判權。[113]伊朗政府想要與蘇俄達成共識，也要重啓外交與貿易關係。[114]1921年6月，《1919年英伊條約》遭到伊朗廢除。伊朗既獲得蘇俄之友好，也不再受英國之束縛。中國與伊朗在1921年的對外關係，都有新的發展。

不過，兩國都有受到美國的壓力，有些願望仍無法實現。當伊朗與蘇俄都相互取消領事裁判權時，美國在伊朗仍有領事裁判權，是1856年美國與伊朗的條約所給予。[115]美國強調，不會協助伊朗取消優惠外國的條款，還會堅持握有所有伊朗給過的特權。[116]在中國方面，1921年10月，中國參與華盛頓會議，延續巴黎和會的目標，即力求領土完整、維護主權、經濟財政獨立。[117]11月，華會開幕，中國代表施肇基提出十原則。[118]這個十原則試圖將

---

111 林明德，〈華盛頓會議與中日關係〉，收入中華文化復興運動推行委員會主編，《中國近代現代史論集—第二十三編—民初外交（上）》，頁621-622。

112 陳昱伶，〈華盛頓會議與中國外交〉（臺中：國立中興大學歷史學系碩士論文，2000），頁96-97。

113 《國際條約集（1917-1923）》，頁613-620。

114 Miron Rezun, *The Soviet Union and Iran: Soviet Policy in Iran from the Beginnings of the Pahlavi Dynasty until the Soviet Invasion in 1941*, p. 18.

115 J. C. Huweritz, *Diplomacy in the Near and Middle East, A Documentary Record: 1535-1914*, vol. 1, pp. 159-160.

116 Abraham Yeselson, *United States-Persian Diplomatic Relations 1883-1921*, p. 176.

117 金光耀，〈顧維鈞與華盛頓會議〉，《歷史研究》，第5期（北京，1997年9月），頁24。

118 第一條：[甲] 各國約定尊重恪守中華民國領土完全及政治上、行政上獨立之原則；[乙]

中國建立成完全主權獨立的國家，主張門戶開放、機會均等，也能解決山東問題。[119]不過，在會議之中最後則是概括成為美國羅脫（Elihn Root）的四原則，其內容為以下四條：

第一條、尊重中國之主權與獨立及中國領土與行政之完整；

第二條、給予中國完全無礙之機會，以發展並維持一有力而鞏固之政府；

第三條、施用各國之權勢，以期切實設立並維持各國在中國境內之商務實業機會均等之原則；

第四條、不得因中國狀況，乘機營謀特別權利，而減少友邦人民之權利，並不得獎許有害友邦之舉動。[120]

《羅脫四原則》考慮的是有日英法三國對山東問題的利益考量，傾向於

中國自願聲明，不以本國領土或沿海地方之無論何處割讓或租借與無論何國。第二條：中國既贊同所稱開放門戶主義，即與各約國一律享有工商機會均等主義，故自願承認該項主義，並實行於中華民國各地方，無有例外。第三條：為欲增進彼此間之信任暨維持太平洋及遠東之和平起見，各國允許外先期通知中國，俾有機會參與外，不于彼此間締結直接關係中國或太平洋及遠東和平之條約或協議。第四條：如論何國在中國或對於中國要求各種特權或特別利益或享受特免之權利及一切成約，不論其性質若何或契約上之根據若何，均當宣布。凡此項要求或將來所為之要求，未經宣布者，均視為無效。其現已知悉或將來宣布之特別權利或特別利益或享受特免之權利及成約當予審查，以便確定其範圍與效力。其經審定有效者，並當一一融和，並與本會議宣布原則諧和。第五條：中國政治上、法權上、行政上之自由行動支各種限制，應嚴重取消，或按照情形從速廢止之。第六條：中國現時之成約，其無限期者，概須附以相當明確限期。第七條：凡關於給予特別權利或特別利益之文據，應依照通行之解釋原則，從嚴核實解釋之，俾于給予權利國有益。第八條：將來如有戰爭，中國倘不加入，則中國處於中立之一切權利，應完全尊重。第九條：應訂立和平解決條文，以便解決沿太平洋及遠東地方之國際間爭議問題。第十條：關於太平洋及遠東國際間諸問題，應預定將來會議時期之條文，以便按期討論，而為各簽約國取決共同政策之基礎。引自張忠紱，《中華民國外交史（一）》，頁373-374。也可參見「照譯施顏王參代表發自華盛頓來電」（1921年11月22日），〈九國條約〉，《北洋政府外交部檔案》，中央研究院近代史研究所檔案館藏，檔號：03-39-024-02-006。

119 川島真著，田建國譯，《中國近代外交的形成》，頁253。

120 李紹盛，《華盛頓會議之中國問題》（臺北：水牛出版社，1973），頁69。

維持現狀，有損既得利益便敷衍蓋過。[121]中國所需的權益，並非華會關切之
重心。12月12日，伊朗向美國要求《羅脫四原則》也適用於伊朗，畢竟伊朗
也是跟中國一樣，要廢除領事裁判權、關稅自主、追求政治中立與領土完
整。美國的回覆則是，伊朗並非遠東國家，《羅脫四原則》便不適用；[122]這
似乎有意要忽視伊朗之主權獨立。中伊兩國正在努力改善國際地位，但參與
國際家庭仍然是受西方國家的遊戲規則所侷限，以致於尚難以獲得全面滿意
的成果。

五、結語

　　近代中伊關係鮮少相關研究，本文陳述雙方在一次戰後所面臨的局勢，
以及締結條約之背景及其意涵。在1910年代結束、1920年代起始之際，伊
朗與中國都有相似的處境。中國的情況複雜，先是多項條約之束縛，後是日
本進犯山東，面對的是多方壓力；伊朗長期以來受英俄兩國的箝制，兩歐洲
列強也壓縮了其他勢力進入伊朗的可能性，在一次戰爭後期，新起的蘇俄勢
力尚未穩定，英國就成了在伊朗獨大的強權。戰後巴黎和會之成立，中伊兩
國便亟欲以參與和會來改變自身情勢。

　　條約之束縛，是中伊兩國近代所面對的問題與壓力。中國清末已有修約
的努力，至北京政府成立之後，維持修約的方針，至一戰後期有了明顯的成
果。以廢除領事裁判權為例，在1919年《中華玻利維亞條約》之中，便已經
說明不附帶領事裁判權，可為中國與外國的第一份平等條約。伊朗受到的條
約束縛，主要是與俄國簽署的《1828年土庫曼查宜條約》，也有給予領事裁
判權。在一戰後期，俄國因為革命的關係，新興的蘇俄決定廢除對伊朗的條

---

121 林明德，《近代中日關係史》，頁251。
122 Abraham Yeselson, *United States-Persian Diplomatic Relations 1883-1921*, p. 177.

約，而伊朗也宣布對俄條約無效。雖然此時伊朗並未與蘇俄簽訂新約，但此時擺脫領事裁判權的束縛已見曙光。

參與巴黎和會，中伊兩國有各自的困難，卻也都有所突破。中國雖然是參戰國，參與和會的資格卻遭到質疑。加入和會之後，山東問題卻又難以取得滿意的結果。日本強硬要從德國取得山東繼承權，加上美國為維持美日關係，以致於山東沒有交還中國；中國因而表示不願對德和約簽字。儘管如此，中國對其他和約簽字，也得以成為國際聯盟創始會員國。伊朗也欲參與巴黎和會，不過因為不是參戰國的關係，無論是否列強阻止，伊朗都不會有機會成為和會成員。英國有意主宰伊朗，伊朗也欲突破巴黎和會之困境，因而伊朗首相與英國駐伊公使簽署《1919年英伊條約》，英國承認伊朗為主權獨立國家，成為往後伊朗受邀為國際聯盟會員國的先決條件。許多研究對於巴黎和會期間的中伊兩國都持批判、否定的立場，然而中伊雙方都有堅持之處，也有所讓步，其實難以評斷是成功或失敗。

1920年《中華波斯通好條約》之簽訂，為中國與伊朗這命運相似的亞洲國家，以互不給予領事裁判權的方式，宣示彼此關係締結。兩國在一戰後期，已經注意到彼此的相似之處，伊朗也有尋求中國模式以提昇國際地位。伊朗輿論也提過中國在山東問題受到美國的壓力，與伊朗受到英國壓力的情況如出一轍。條約在羅馬簽訂之前，中國駐義公使王廣圻的電報裡，已提到兩國素來友好之關係，還有因時局變化需締結條約、相互援助。伊朗之後也在國際聯盟之中，協助中國取得國聯非常任理事國的席次。

然而，國際間的力量，特別是美國，影響了中伊兩國努力的結果。中伊兩國都有聯合美國的策略，因為一次大戰時期看似美國有能力協助他國，而這也是美國在戰時對世界透露的友好訊息。再加上威爾遜的《十四點原則》、民族自決，都讓中伊兩國期望戰爭結束後，美國能夠為弱勢國家主持

公道。但是，和會開幕之後，中國跟伊朗都感受到這仍是一場西方國家利益為重的會議。美國雖然給予中國支持，但山東問題也因為美國選擇配合日本利益，在巴黎和會便無法解決。施肇基在華盛頓會議提出的十原則，最後卻是美國的「羅脫四原則」獲得接受。中國的權益取得與否，則是受美國立場之影響。伊朗因《1919年英伊條約》，使得美國政府對於伊朗態度轉為冷漠，不再理睬伊朗往後的要求。當伊朗在《1921年蘇伊條約》沒有給予蘇聯領事裁判權時，美國仍不願意放棄他們在伊朗的領事裁判權。美國也強調，伊朗不是遠東國家，遂不適用「羅脫四原則」，有意忽視伊朗是主權國家的事實。

巴黎和會時期，中國與伊朗盡力爭取自身利益有所成果，儘管仍有許多問題與阻礙，在此時期尚無法克服，但仍然朝向既定目標前進。中伊兩國締結條約，為戰後亞洲兩大國家之間的結盟。不再給予領事裁判權，為兩國條約的重點，也是兩國對他國簽約所追求的目標。在歐美列強訂定遊戲規則之下，中伊兩國處於弱勢，盡力在不利的局勢下取得自身權益，未能取得的，於日後再行處理。

1936年日英基隆事件重探

黃文德

國家圖書館特藏文獻組編輯

一、前言

　　環顧近代國際關係史，因交易糾紛導致衝突升高，轉變爲外交事件牽動國際局勢，實不乏案例，如1628年在荷蘭殖民地臺灣發生的日本船商濱田彌兵衛事件，造成日本與荷蘭之間貿易停擺多年，至1632年雙方才恢復通商。又如1840年前後中英之間鴉片走私與貿易，其所衍生之戰爭、稅務談判、開放口岸通商，以及土地割讓問題，更開啓中國「千古未有之變局」。造成這些衝突原因，多有長期脈絡可循，其爆發點亦與金錢、商人及其代表之利益團體有關。但如果只是單純計程車車資糾紛，涉及金額微不足道，是否也會釀成外交事件？橫跨1936年至1937年的日英基隆事件（Keelung Incident）交涉正是案例之一。

　　基隆事件發生於1936年，當時臺灣隸屬日本殖民統治，爲日本前進中國與東南亞之前哨。由於日本侵略中國大陸，引起英、美等國政府的關注，不少來自英美等外國組織參與戰地救助中國災民的行動，而上海租界、英屬香港更成爲國民政府取得海外物資重要管道之一，引起日本政府對兩國不

滿，轉而煽動報刊排外，如臺灣本地地方報刊懷疑臺灣人、傳教士、外僑與英美外國勢力勾結，曾多次訛傳外國間諜與間諜船入侵島內的消息。1935年初來臺擔任英國駐淡水領事的 C. H. Archer在向英國駐日大使館報告中指出：臺灣當局與報紙已經陷入間諜熱（Spy fever）的迷思當中，地方軍警不僅將外僑、傳教士與搭船來臺的外籍旅客視為假想敵，還嚴格取締任何拍攝港灣的行為。[1]

就在這樣的詭異氛圍下，1936年10月6日，隸屬於英國皇家海軍中國艦隊的第四潛艇艦隊（Fourth Submarine Flotilla），於梅威號（Medway）率領下，5艘艦艇訪問基隆港。但在英國艦隊訪臺期間，先是發生官兵拍攝港灣要塞區，遭日本憲兵糾舉，繼之眾官兵上岸後又發生多起軍紀與交易糾紛，引起日本憲警單位不滿。後來又有水兵傷害案遭日警逮捕，以及拒付車資遭日警扣押事件等諸案，英國外交部統稱這一連串事故為「基隆事件」。日英交涉數月一度陷入僵局，最後在翌年2月24日始達成解決共識，並於4月12日正式於東京進行換文，解決懸案。[2]

---

[1]　"Consul Archer to R. Clive," Annual Report on Formosa 1936, *British Documents on Foreign Affairs -Reports and Papers from the Foreign Office Confidential Print*（以下簡稱*BDFA*）, in Kenneth Bourne and D. C. Watt. Part II (eds.), Series E, Japan, vol. 15 (New York: University Publications of America, 1994), pp. 386-387.

[2]　日英「基隆事件」，在1937年以後學界甚少重提。2002年作者曾以〈一九三六年英國艦隊訪問基隆之研究〉為題參加臺灣史蹟研究會年會徵文獲選，後收錄於《臺灣史蹟研究會九十一年會友年會實錄》（臺北：臺北市文獻委員會，2002）。該篇係利用英國外交部檔案FO405檔案，以地方涉外關係史角度切入，追溯日本官方如何還原事件情境，以探索日本當局處理本案之態度與保護臺灣人在外事糾紛中權益。但對較少描述，則較少描述；因運用史料錯誤，錯誤不少。此外，拙文亦未能釐清該案之解決對當時臺灣間諜熱是否有所緩和。同樣也是2002年出版的英國學者Gregory C. Kennedy利用英國外交部檔案撰寫〈基隆事件與英國遠東戰略外交政策〉，稍有不同的是，該篇係以國際關係為主軸、英國外交部觀點為基礎，從1930年代英日關係的變化探討英國外交部內部如何就基隆事件解讀兩國關係的變化，進而推演出和解的策略。參見Gregory C. Kennedy, "The Keelung Incident and Britain's Far Eastern Strategic Foreign Policy, 1936-1937," in Gregory C. Kennedy and Keith Neilson (eds.), *Incidents and International Relations: People, Power, and Personalities* (Westport CT: Praeger, 2002), pp. 139-158.

　　本文認爲近代日本政府司法制度因依法行政，故處理外事時因獲得各國信任，爲其廢除不平等條約之重要基礎。但若涉及有關日本殖民地對外事務時，則少有研究。本文認爲就國際關係史角度而言，基隆事件一方面可以視爲觀察日英在1930年代重建／修復外交關係的重要指標之一，亦能視爲解釋日本官方中止煽動或調整營造外力干預臺灣的指標。近年來由於國際間數位典藏發展成熟，研究者可透過資料庫掌握更多當時新聞媒體報導之訊息。因此，本文擬利用英日政府檔案與報刊作爲研究素材，藉以了解英日雙方如何建構出支持各自立場之論述，同時探究本案何以由消費糾紛擴展爲外交事件。

二、1930年前後在臺日本軍警間諜熱迷思的形成

　　日本軍警對於臺灣間諜問題形成的假設，最早可追溯到日俄戰爭期間（Japanese-Russo War, 1904-1905），1905年1月，日軍攻陷旅順港，俄國政府亟欲報復，乃派出波羅的海艦隊（Russian Baltic Fleet）自歐洲遠征亞洲進行逆襲。日本爲防止俄國攻擊各地港灣，於是依據1899年頒布的《軍機保護法》與《要塞地帶法》，在日本本土與臺灣設置指揮所與防衛要塞，其中包括基隆、澎湖（馬公要塞）、芸予、廣島、佐世保、舞鶴、長崎、函館等地都構築規模龐大的火砲設施，並強化對間諜活動的偵察。華盛頓會議（Washington Conference, 1922-1923）五國海軍會議後，日本海軍轉將軍備預算移至主力艦附屬船艦與原有要塞的補強。[3]因此在軍事方面，基隆、高雄、澎湖三大要塞除僅火炮數量增加，亦擴大所屬海域監控範圍；在陸地上的軍機保護則是嚴防間諜偵察與洩密，譬如臺灣各地發行之有關要塞港灣或

3　有關五國海軍會議，請參見應俊豪，〈談判桌上的海權劃分：五國海軍會議（1921-22）與戰間期的海權思維〉，《國立政治大學歷史學報》，第30期（2008年11月），頁119-168。

地景之風景明信片，依法須申請要塞司令許可證號，並揭示於印刷成品，如拍攝涉及地形、地貌，須予以模糊處理，方得販售。

1930年代中期，日本在中國準備發動全面軍事侵略後，其與英美等國關係大受影響。即使曾為日本軍事同盟夥伴關係的英國，不僅在中國東北的滿州國問題上對日本不滿，另外日本貨物如棉紡製品在東南亞市場地區，包括英國在馬來亞、荷屬印尼等殖民地，日貨銷售超越來自歐洲與英印地區的產品，衝擊英國宰制殖民地經濟影響力，亦對英國政府形成經濟壓力，影響日英友好關係的維持。[4]

在雙方關係下，1934年底日本軍方多次刻意散布外國間諜船窺探臺灣的消息，並在「在鄉軍人會」的支持下，鼓動日本新聞報刊興起報導追蹤各國「怪船」窺探臺灣的間諜熱新聞，助長臺灣社會與外國人之間之誤解與緊張性。這些被稱為「怪船」之外來船艦，包括來自英國、荷蘭、美國、德國、丹麥、挪威、蘇聯等國。它們強行進入港灣之藉口多以避風、機械故障、船體破損、燃料與糧食不足。而日本政府則以非法入港、刺探軍機等罪名起訴。最後依個案遭罰50圓至1500圓不等。[5]上述個案中，以「蘭船事件」最受矚目。1935年4月7日，來自荷蘭殖民地印尼的「ジュノウ」號貨船，以避風為理由強行進入馬公港，遭日本憲兵以刺探軍機舉發。本案原由臺南法院受理，最初檢方提出要求沒收船隻，並處罰2,000圓，本案後移至臺北法院審理，經檢察官與律師辯論後，法官最後判決罰款500圓。此一結果引起日本軍方反彈，認為是藐視海軍與軍機保護法。「在鄉軍人會臺灣聯合支會」藉

4　Naoto Kagotani, "Japan's commercial penetration into British India and the cotton trade negotiations in the 1930s" in Nobuko Margaret Kosuge and Philip Towle (eds.), *Britain and Japan in the Twentieth Century: One Hundred Years of Trade and Prejudice* (London: I.B. Tauris, 2007), pp. 62-63.

5　〈怪外船臺灣近海橫行一覽〉，收入田中一二編，《蘭船ジュノウ號事件を語る》（臺北：大日本國防青年會臺灣總支部，1935）。

此集合40餘公私團體行號，發動輿論抗議裁判結果，[6]也將間諜熱風潮推向高峰。翌年，丹麥商船*Nicoline Maersk*接近澎湖外海，遭馬公要塞憲兵舉發、挪威商船*Unitarru*沿蘇澳外海航行，都遭日本憲兵舉發、罰款。[7]8月16日蘇聯油輪*Terek*以機械故障為名，曾停留澎湖外海，後經警告後又沿高雄要塞外3海浬海岸線前進，此舉被認為是在刺探軍機，因此遭澎湖憲兵分隊舉發。最後，該船被依違反《船舶法》規定，重罰1500圓。[8]該船因無力繳款遭拘留扣押，遭日本政府將它作為蘇聯逮捕之日本商船交換。[9]

　　至於合法入臺之外國船員與旅客也常被懷疑與外力勾結。臺灣總督府當局為避免軍情遭窺探，曾要求：1.外國船員非經許可不得擅自離開港口，進入市區；2.外人遊臺必須僱用嚮導或翻譯隨行，不得私自出遊。[10]同時各國領事須提醒來臺官兵遵守《要塞地帶法》與《軍機保護法》，切勿輕蹈法網。[11]已經在臺灣長期居住的歐美外商與傳教士，間諜熱潮不僅使他們被貼上疑似間諜的標籤，還影響生命安全，此一風潮到1936年夏季達到高峰。[12]實際上，外國人被控刺探臺灣軍情的記錄，在1930年代中期以前並不多見。目前所見1901年初日本政府曾宣稱破獲英商德記洋行美籍牙醫與大稻埕英商太古

6　田中一二編，《蘭船ジュノウ號事件を語る》，頁1-7。

7　"Annual Report for Formosa 1936," January 17, 1937, FO (Foreign Office Documents) 261/1961.

8　總督府官房文書課編著，《臺灣總督府事務成績提要》，昭和11年（臺北：臺灣總督府，1940），頁73。

9　"Annual Report for Formosa 1936," January 17, 1937, FO261/1961.

10　"Consul Archer to Sir R. Clive," Annual Report on Formosa For 1936, 17 January 1937, *BDFA*, Part II, Series E, Japan, vol. 15, p. 387.

11　"Archer to R. Clive," 3 October 1936, *BDFA*, Part II, Series E, Japan, vol. 15, p. 222.

12　A. Hamish Ion, *The Cross in the Dark Valley: The Canadian Protestant Missionary Movement in the Japanese Empire, 1931-1945* (Waterloo, Ontario: Wilfrid Laurier University Press, 1999), p. 101.

洋行經理被控企圖刺探基隆要塞砲兵陣地，遭到判刑，[13]爲少數個案之一。1935年12月2日法國遠東艦隊船艦停靠基隆港時曾發生水兵拍攝要塞，遭日本憲兵舉發，要求交出疑犯。本案後經該艦中校艦長出面向基隆要塞司令部道歉，表示不知法令規定，同時具結保證後，方解決該案。[14]

　　就英國而言，1902年英日同盟（Anglo-Japanese Alliance）建立後，兩國軍事交流關係緊密，軍艦互訪亦成爲敦睦盟約象徵。1922年盟約廢止，儘管1930年代初期英日兩國外交關係因日本侵略中國問題，以及日本企圖取代英國在東南亞經濟市場的角色而惡化，但兩國軍艦互訪依然持續，[15]如1936年4月30日至5月初，即曾有英國軍艦進入基隆港後，平安返回駐地，沒有造成任何糾紛。但從同年5月26日的北京崇文門附近，2名隸屬於英國駐華大使館的士兵Cooke與Hunt被控在朝鮮人經營的酒吧謀殺一名日本軍人案，則又可使日英關係緊張。案發後日本使館向英方要求交出兇犯，但英國大使館以該案已進入審理中（sub judice），拒絕對日本方面表示任何意見。[16]2名兇嫌甚至一度被懷疑遭英政府護送離華，以躲避追緝。該案移至上海由臨時法院領事法庭（Consular Court）審理後，初審以不起訴結案。[17]此一結果引發日本不滿。至7月初雙方再度進行調查，英方仍堅持2員英兵皆具有不在場證明，[18]本案遂成英日之間的懸案。英國外交部在檢討本案時認

13　「北米合眾國人及英國人軍械保護法違犯被告事件判決供閱」（1901年），國史館「臺灣總督府及所屬機構公文類纂目錄」資料庫，第4665冊，第18件。

14　〈佛国軍艦要塞写真撮影の件〉，Japan Center of Asian Historical Records（アジア歴史資料センター／以下簡稱JACAR）藏，Ref. C01004166400。原件典藏於日本防衛省防衛研究所，檔號：陸軍省-密大日記-S11-3-9。

15　總督府官房文書課編著，《臺灣總督府事務成績提要》，昭和11年，頁75-76。

16　"Yorkshire Post and Leeds Intelligencer," *Peking News*, June 1, 1936.

17　〈世界要聞〉，《世界日報》（北平），1936年7月5日。收入於世新大學「舍我先生報業數位典藏」資料庫。

18　"DEATH OF JAPANESE," *Sunday Times*, 5 Jul 1936, National Library of Australia, http://nla.gov.au/nla.news-article58766044. (Accessed date: 19 Jan. 2015)

為此係日本在遠東地區逐步蠶食英國形象的計謀之一。[19]英方懷疑日本未來
將持續藉口英軍軍紀問題,製造事端,營造英國政府蠻橫的形像的觀點。以
一推測如果成立,那麼1936年10月發生的基隆事件就是毀謗英國形象與製
造間諜熱的預謀。

三、基隆事件之初期交涉 (1936.10.6-10.10)

1936年10月,隸屬於英國海軍中國艦隊 (China station) 的梅威號率領
第四潛艇艦隊5艘潛艇,由英國海軍稱之為Nimrod Sound的中國浙江象山港
啟航訪問日本,6日上午抵達基隆,[20]至10月10日離港。停留臺灣期間,從入
港到離港短短不到5天的時間,該艦隊卻留下包括:刺探要塞地帶攝影案、
消費糾紛、水兵福特 (H. L. Ford) 被告傷害案、拒付車資案暨軍警互毆等諸
多違紀事件。其中就刺探要塞地帶攝影案、水兵福特被告傷害案、拒付車資
案暨軍警衝突等案,對英國外交部而言,第一案為日本政府有意扭曲為間諜
事件;第二案則是被設計藉由人員扣押,換取第一案之和解,也就是英國人
的道歉與懲罰。[21]至於,第三案則全然是臺灣人司機敲詐、日警侵犯人權、
蓄意侮辱英國尊嚴的外交事件,造成事件發生的原因則被歸咎為間諜熱。

(一) 刺探要塞地帶攝影事件

10月6日,基隆水上警察署巡邏艇劍丸在監視英艦梅威號期間,發現該
艦軍官站在甲板持相機往基隆港西岸18號碼頭與東岸社寮島等要塞地帶方
向拍攝,形跡可疑。因此,日本憲兵隊駐基隆分隊立即在6日下午登艦要求

---

19 Gregory C. Kennedy, "The Keelung Incident and Britain's Far Eastern Strategic Foreign
    Policy, 1936-1937," in Gregory C. Kennedy and Keith Neilson (eds.), *Incidents and
    International Relations: People, Power, and Personalities,* p. 136.
20 《臺灣日日新報》(臺北),漢文版,昭和11年10月8日。
21 "C. H. Archer to Clive," 11 October 1936, FO 262/1954.

解釋，並請該艦交出疑犯，卻未獲回應。[22]翌日，憲兵再度登艦，梅威號主計長G. W. Dawes等3人坦承拍攝，惟解釋非蓄意拍攝要塞。日方於是沒收其底片，同要求該艦指揮官應至憲兵隊協助調查，但遭拒絕。[23]涉案之3員官兵認為他們只不過是測試新購買的相機，並未拍攝要塞，[24]而且也已經交出底片，負起責任。[25]此一消息未久便經路透社傳至東京與英國本土。

　　日本官方認為，英艦進入日本領土與水域，損害當地利益，如果不出面道歉，就是輕蔑日本；唯有移送中央處理，才能解決。[26]於是在憲警的持續監視壓迫下，G. W. Dawes見事態嚴重，[27]才由艦長兼第四潛水艇艦隊指揮官Cyril G. B. Coltart（1889-1964）陪同，在10月9日連同英國領事Archer前往基隆要塞司令部，向代理指揮官松島上校表達歉意。[28]儘管要塞松島指揮官對英人違反法律的行為表現出不屑的態度，而且基隆憲警也不滿意這樣的道歉，最後此案仍獲得日方不予起訴。[29]事後一般英國報紙多認為此案之所以發生，皆因臺灣已成為間諜熱的溫床（Hot bed of spy fever），[30]導致軍警視排外。

22　"C. H. Archer to Clive," 11 October 1936, FO 262/1954.

23　"C. H. Archer to Clive," 11 October 1936, FO 763/18/383.

24　"British Sailors Questioned," *Yorkshire Evening Post*, October 7, 1936.

25　"POLICE WATCH ON BRITISH SHIP," *Nottingham Evening Post*, October 8, 1936.

26　《臺灣日日新報》（臺北），漢文版，1936年10月9日。

27　英國路透社報之涉案軍官為P. H. Dalles，但英國海軍名錄並無此人。"Amicable End To H.M.S. Medway Incident," The Straits Times, October 10, 1936 (Lee Kong Chian Reference Library, Singapore).

28　當時基隆要塞司令為渡邊謙，松島上校為代理司令官。"R. Clive to Eden," Annual Report on Japan for 1936, 1 January 1937, *BDFA*, Part II, Series E, Japan, vol. 15, p. 259.

29　"C. H. Archer to Clive," 11 October 1936, FO 763/18/383.

30　"British Officer's Keelung Snaps," Western Morning News, October 9, 1936.

（二）拒付車資案暨軍警衝突案

英軍此次登岸訪問，主要活動地點集中在娛樂產業發達的臺北艋舺入船町[31]與北投兩地之酒館、遊戲屋與料理餐館。為了防範英日之間生釁，英國領事館除了聘用日語翻譯，還與總督府總督官房外事課坂本龍起課長密切聯繫，而日本憲警也在基隆、艋舺、北投嚴密監視。惟因文化差異與語言隔閡，從10月6日至9日，日本政府仍接獲至少17件英軍與臺灣警民之糾紛，如英軍被控賴帳、借酒裝瘋、破壞家具裝潢、搗毀警車、擾亂警署，僅日人控訴英軍賴帳金額就超過55日圓，相當於當時臺灣基層警察1至2個月的薪俸。臺北憲兵於是主動向英國領事館抗議，要求賠償損害。[32]然而，除了10月7日車資糾紛釀成之基隆事件，17件糾紛中僅10月8日因酒醉搗毀大稻埕咖啡館，犯下傷害罪的水兵福特遭臺北警察署移送法庭審判，[33]其它多因非現行犯或者日本憲警語言能力不足，無法詢問英軍而未能當場舉發，錯失執法時機。[34]

上述消費糾紛事件中，最嚴重的意外當屬在10月7日深夜在基隆市日新町派出所發生的衝突，該案在英國外交史上稱之為「基隆事件」。[35]當時3名潛艦水兵：*Bruce*潛艦一等水兵（Able Seaman）H. J. Smith、*Odin*潛艦一等機關兵（Stoker 1st class）J. Turner、*Rover*潛艦一等水兵A. B. Harrison，他們在晚上11時30分從臺北返回基隆時，因未能搭上末班火車，所以在警方

31　其範圍約當今日臺北市長沙街、貴陽街、西昌街、華西街、西園路。
32　「臺北憲兵分隊長林秀澄照會淡水英國領事」，1936年10月9日，FO763/18/321.
33　"C. G .B Coltart to C. H. Archer," 9 October 1936, FO262/1954.
34　《臺灣日日新報》（臺北），漢文版，1936年10月10日。
35　日新町派出所屬於基隆警察署管轄，設有甲種巡查三人、乙種巡查一人。該所位置即今日基隆市警察局第二分局信六路派出所。其管轄範圍包括日新町五、六、七丁目，義重町四、五、六丁目與入船町一、二、三、四丁目，大約與目前德義、港通、正義、信義、義重、中船、入船等八里範圍相符。參見熊義光編，《基隆市志》，第16種：保安篇（基隆：基隆市文獻委員會，1957），頁51-53。

的協助下搭乘臺籍司機鄭一郎駕駛計程車，雙方事先約定6元車資。孰料到
港之後卻遭鄭一郎指稱三人賴帳。Harrison等人因而遭警方移送日新町派出
所調查。由於派出所員警無法以英語溝通，案經基隆水上警察署通知，改
由曾在紐約居住的巡查中村進協助審問。在審訊過程中，英兵3人未久便與
中村進發生言語衝突。後英艦上尉 T. A. Pack-Beresford[36]與Allgood補給士
官為解救同袍二度前往派出所與警署探視，期間雙方於派出所內一度發生推
擠，激烈衝突。至10月8日上午5時，經雙方協議，由Pack-Beresford上尉
從旁協助審問，3名水兵終於承認未付車資，立下切結書向鄭姓司機致歉，
同時支付原來的車資。而Pack-Beresford上尉同時要求警方，勿公開切結書
內容，也不要通知艦隊指揮官。最後，基隆警方遂在8時釋放水兵返回所屬
艦艇。

　　本案消息很快就英軍中傳開，梅威號Coltart艦長獲知消息後8日下午就
先向英國領事通知，翌日又彙整Pack-Beresford上尉、Allgood 士官與3位
水兵調查報告，向領事館呈報，其內容主要如下：1.Turner等人的確有支付
車資；2.日警中村進在日新派出所內將3人毆打成傷；3.Pack-Beresford上尉
在探視同袍時遭日警侮辱；4.前述5位官兵咸認為，當時承認未付車資、道
歉，是脫困的唯一辦法，但所有罪行陳述絕非事實。報告同時檢附Turner的
驗傷報告。[37]另外，報告中也轉述當時正寓居臺灣的日本童軍創辦人英僑葛
利芬（Clarence Griffin, 1873-1951）給臺灣總督府外事課翻譯官越村長次的
信件。信中提及他在10月9日帶領45名英軍參觀臺灣神社後，回到臺北火
車站時一度遭到公開逮捕，日方要求他指證英軍曾經攻擊日警，但遭他拒

36　這位Pack-Beresford上尉1945年成為英國遠東潛艇艦隊指揮官。

37　"C. G .B Coltart to C. H. Archer," 9 October 1936, FO 262/1954.

絕，[38]最後不了了之，暗示日方蓄意構陷罪已成常態。

　　英國艦隊離港時，日本水上警察全程嚴密監視英艦，又意外發現一面疑似英國軍旗落海，日方在拾獲後通知英國領事處理。近代各國海軍皆有軍旗落海招致不幸的傳說，這似乎也預言日後本案為英日兩國所帶來的糾葛與紛爭。

四、英日政府對於基隆事件之調查（1936.10.13-1937.2）

　　英國海軍中國艦隊第四潛水艦隊依航行計畫於10月10日起椗離臺。在艦隊離港前，刺探要塞地帶攝影案因梅威艦軍官親赴基隆要塞道歉、水兵福特被告傷害案亦經法院審理，拘留兩天後獲釋，並在艦隊啟航前登艦。最後，拒付車資案暨軍警衝突也因英軍官兵道歉認罪而結案。英國領事Archer認為這些在臺灣發生的問題都是無中生有，類似指控隨時都會出現。[39]在一連串軍紀問題發生後，他認為全案已經完滿解決，因此至10月11日才電告英國駐東京大使克來佛（Robert Henry Clive, 1877-1948）。

　　或許是克來佛大使刻意放出英艦訪臺期間發生之各案交涉狀況與處理結果。10月12日當天，英國本土與東南亞殖民地新聞報刊紛紛報導英艦水兵Turner等人拒付車資案暨軍警衝突案，並以「基隆事件」稱呼此一個案。[40]這些英國報刊，除了引述Turner與Pack-Beresford上尉對日方的指控，更強調日方汙辱英國海軍與國家尊嚴。消息靈通的臺灣總督府也在12日透過《臺灣日日新報》將部分案情公布，並以「無法接受英國將臺灣視為三流地區」，表達對於英國擾亂臺灣的不滿。

38　"Clarence Griffin to C. C Koshimura," 9 October 1936, FO262/1954.

39　"C. H. Archer to Clive," 11 October 1936, FO262/1954.

40　"C. H. Archer to R. Clive," 16 October 1936, FO673/18/398.

　　基隆事件遂在克來佛大使強烈要求下，再度重啓交涉。事件曝光之次日，英使 Archer 正式向臺灣總督小林躋造（1877-1962）遞交抗議，要求懲凶、道歉、賠償，[41]內容約略如下：1.由總督府官房長官代表日本政府向英國海軍中國艦隊司令部指揮官致歉；2.嚴懲施暴的巡查中村進，以端正日本警察紀律；3.爲防止類似事件重演英日雙方應達成的協議；4.賠償Turner遭毆傷之醫療費用。[42]Archer並向日本政府暗示，此案若不解決，恐怕會影響海軍新任司令官李度（Charles Little, 1882-1973）訪問長崎軍港之行，破壞自英日同盟建立以來兩國海軍幹部互訪之傳統，影響兩國關係。此外，Archer透過英僑社團領袖葛利芬向外事課翻譯官越村長次暗示，有人藉基隆事件挑撥日英關係使雙方成爲敵人；希望越村氏能運用個人影響力說服小林躋造總督答應英方的要求，迅速解決此一危機。[43]然而，小林總督僅表示近期會協助調查，並訓令警務局與官房外事課提供相關協助，[44]並未給回應英方任何要求。

　　面對日本地方當局方面的消極處理，英國駐日使領曾檢討基隆事件發生之原因：本案固然是因爲臺灣本地日本軍、憲、警與報社處於間諜熱所導致的流毒，但英國第四潛艇艦隊官兵遊歷臺北與基隆消費時，其中部分官兵軍紀渙散，給予一般臺灣民衆惡劣的印象，當然加深社會大衆對臺灣港埠遭間諜滲透的心理作用；因此，英國官兵應爲自身行爲負起責任，同時體認此事件對於催化間諜熱高潮的副作用。[45]而且領事館在艦隊來港前告知相關

41　"Consul Archer to R. Clive," 14 October 1936, *BDFA*, Part II, Series E, Japan, vol. 15, p. 201.

42　"R. Clive to Mr. Eden," Annual Report on Japan For 1936, 1 January 1937, *BDFA*, Part II, Series E, Japan, vol. 15, pp. 259-260.

43　"C. Griffin to Mr. Koshimura," 12 October 1936, FO 673/18/329.

44　"C. H. Archer to R. Clive," 14 October 1936, FO 673/18/390.

45　"R. Clive to Mr. Eden," 17 October 1936, *BDFA*, Part II, Series E, Japan, vol. 15, p. 201.

規定，來訪官兵本保持警覺性，否則落入日本憲警預期的挑釁陷阱，徒增困擾。[46]換言之，英國外交部基本上無意爲其海軍之過錯，承擔造成英日關係惡化的後果。

爲了解決本案，英國外交部最後採雙重策略：一爲延續過去英日友誼之傳統，不放棄尋求和解之契機，如資深外交官賈德幹（Alexander Cadogan, 1884-1968）認爲本案日方是否誠意道歉，可以視爲1930年日英關係能否和解與持續下去的指標之一。[47]英方亦不以臺灣總督府爲唯一交涉對象，另藉由駐日外交官聯繫日方，公開宣示重啓調查，藉以緩和英國內部輿論壓力，同時展現英方堅持國格與維護官兵生命、自由的價值觀。克萊佛大使甚至要求Archer私下調查基隆事件是否爲日本憲兵設計陷害所致，但後者經多方求證，認爲似無任何具體事實證明兩者有關。[48]由於前述Archer與小林總督的會面，無法獲得解決，Archer憤怒地向克萊佛大使建議應對總督府類似不友善的舉止，予以強硬回應。[49]

相較於英國訴諸於國家尊嚴與人權，日本官方爲了釐清事實，臺北州臺北北警察署乃在10月19日發布的「北警高秘第27018號」調查報告，逐一駁斥英方所提疑點。（參見表1）日本之調查報告係針對英方疑問逐一駁斥，同時企圖讓雙方訴求與證據逐漸明朗：日方重視的是法律對於人民財產的保障，儘管只是車資未付，由此衍生之妨礙公務事實，攸關公權力之尊嚴；英國人重視國家聲譽、士兵的性命安危與人權問題。10月25日，總督府官房

46　"C. H. Archer to R. Clive," 11 October 1936, FO673/18/383.

47　Gregory C. Kennedy , "The Keelung Incident and Britain's Far Eastern Strategic Foreign Policy, 1936-1937", *Incidents and International Relations: People, Power, and Personalities*, pp. 136-138.

48　"C. H. Archer to R. Clive," 14 October 1936, FO673/18/390.

49　"C. H. Archer to R. Clive," 16 October 1936, FO673/18/398.

外事課課長坂本龍起親自赴基隆調查，[50]其結論與前述「北警高秘第27018號通報」差異不大，亦認為日警中村進思想敏捷，條理清晰，外語流利，既未失職，當然自無懲處之必要。

　　有鑒於英國領事在臺調查與交涉無法突破，造成基隆事件遲遲未能落幕。英國本土與殖民地報紙，如新加坡《海峽時報》（*The Straits Times*）等報，紛紛譴責日方羞辱英國軍官，藐視英國國家尊嚴。[51]為避免輿論指控之責任燒到外交部，克萊佛大使遂在10月下旬轉將交涉對象改為日本外務省外相有田八郎。克使宣稱：1.日警常以酷刑逼供，眾所皆知，不必諱言，故基隆事件等案完全是在日本警方的威脅下被製造出來；2.就拒付車資案暨軍警衝突案而言，英方有絕對目擊證人可求證。[52]對於克萊佛大使的指責，有田八郎外相仍堅持臺灣總督府的觀點即：中村進巡查是警察的模範，他只是在法律的範圍內，盡力尋找該事件的真相，還給鄭姓司機公道。至於輕拍肩膀與大聲警告上尉軍官，其目的也是在提醒注意軍紀與尊重法律。[53]

50　「臺灣總督府總務長官森岡二郎致淡水領事」，昭和11年11月2日，FO673/18/368.

51　"BRITISH NAVAL OFFICER 'INSULTED' BY JAPANESE," The Straits Times, October 28, 1936.

52　"R. Clive to C. H. Archer," 22 October 1936, FO673/18/344.

53　"Gaimusho to British Embassy," Tokyo, 6 November 1936, FO673/18/386.

54　"Medway to Archer," 15 October 1936, FO673/18/334.

55　"Copy of Statement made by Lt. Pack-Beresford, R. N. and Three ratings of Fourth Submarine Flotilla," 7 October 1936, FO673/18/328.

56　"From Surgeon Commander," H.M.S. Medway, 9 October 1936, FO262/1954..

57　"R. Clive to C. H. Archer," 12 October 1936, FO673/18/327.

表1　英日雙方對於基隆事件拒付車資案暨軍警衝突案之說法對照

爭執焦點	北警高秘第27018號通報	英國調查報告
是否已支付車資	中村進在派出所的審訊中已經證明Turner在返回基隆時身上根本沒有預備車資。三位水兵簽下筆錄、切結書與償付車資之時，Pack-Beresford上尉皆在場，他也同意這樣的解決方式。	Turner認為坦承犯行之口供，係在幫助3人儘速離開日警掌控。[54]英國3名水兵的確支付鄭姓司機共計6圓車資。Pack-Beresford上尉與Turner等人因恐遭日警繼續拘留，影響返國行程，因此在威脅下簽字、道歉並再次支付6元車資。[55]
雙方發生衝突，英國水兵遭日警毆傷	英方所指控虐待疑犯之派出所，以Pack-Beresford上尉與Allgood士官當時所處之位置，根本不可能看見偵訊之情形，遑論目擊虐待與暴力之過程；若是有虐待疑犯之行為，上尉為何當場沒有立即抗議。	Turner在返艦後，便申請拍攝X光檢驗，並請梅威艦醫官驗傷。在期病歷中記載口腔出現有瘀血與挫傷的症狀。[56]Smith、Harrison，以及聲稱目擊Turner受虐的Pack-Beresford上尉、Allgood士官，皆可作為人證。
日警以言語辱英國官兵與國家尊嚴	Pack-Beresford上尉與Allgood士官兩人到派出所時不僅略帶酒意，而且上尉是穿著便衣，態度蠻橫；中村進則是在遭到上尉推擠後，為維護警察尊嚴與司法權威，才嚴辭駁斥其行為，絕無辱罵。	日本警察侮辱英國與英國軍人。梅威號Coltart艦長曾向克來佛大使報告，基隆警察署一名警備補曾經到船上向他說：願為日前任何曾經發生的事件道歉。此說法讓英使深信基隆警察理虧。[57]
日警中村進刑求英水兵逼供，必須加以懲處	日方無法理解這五人為何在離港後全部翻供，以及為何不在訪問結束前，向當局抗議。	Turner在調查中對軍法官強調：自己是在派出所受到中村以拳頭毆打，加上鉛筆夾手指的虐待，事後中村巡查還要他們在離開派出所前往警署前擦拭臉上的血跡以消滅刑求證據。

　　基隆事件正式交涉月餘，至同年11月底，日方立場從未改變，英方認為這不過暴露日本當局袒護巡查中村進。他們不解日本維護的並非只是一名巡查，而是國家主權與法律尊嚴，正如英國捍衛的不只是官兵的身體與行動自由，而是國家榮耀與人權價值。因此，Archer建議英國政府透過正式法律途徑，聘請法學專家協助調查、且敦促日方給予完整交代，[58]否則外交部將無法自日本獲得任何滿意的答案。當時駐東京使館領事戴維斯（W. J. Dovies）在11月3日拍發給Archer的私人信函中透露英國海外僑民已經視到臺灣為畏途，唯恐遭日警以間諜與罪犯審理。[59]基隆事件交涉至此，從原本單純的臺灣司機與英國水兵之間的車資糾紛，在間諜熱的催化下，演變成英日之間的外交衝突。Archer認為日本軍警單位對外國人擔任間諜的幻想未除，未來只會讓更多不幸事件一再重演。[60]

五、秩父宮親王訪英與基隆事件之解決（1937.2-1937.4）

　　英日兩國對於基隆事件之交涉，由於雙方堅持立場而陷入僵局。為解決爭端，英方注意到臺灣總督府在11月底公開宣示同意改善警察處理外事之訓練，防止類似事件再度發生，並且歸還梅威號離開基隆港時自小艇遺落海面的軍旗，[61]加上日本軍方同意讓1937年某英國軍艦申請停靠軍港訪問，[62]種種似乎在尋求英國諒解的正面回應，使英國外交部感到或許本案仍有轉圜餘地，尤其是英海軍似已改變恢復對日交流，故認為沒有理由繼續阻止類似

58　"C. H. Archer to R. Clive," 16 November 1936, FO 673/ 18/ 481.

59　"Davis to Archer," 3 November 1936, FO 673/ 18/ 379.

60　"C. H. Archer to R. Clive," 16 October 1936, FO 673/ 18/ 398.

61　"R. Clive to A. Eden," Annual Report on Japan for 1936, 1 January 1937, *BDFA*, Part II, Series E, Japan, vol. 15, p. 260.

62　"A. Eden to R. Clive," 13 January 1937, *BDFA*, Part II, Series E, Japan, vol. 15, p. 340.

李度司令訪問日本之海軍敦睦交流，以免事態惡化。

　　1937年1月初，克萊佛大使向英國外相艾登（Anthony Eden, 1897-1977）提議由英日雙方組成聯合調查小組，或由第三國如美國主持公道。最後艾相同意由使館派員赴臺重新調查，但這個小組的存在目的，是爲了掌握日本當局的動向與態度。[63]同年2月2日英國駐東京大使館派遣海軍武官與代理參事前往基隆調查眞相。不過，由於根據Turner等人口供與實地訪查、比對內容之差異太大，兩人無法掌握相關當事人的思維，以至於調查。[64]唯一重大的收穫是掌握日警中村進在事件發生後曾被訓誡的消息，這顯示日本當局已經願意讓步，承認其處置基隆事件之不當。[65]

　　日本在年初同意讓英國艦隊進入港口訪問以及在本案交涉讓步，卻絲毫沒有改變當局圍堵外國間諜船的恐懼心態。在1937年1月至3月底，澎湖要塞司令部扣留兩艘中國貨船，其中一艘被移送高雄港，同時處以2百圓的罰金，另一艘無罪釋放。高雄要塞司令部，先是處罰擅入禁區的蘇俄國貨輪，繳納1,000圓的罰金，後來又在3月11日以擅入未開放港口爲名，扣押因失去動力漂流鵝鑾鼻海域的英國船隻。海軍與憲兵於3月6日調查另一艘曾經到過呂宋島的英國郵輪。基隆要塞司令部在2月21日扣押丹麥郵輪，接著又派出大批憲警監視22日至25日停泊的法國巡洋艦*Lamotte Picquet*。法艦在臺期間，雖未發生衝突糾紛，但法國官兵僅被允許上岸四小時，全程遭監視。[66]從這些臺灣當局高度謹愼的表現，可知日本對於國家安全的重視與謹愼。

63　"A. Eden to R. Clive," 16 January 1937, *BDFA*, Part II, Series E, Japan, vol. 15, p. 342.

64　"A. Eden to R. Clive," 27 February 1937, *BDFA*, Part II, Series E, Japan, vol. 15, p. 359.

65　"A. Eden to R. Clive," 23 February 1937, *BDFA*, Part II, Series E, Japan, vol. 15, p. 358.

66　"C. H. Archer to R. Clive," Report on Political Events in Formosa during the March Quarter, 1937, 2 April 1937, *BDFA*, Part II, Series E, Japan, vol. 15, p. 440.

　　爲了解決基隆事件，全面恢復日英關係，克萊佛大使曾一度冀望日本內閣能有所作爲，突破軍方執著於間諜熱的迷思。他在2月18日致電外相艾登說明此案的解決必須觀察兩個指標：第一是岡田啓介（1868-1952）內閣是否能壓制以寺內壽一（1879-1946）爲首的日本陸軍力量；第二是岡田內閣與臺灣總督府之間的互動性。若是文人政府穩定，那麼本案將能迅速解決。[67]

　　原本基隆事件就此將成爲日英之間懸案，但英國外交部長期經營的另一條皇室外交路線卻意外開花。1936年12月底。英王愛德華八世（Edward VIII, 1894-1972）放棄王位，新君英王喬治六世（George VI, 1895-1952）匆忙於12月11日即位。英國外交部依例通告與英國有邦交之各國使館，英王將於1937年5月進行加冕典禮。[68]日本皇室作爲長期與英皇室交際之重要對象，依國際禮儀，當由皇族貴胄代表日皇出席。另外，近代英王加冕，依例亦將舉辦國際海軍閱兵，此爲各國海軍展現軍備與國力之重要場域。

　　如清廷爲慶祝英國喬治五世（George V, 1865-1936）加冕典禮，清廷政府曾於1911年指派鎮國將軍載振（1876-1947）擔任特使，4月並派出海軍主力戰艦海圻出訪。這一次行動不僅是爲了爲鞏固中英之間的邦誼，同時透過國際海上閱兵展現中國海軍實力。對於英王喬治六世加冕，日本自然援例辦理。曾於英國留學之皇族秩父宮雍仁親王（1902-1953）便奉派擔任特使，代表日皇出席加冕活動與海上閱兵。[69]

　　爲避免秩父宮在英國訪問活動受到影響，日本政府遂主動讓步，雙方終於在1937年2月24日達成解決共識。同年4月初，日本多家報社轉載臺灣總督府宣布經過法院調查，認爲中村進的行爲違反警察紀律，將受到處分。日

67　"R. Clive to A. Eden," 12 April 1937, *BDFA*, Part II, Series E, Japan, vol. 15, p.420.

68　〈昭和十二年度外務大臣官房執務報告〉，JACAR藏，Ref.B02031390800（外務省外交史料館）。

69　"R. Clive to A. Eden," 18 February 1937, BDFA, Part II, Series E, Japan, vol. 15, p.400.

本國內興論普遍認爲這是外務省爲討好英國，故紛紛攻擊這種喪權辱國的決策。[70]

對英國而言，日本政府態度的轉變，固然是因爲稚父宮親王訪英才讓事件交涉出現轉機，但此結果確實符合其堅持懲凶的要求。最後，在4月12日，經過英日兩國外交高層通過電文往來，迅速達成共識，其內容要點爲：1.臺灣總督府將針對中村進施暴英國水兵的不當行爲提出處分；2.臺灣總督府認爲此案皆源自中村進本身英語能力太差，造成英國官兵的誤會，未來兩國將防止類似事件重演；3.涉案之臺灣警察將爲自身不當之行爲與語言負責。[71]

事實上，對於兩國外交部此次交涉進而達成和解，臺灣總督府與英國駐日使領，並未直接參與。臺灣總督府甚至等到日本外務省發布消息後，才獲知該案已交涉完畢。所以，臺灣總督府的角色不過是在事後發電予英國大使館，充當郵差補送相關文件而已。[72]

1937年4月底，日英之間有關基隆事件交涉結束，但隨著日本在中國大陸軍事侵略加劇，對英美等國在臺領事與外僑而言，臺灣地方當局間諜熱仍然持續發展。英國外交部認爲基隆事件在1936年之所以陷入僵局，並非英國是否提出有關日本警察刑求英國軍人的有力證明或者是日本政府是否願意坦誠道歉，其主要癥結仍在日本政府的面子問題。另外，臺灣總督府在1936年事件發生前後，臺灣南北兩地水上警察署紛紛建造、購置大型巡邏艦，連海關巡邏艇也配置機槍，巡邏海岸，此從未有過，顯見日本對於外國

70　"R. Clive to A. Eden," Political Diary No4, April 1 to 30, Foreign Affairs, 5 May 1937, *BDFA*, Part II, Series E, Japan, vol. 16, pp. 19-20.

71　"Political Report on Formosa For June Quarter," 1937, FO261/1961.

72　總督府官房文書課編著，《臺灣總督府事務成績提要》，第43編上（臺北：臺灣總督府，1937），頁82。

勢力防範之戒心，早有徵兆。[73]事件結束之後，臺灣仍然發生數起外僑被控
間諜案，如美國旅客Helen Cooper、英僑Frances Hotman皆因拍攝基隆要塞
地帶照片而被捕。[74]

六、結論

　　近代東亞國際關係史中，英日在亞洲的互動是相當重要一環，特別是在
1922年英日同盟廢除以後，到1942年太平洋戰爭爆發前，雙方之政府與民
間互動更值得注意。至於臺灣，在日本佔據統治期間（1895-1945），有關外
國入侵海岸，間諜刺探的消息，其傳播時間幾乎與其治臺之歷史相當。因此
日本政府不斷強化其要塞軍備、軍機保護機制與憲警偵查之職能。至1930
年代中期，間諜熱從輿論媒體發酵，刺激日本地方當局神經。即使日英在
1930年代中期仍維持友好互動，如軍艦互訪、皇族外交，兩國外交部門亦有
親日派或親英派之事實。然而，當軍紀不良的英軍水手上岸後，遇到依法執
行日本憲警，即便是攝影、賴帳、打架，甚至計程車資糾紛，都將演變為國
際事件。當然，間諜熱僅僅是影響當時日英關係的一環，並不能完全涵蓋雙
方之互動。

　　本文所探討的1936年基隆事件，發生於10月6日至10月8日之間，由一
連串讓英國不名譽的意外造成，包括刺探要塞地帶攝影案、消費糾紛、水兵
福特被告傷害案、3水兵拒付車資案，以及日英軍警衝突案所構成。在10月
10日，英軍離港前，日本政府並未接到英國任何正式抗議或質疑。但10月
12日以後，英國各地報刊顯著報導，撼動倫敦外交部。在西方報刊媒體的宣
傳下，英國國家尊嚴與士兵人權，被認為遭到日本強烈的傷害與羞辱。

73　Annual Report for Formosa 1936, January 17, 1937, FO261/1961.

74　Political Report on Formosa For June Quarter, 1937, FO261/1961.

　　表面上，英國外交部與駐日臺使領係呼應民間訴求，懲兇、道歉、賠償，成為對日本積極交涉的主因。實際上，本案攸關英國外交部在1930年面對日本控訴、威脅下能否堅持之態度問題。也是檢證日英關係能否維持下去的關鍵點之一。至於日本政府則是依據法治、軍機保護以及對於國內社會秩序的角度，短期間英日和睦關係維持與否，並非決定性因素。因此，日英兩方會不惜以暫停兩大帝國高層互訪作為捍衛司機、警察、水兵、軍官等小人物的犧牲品；也因面子問題，當1937年4月英王加冕，日本官方預期特使秩父宮親王訪英，故在交涉方面暫時讓步，犧牲日警，以期貴族訪英外交圓滿；英國自恃日本道歉，任務已達，亦快速在2月中與日方達成初步諒解。但從後來持續發生的日警調查英美間諜熱，本案並沒有任何影響。

袁世凱與威海衛勘界問題

呂慎華

國立中央大學歷史研究所兼任助理教授

一、前言

　　威海衛原屬山東省文登縣，1888年起成為北洋海軍駐泊港口，也是北洋水師提督駐節港口，與旅順港同為中國北方最重要軍港。俄國於1897年侵佔旅順後，英國為平衡俄國勢力，於1898年7月1日租借威海衛，租期與俄租旅順相同，為避免租借膠澳的德國反彈，英國另行向德國聲明，無意損害德國在山東權益，也不在威海衛修築通往內陸鐵路。[1]

　　依據威海衛當地耆老口述訪問所知，英國強租威海衛之後，先是強徵土地建立海軍基地，繼而橫征暴歛掠奪大量稅銀，建立嚴密的行政機構以維持殖民統治，委派當地地主富農與地痞流氓擔任村董以壓榨人民，為抵抗英國侵略者，姜南庄人士崔壽山（別稱管子、崔管）積極籌辦團練，招募當地村民加入。1899年4月，新任英國駐威海衛大臣巴爾敦（Sir Sidney Barton, 1876-1946）下令強徵錢糧，激起威海人民憤怒，崔壽山明白英國必然進行

1　李恩涵，〈中英收交威海衛租借地的交涉（1921-1930）〉，收入李恩涵，《近代中國外交史事新研》（臺北：臺灣商務印書館，2004），頁288-290。

武力鎮壓，因而決定召集團練大會。

　　崔壽山與其助手谷輝庭、董紹亮、張語、劉惠五、孫義清等人在張村慈聖寺集會時，因消息走漏，英人沙巡查率領二三百名英軍與村民發生衝突，當場逮捕前五人，將其帶往劉公島，拘禁兩個多月之後釋放。1899年5月，巴爾敦認為威海局勢已穩定，決定開始劃界埋石，會同劃界的中國官員為煙臺兵備道吳漁川、文登知縣陳景星、交收委員程清培、威海劣紳王慰農等人，先在麓道口附近與以于冠敬為首的村民發生衝突，沙巡察帶領的英軍不敵逃走；同年5月16日，于冠敬再度率眾於臥龍山圍困中英劃界委員，雙方爆發死亡衝突，陳景星當場磕頭道歉、沙巡察乘亂逃走。5月24日，以劉荊山為首的村民在碑口村舉行抗英誓師大會，次日在報信村與英軍衝突；5月26日，吳漁川在三個防營、合計1,500士兵保護下，與沙巡查會勘邊界時，在垛山頂與劉荊山等人大戰，村民死亡10餘人，英軍亦有2、3人死傷，沙巡查為劉荊山當場擊斃、劉荊山隨後被英軍殺害。此後，文登縣武秀才梁興堂繼續領導民眾抵抗英國劃界，使英國政府遲遲無法完成劃界行動，以致於僅僅76塊界石，卻花費整整三年時間才埋設完成。[2]

　　威海衛劃界衝突為清末山東地方排外風潮的一環，也是山東地區除義和團之外，罕見的民眾自主性大規模參與之排外抗爭運動，更是英租威海衛期間中英雙方最大規模的流血衝突，造成當地村民近30人死亡，英軍數人受傷。[3]儘管衝突規模不可謂不大、傷亡不可謂不多，然而針對此一事件進行之研究卻不多，究其原因，除史料開放程度不足、義和團與庚子拳亂吸引研究

---

[2]　以上所描述之中英威海衛劃界爭議，參見戚其章，《一八九九年威海人民抗英鬥爭》（濟南：山東人民出版社，1963），頁4-26。

[3]　膠澳與威海衛為山東僅有的兩個租借地，兩地都曾發生中外衝突，威海衛租借地糾紛主要發生在租借初期，包括1898年建築砲臺爭議、1899年與1900年徵收錢糧爭議，以及1900年劃界衝突。參見張玉法，《中國現代化的區域研究：山東省（1860-1916）》（臺北：中央研究院近代史研究所，1982），頁240-242。

者目光之外，主要當爲前引口述史料所影響。訪問者戚其章出身威海衛，自幼便常聽聞村中父老講述抗英事蹟，其書係訪求威海耆老所得，親歷者當時尚有數人健在，僅管口述史料未必盡符史實，但在其他史料來源缺乏情形之下，亦無由辯其眞僞。

　　隨著史料逐漸刊布，戚其章所載之耆老集體記憶內容與官方檔案之間存在的差異，諸如發生時間、[4]參與劃界之中國官員、[5]被捕群衆、[6]衝突時英國軍官遇害過程等，[7]開始逐一浮現。然而，新檔案的公布在20世紀中國史學界並未引起太多關注，雖已有部分著作依據新史料將事件過程進行修正，[8]但大致上仍以口述歷史內容爲主體，[9]對於中西紀元轉換時產生的誤差也明顯未能注

4　例如，戚其章在書中所記之劃界衝突時間爲1899年上半年，但英國開始在陸上勘界時間爲1899年10月中，且於該月底即完成初步作業，勘界時並未埋設界石，也未與村民產生衝突。

5　戚其章在書中所記之煙臺兵備道吳漁川，但依據檔案所載，應爲光緒23年即已到任的山東登萊青道兼東海關道李希杰。

6　戚其章在書中記載崔壽山、谷輝庭、董紹亮被捕時間爲1899年4月，但依據英國FO檔案，三人被捕時間爲1900年3月26日，姓名分別爲TSUI-KUAN（崔管，即崔壽山）、TUNG SHA-HUI（董紹輝）、以及KU KUEI-PING（谷輝庭），並無董紹亮其人。參見 Dorward to MacDonald, 6, April 1900, FO228/1353, pp. 270A-271. 至於1983年出版之《籌筆偶存》一書中，記錄之崔壽山三人被捕過程與時間則同於FO檔案，參見「收電」（光緒26年3月初4日），收入中國社會科學院近代史研究所、中國第一歷史檔案館合編，《籌筆偶存》（北京：中國社會科學出版社，1983），頁192-193。

7　戚其章在書中記載沙巡查於1899年5月26日在埠山頂爲劉荊山殺害，但據中英雙方檔案紀錄，沙姓巡查遇襲時間應爲1900年5月5日，地點爲報信村，當時雖受傷，但無大礙，僅受到相當程度驚嚇，隨即後送日本療養。參見「致總署電」（光緒26年4月初9日），收入駱寶善、劉路生主編，《袁世凱全集》，第5卷（河南：河南大學出版社，2013），頁400。"Colonel Dorward to Sir Claude MacDonald," 14 May 1900, FO228/1353, p. 306.

8　例如，1986年出版之《威海市志》，雖以口述歷史爲藍本，描繪威海衛人民抗英過程，但將發生時間與人名略爲改動，成爲1900年4月6日村民在臥龍山與英軍衝突，包圍李希杰、文登知縣陳景星等，英人乘亂逃逸；1900年4月7日（原書附記中國紀年爲「農曆三月初八日」）劉荊山率衆在碑口廟阻擋登萊青道李希杰、劣紳王慰農，隨後在埠山頂與沙巡查作戰，沙巡查受傷、劉荊山死亡；1900年4月25日（原書附記中國紀年爲「光緒二十六年三月二十六日」）崔壽山在張村慈聖寺聚衆抗英，爲沙巡查逮捕，兩個多月後保釋。參見威海市地方文史編纂委員會編，《威海市志》（濟南：山東人民出版社，1986），頁51-52。

9　例如，1994年出版之《山東通史》，仍以口述歷史爲藍本，其記載內容則爲1899年4月4

意，[10]導致錯誤資料被輾轉引用，[11]直到晚近才獲得修正。[12]

　　晚清租借港灣風潮中，威海衛具有相當的特殊性，租借時中英雙方僅簽訂租約、而未簽訂界約，租約中未明訂兩國將來勘定界址、也沒有規定租借地內的權利義務關係，中國於訂約時未繪製、也未保留詳細地圖，凡此種種均為晚清外國租借地所僅見，加上山東為晚清排外風潮最劇烈的地區之一，在租約未能完善之下，爆發劃界衝突因而不難想像，此一事件本應具有相當討論價值，但或許是因為隨後發生的義和團與八國聯軍吸引研究者目光，或許是口述訪問中親歷者言之鑿鑿，以海峽兩岸研究現況而言，威海衛劃界問題在臺灣乏人問津，在中國雖有不少成果，但受限於檔案史料開放程度、以

　　日（原書附記中國紀年為「古曆二月二十四日」），崔壽山、谷輝庭、董紹亮、王惠武、張儒等人在張村慈聖寺集會，崔壽山為英人逮捕，在劉公島監禁兩個多月；1899年5月24日，劉景山在碑口廟舉行大會；1900年4月6日，沙巡查、李希杰於麓道口與村民衝突，當日下午2點在臥龍山發生流血衝突，沙巡查見狀逃逸；1900年4月7日，劉景山率眾與沙巡查在垛山頂大戰，沙巡查受傷，劉景山死亡，村民20餘人遇害。參見安作璋主編，《山東通史（8）：現代卷》（濟南：山東人民出版社，1994），頁187-191。

10　前引兩書均稱1900年4月6日臥龍山大戰時，登萊青道李希杰被群眾包圍，但李希杰於4月13日方由位於魯西的高密縣抵達位於魯東的威海衛，而中英會勘行動則於4月25日才展開；關於崔壽山聚眾被捕時間，《威海市志》為1900年4月25日，《山東通史》則為1899年4月4日，儘管後者略同於戚書，但與中英官方檔案所記之1900年3月26日則全然不同。然而，若將《威海市志》所記錄之崔壽山抗英年分，由中國紀年直接改為西元，但保留日期不予更動，即光緒26年3月26日改為1900年3月26日，則與兩國官方檔案符合。至於兩書所記錄之1900年4月6日臥龍村、4月7日垛山頂大戰，如將年分改為光緒26年、保留日期不予更動，則又與兩國官方檔案記錄之1900年5月6日、7日相符。

11　如戚圭增、董進一研究英國租佔威海衛時，均雜採《威海市志》、《山東通史》記載，參見戚圭增，〈英國強租威海衛始末〉，《歷史教學》，第6期（1997年12月），頁3。董進一，〈英國強租威海衛始末〉，《春秋》，第3期（1997年3月），頁22。值得注意的是，董進一一文提到「直到1901年春，在英軍與清軍的聯合護衛下，才勉強在150華里的租界上，埋上了76塊英租界石。」因《威海市志》詳細列出76塊界石埋設位置，董進一所述當本諸威海市志，然而，該書並未說明界石於1901年埋設完成，則董進一又雜抄其他著作，導致錯誤。

12　2006年10月，以英國CO檔案（殖民部檔案）為主撰寫之《米字旗下的威海衛》一書出版，這些錯誤始獲得修正。參見張建國、張軍勇編著，《米字旗下的威海衛》（濟南：山東畫報出版社，2003），頁20-27。郭志強撰寫其碩士論文〈英國殖民統治時期的威海衛（1898-1930）〉時，所描述之抗英過程即與本書相同。參見郭志強，〈英國殖民統治時期的威海衛（1898-1930）〉（安徽：安徽大學碩士論文，2007），頁5-6。

及反帝反侵略意識形態，始終偏向於陳述當地人民如何反抗英國劃界，對於政策如何形成、如何執行，兩國主事者如何面對爭端等核心問題則頗為疏略。

袁世凱於1899年底署理山東巡撫，就任伊始即先後面對英籍傳教士卜克斯遇害，高密、濠里民衆阻擋德國修建鐵路，以及威海衛劃界衝突。三者均屬小型化、局部化衝突，雖對當時中國整體外交情勢不至於造成重大影響，但以三者性質觀之，卜克斯案屬傳教糾紛、高密阻工案可歸屬於商務貿易糾紛、威海衛劃界衝突則可歸屬於邊界問題，與赫德在《局外旁觀論》所言「定約之要又有三，曰邊界、曰傳教、曰貿易」若合符節。[13]易言之，袁世凱巡撫山東、成爲封疆大吏之初，數月之間及先後面對三大外交問題，則此三案雖或無關晚清中國外交弘旨，但對於袁世凱如何實踐、或驗證其外交思想與策略則當非全無意義。

英國學者Pamela Atwell（中文譯名爲帕梅拉・艾特威爾）於1985年出版之*British Mandarins and Chinese Reformers: The British Administration and the Territory's Return to Chinese Rule*（中文譯名爲《英國統治者與中國改革者：英租威海衛及歸還始末（1898-1930）》）一書中，提及中國官員有意拖延勘界工作，向村民誤傳英人意圖，甚至刻意放任村民製造衝突，時任山東巡撫袁世凱確實爲拖延勘界做出努力，徵稅問題因爲他的拒絕配合而複雜化，袁世凱與中國官員利用村民抵抗英國，鼓勵紳董煽動村民抵抗英國，又要求紳董控制村民，衝突發生後又將責任歸咎村民，與爾後朝廷利用義和團如出一轍。[14]

---

13 「總稅司赫德呈遞局外旁觀論」（同治5年2月丙午15日），收入寶鋆、賈楨、文慶等奉敕纂，《籌辦夷務始末》，收入《續修四庫全書》，第420冊（上海：上海古籍出版社，2002），同治卷40，頁16。

14 Pamela Atwell, *British Mandarins and Chinese Reformers: The British Administration and*

　　Atwell此說雖適當補足了海峽兩岸學者不足之處，然而其研究係以英國官方檔案爲本，用以解釋袁世凱之心態與行爲則恐未能盡其實。例如，袁世凱明知山東人民仇外心態極深，導致教案頻傳，而在劃界爭議方興未艾之前，才剛勉強解決高密、濠里百姓阻止德國鋪設膠濟鐵路案件，何以此時仍願冒民意易放難收之險，刻意放任威海百姓製造衝突？而袁世凱遵守中外約章的態度於巡撫山東前已然形成，在處理高密阻工案時可以遵守約章，爲何在威海衛劃界時卻刻意阻撓英國行使條約權利，以致釀成流血衝突？凡此種種，均有賴利用中英兩國檔案進一步研究。

　　中英在威海衛的衝突，因劃界不明而無法徵稅，爲釐清賦稅問題而需盡快劃界，卻又因劃界而引起人民抗稅進而產生衝突，則徵稅與劃界問題本爲一體。本文擬以中英兩國外交檔案爲基礎，論述租借初期中英雙方的衝突與磨合，包含中國重新配置官員、界內司法管轄權問題、中國保護界內居民財產權益的努力，以及因徵收錢糧引起的劃界爭議等，探討袁世凱面對劃界問題的心態與處置之道。

二、導因：英人在租借地內徵稅問題

　　1898年7月1日，竇納樂將代擬之告示面交總署，內稱中國將劉公島、威海全灣沿岸以內十英里地方、以及威海灣之群島租予英國，但中國船隻軍艦仍可任意使用，駐紮在威海城內之中國官員仍各司其職，但不能妨礙保衛租地之英國武力，英國有權在租界外沿海與附近地方購買土地，興建醫院、砲臺等設施，但管轄權仍歸中國，只許中英兩國軍隊進入，英國不干預中國

一切規矩，勸諭民眾不可無故滋生事端。[15]竇納樂於次日另行照會總署，表示道員嚴道洪、管駕林款兩人熟悉威海情形，建議留駐威海衛，與英國提督辦理交涉事宜，獲總署同意。[16]此後嚴道洪即以「辦理威海交涉事宜」職銜留駐威海衛。

　　袁世凱於1899年12月6日奉旨署理山東巡撫，[17]於12月26日接印視事。[18]交接完畢後不數日，文登縣令陳景星於1900年1月6日稟報，指英國有派員在威海衛徵收錢糧情事。英人徵收錢糧一事並非首度傳出，早在1899年2月，嚴道洪與前北洋海軍游擊林穎啟即曾向時任山東巡撫張汝梅奏報，英國要求文登縣將劉公島近六個月內錢糧繳交英國，張汝梅認為租約中並無英國可以收繳錢糧規定，希望總署能向英使據理力爭，促使英員遵守條約。[19]因此，當袁世凱向總署通報此事後，朝廷降旨要求袁世凱查明英國此舉有無條約依據。袁世凱先申斥嚴道洪疏於通報，令其要求英國停止徵稅，[20]繼而發現除光緒24年、25年由總署咨送之議租威海衛專條之外並無其他，而專條中僅規定英國不干預中國對威海衛的管理、治理權，因而認為英人並無徵稅權利。然而俄國租借旅大時取得徵稅權，英國是否有意援引片面最惠國待遇比照辦理則未可知，應先由總署與英使討論。[21]

15 「租威海衛等處代擬告示由」（光緒24年5月13日），《外交檔案》，中央研究院近代史研究所檔案館藏，檔號：01-18/19-（01）。

16 「道員嚴道洪守留威海辦理交涉一事已據北洋大臣電飭該道等遵照由」（光緒24年6月初7日），《外交檔案》，中央研究院近代史研究所檔案館藏，檔號：01-18/19-（01）。

17 「內閣奉上諭」（光緒25年11月初4日），收入中國第一歷史檔案館編，《光緒宣統兩朝上諭檔》，第25冊（桂林：廣西師範大學出版社，1996），頁331上。

18 「恭報抵東接署撫篆摺」（光緒25年11月24日），收入天津圖書館、天津社會科學院歷史研究所編，廖一中、羅真容整理，《袁世凱奏議》，上冊（天津：天津古籍出版社，1987），頁38-39。

19 「英員催繳威海島內錢糧並募華人為兵已飭嚴道辯說請迅賜施行由」（光緒25年2月初1日），《外交檔案》，中央研究院近代史研究所檔案館藏，檔號：01-18/19-（02）。

20 "Memorandum: Relations with Chinese Officials," 20 Jan 1900, FO 228/1353, pp. 260-261

21 「文登縣稟」（光緒25年12月初6日），收入中國社會科學院近代史研究所、中國第一歷史

　　英國控制威海衛之後，原本由中國徵收的常關稅轉由英國政府徵收，但中國其他港口並不承認英國威海衛當局開立的收據，因而必須在船隻入港時再繳交一次常關稅，中國籍戎克船運商對此已有怨言。[22]這種重複繳稅的憂慮迅速擴及於田賦，租界內人民謠傳英國將徵收重稅，因而惶惶不安，英國駐威海辦事大臣鐸惟德（Col. Arthur Robert Ford Dorward）於1900年1月發布兩項告示，其一為指派英籍官員，宣示界內英國管轄權，華官權利僅限威海城內，其二為此後田賦繳交給英國，稅率如前，1899年以前稅款不追繳，儘管發布時已同步告知文登、榮成兩縣令，[23]但顯然並未收到預期中的效果。3月18日，榮成縣一名官員企圖在界內徵稅，英國原本計畫在其進入租界時加以逮捕，但拘捕行動失敗，鐸惟德於3月23日告知袁世凱，[24]更於4月13日照會袁世凱，表示榮成縣派員租界境內徵收錢糧違反條約規定，[25]但袁世凱並未積極處理。

　　至於文登縣，境內租界內距威海城約七英里地方的姜南村於3月14日傳出有武裝群眾聚集，鐸惟德派遣包爾中尉（LT. Colonel Bower）前往調查，發現數百名武裝群眾與會，宣言不接受英國統治，也不繳稅，決議以辦團練為名、每月集會訓練三次，首事者為TSUI-KUAN（中文譯名崔管，即為崔壽山）。[26]鐸惟德質問文登縣令陳景星，後者表示無權干涉村民自辦團練，要求在勘界完成前暫停徵稅，以免造成紛亂。[27]

　　檔案館合編，《籌筆偶存》，頁73。

22　"Memorandum: Relations with Chinese Officials," 20 Jan 1900, FO 228/1353, p. 262.

23　"Weihaiwei disturbance: remarks on rise culmination," 23 May 1900, FO 228/1353, p. 379.

24　"Dorward to MacDonald," 6, April 1900, FO 228/1353, p. 269.

25　「陶大臣照會」（光緒26年3月12日），收入中國社會科學院近代史研究所、中國第一歷史檔案館合編，《籌筆偶存》，頁202。

26　"Dorward to MacDonald," 6, April 1900, FO 228/1353, pp. 269-270.

27　"Weihaiwei disturbance: remarks on rise culmination," 23 May 1900, FO 228/1353, pp. 372-373.

不久後鐸惟德獲報，姜南村與附近村落將於3月26日再度舉辦類似集會，乃派遣包爾於當天帶兵前往取締，如有可能，逮捕首謀者，特別是崔官，但須避免與民眾產生任何衝突，或發流血事件。[28]包爾於26日帶領400名士兵前往，當地約有700名村民武裝集會，[29]崔壽山、TUNG SHA-HUI（董紹輝），以及KU KUEI-PING（谷輝庭）當場被捕。[30]

3月26日事件前後，袁世凱陸續接獲文登、榮成兩縣調查結果。榮成縣令趙熙昉於3月25回報英國人在榮成縣境內之溫泉四都等村莊，以及文登縣境內之辛汪、二里、三里、四里、草廟各村莊索取錢糧與村莊戶口清冊，[31]陳景星調查受影響各村莊稅收情形後，於3月28日回覆，表示影響稅收約1,500餘兩。而辛汪、二里、三里、四里、草廟各村紳董表示其地界據威海城已六十餘里，但不知折合英里若干，希望袁世凱批示後，另行告知英國勘界委員，待租界劃清之後再開徵錢糧。[32]袁世凱決定令東海關道李希杰查辦英人徵稅事，待劃界完成後另有指示，希望文登縣令注意曉諭各村村民，不可令其滋生事端，[33]就史料觀之，陳景星、趙熙昉並未將3月26日衝突事件向上呈報，袁世凱因而未向鐸惟德抗議出兵逮捕村民行為，然而即便呈報，由於事發地點在租借地內，英國此舉可解釋為依據條約內容保衛租地，則袁世凱也無理由詰責。然而，朝廷已於莫約同時得到奏報，得知英人欲在威海衛徵稅一事，降旨要求袁世凱於劃界時「詳審地勢、據理力爭，無得遷就了

28　"Dorward to MacDonald," 6, April 1900, FO228/1353, pp. 269-270
29　"LT. H. Bower to Commissioner," 26 March 1900, FO228/1353, pp. 272-273.
30　"Dorward to MacDonald," 6, April 1900, FO228/1353, pp. 270A-271.
31　「榮成稟」（光緒26年2月25日），收入中國社會科學院近代史研究所、中國第一歷史檔案館合編，《籌筆偶存》，頁181。
32　「文登稟」（光緒26年2月28日），收入中國社會科學院近代史研究所、中國第一歷史檔案館合編，《籌筆偶存》，頁186。
33　「批」（光緒26年2月29日），收入中國社會科學院近代史研究所、中國第一歷史檔案館合編，《籌筆偶存》，頁186。

事，致啓效尤。」[34]袁世凱於3月29日收到總署轉發上諭後，[35]乃先於3月30日要求李希杰、林穎啓會同鐸惟德派遣之勘界委員詳細丈量，將英人租地範圍確實限制在租約所載的劉公島、威海灣內群島、以及威海全灣沿岸十里內之範圍，同時需援引租約內並無准許英國收納錢糧規定與英國據理力爭，不可遷就了事。[36]復於3月31日密電嚴道洪、程雲翰，請其就近祕密調查實情。又於4月1日致電鐸惟德，要求承諾在勘界完成後始能徵稅。[37]

　　鐸惟德於4月2日在召集租界內各村村董集會，發現村民對於英國政策並不知情，因而產生誤解，乃於4月3日致電袁世凱，聲明英國在劃界之前確實無意徵收租界錢糧，希望袁世凱派遣趙昉熙、陳景星到威海衛，向李希杰說明清楚。[38]同日稍後嚴道洪回覆調查結果，除將3月26日英軍逮捕崔壽山等三人，同時要求各村村董前往威海衛開會一事呈報之外，另說明陳景星曾於3月17日呈報英人催糧情事調查結果，當時即已致函詢問鐸惟德，同時派員前往文登、榮成各鄉各村查探，鐸惟德表示並無催糧情事，村民則表示英人並未要求繳交錢糧，但確實曾要求預造戶籍，而當地英人告示也未提及催糧等語，嚴道洪等認為可能是民眾因劃界一事心生恐慌，因而捏造謠言，但查無實據，因而未呈報。[39]袁世凱發覺陳景星呈報內容不盡不實，乃令其前往威海城當面向鐸惟德解釋，同時要求呈繳鐸惟德所出具之告示。陳景星於

34　「奉上諭」（光緒26年2月27日），收入中國第一歷史檔案館編，《光緒宣統兩朝上諭檔》，第26冊，頁60上。

35　「軍機處抄交英人在界內征糧並德人擊斃農人等情著該撫查明辦理由」（光緒26年3月初2日），《外交檔案》，中央研究院近代史研究所檔案館藏，檔號：01-18/19-（02）。

36　「札飭」（光緒26年2月30日），收入中國社會科學院近代史研究所、中國第一歷史檔案館合編，《籌筆偶存》，頁189。

37　"Weihaiwei disturbance: remarks on rise culmination," 23 May 1900, FO 228/1353, p. 373.

38　「辦事大臣陶電」（光緒26年3月初4日），收入中國社會科學院近代史研究所、中國第一歷史檔案館合編，《籌筆偶存》，頁193。

39　「收電」（光緒26年3月初4日），收入中國社會科學院近代史研究所、中國第一歷史檔案館合編，《籌筆偶存》，頁192-193。

4月20日將英國所張貼告示上呈，袁世凱發現內文主旨為租界之內應徵錢糧改歸英國，英國將於擬妥辦法後另行告示，並未要求百姓立即繳交，與陳景星前稟報各節明顯不符，除要求陳景星必須據實呈報外，也責成李希杰查明真相。[40]

三、劃界：中英雙方的事前準備

袁世凱於12月26日正式接印視事後，嚴道洪於1月4日告知鐸惟德，總署責成袁世凱派員劃定租界界線，袁世凱則令嚴道洪先與鐸惟德接洽，依袁世凱之意，因冬季封凍，劃界應以來年春天較為適宜，鐸惟德接受，[41]於2月3日指派包爾以及班羅斯少校（Major Penrose, C. R. E.）擔任威海衛勘界委員。[42]袁世凱則於2月5日指派李希杰主持會勘，令嚴道洪與林穎啓從旁協助。[43]總署照會竇納樂，請其轉告鐸惟德，[44]因遲遲未收到回覆，袁世凱於2月17日致函鐸惟德告知勘界人選事宜，[45]鐸惟德於3月8日覆電，表示早已指派勘界委員，要求至遲在3月20日以前開始勘界。[46]袁世凱當日覆電，表示李

---

40 「批」（光緒26年3月23日），收入中國社會科學院近代史研究所、中國第一歷史檔案館合編，《籌筆偶存》，頁219。

41 "The Delimitation of the Frontier," 20 January 1900, FO 228/1353, p. 262.

42 "Delimitation of Weihaiwei Boundary," 23 February 1900, FO 228/1353, p. 265.

43 「石守祖芬患病改派嚴道洪林游擊穎啓會勘威海租界請照會英使轉飭英員俟該道等抵威即行勘定由」（光緒26年正月初6日），《外交檔案》，中央研究院近代史研究所檔案館藏，檔號：01-18/19-（02）。

44 「威海勘界現派李道等馳往履勘希轉飭英員會同勘定由」（光緒26年正月初10日），《外交檔案》，中央研究院近代史研究所檔案館藏，檔號：01-18/19-（02）。

45 「陶大臣電」（光緒26年2月初8日），收入中國社會科學院近代史研究所、中國第一歷史檔案館合編，《籌筆偶存》，頁148。在《籌筆偶存》中，英國駐威海大臣譯名為「陶德」，而英使竇納樂給照會總署中則稱「鐸惟德」，因鐸惟德一名為正式照會總署之名稱，本文從之。

46 "Commissioner of Weihaiwei to Sir MacDonald," 16 May 1900, FO 228/1353, p. 310。中文史料中，《籌筆偶存》撰文者稱包爾為「統領華勇營寶參將」、班羅斯為「統領工程營裝游擊」，然同書收錄知總署來電則稱前者為「副將包爾」、後者為「參將班羅斯」，因總署來

希杰先前在高密處理鐵路阻工事宜，於3月7日始由高密出發前往濟南，只能承諾月底可以抵達。[47]鐸惟德於次日同意延至4月2日再開始勘界。[48]隨後李希杰表示最早僅能於4月2日啓程，[49]鐸惟德甚爲不滿，於3月27日照會袁世凱，要求李希杰等人務必於4月19日以前抵達。[50]

李希杰於4月13日抵達威海衛，次日與鐸惟德會晤，後者出示英文版地圖，表示英國所劃界線確實按照租約規定，以威海全灣沿岸十英里內爲限，與總署所發地圖相同。袁世凱發覺兩縣村民認定的租約範圍係以威海城爲中心向外推算，英國地圖則以威海全灣沿海岸線往內陸推算，兩圖差異甚爲明顯，乃令李希杰查明十英里界線究竟距離威海灣若干里，[51]另要求李希杰召集兩縣紳董開導勸諭，解釋租界當前狀況，希望在確定會勘日期前提出報告。鐸惟德認爲李希杰自行召集紳董開會一事極爲不妥，要求參與會談。至於徵稅問題，鐸惟德同時指出雙方就租界內徵稅事宜達成協議的重要性，李希杰則以未獲授權爲由拒絕。[52]

鐸惟德於4月18日通知李希杰，表示英國勘界委員已奉有4月25日開始

電係轉告實納樂正式外交照會，且時間早於鐸惟德照會，本文從之。參見「大英欽命駐紮威海劉公島等處辦事大臣統轄文武陸路總鎮陶照會」（光緒26年2月27日），收入中國社會科學院近代史研究所、中國第一歷史檔案館合編，《籌筆偶存》，頁184。參見「總署來電」（光緒25年2月初9日），收入中國社會科學院近代史研究所、中國第一歷史檔案館合編，《籌筆偶存》，頁150。

47 「覆電」（光緒26年2月初8日），收入中國社會科學院近代史研究所、中國第一歷史檔案館合編，《籌筆偶存》，頁148。

48 "Commissioner of Weihaiwei to Sir MacDonald," 16 May 1900, FO228/1353, pp. 310-311.

49 「陶大臣電」（光緒26年2月初9日），收入中國社會科學院近代史研究所、中國第一歷史檔案館合編，《籌筆偶存》，頁150。

50 「大英欽命駐紮威海劉公島等處辦事大臣統轄文武陸路總鎮陶照會」（光緒26年2月27日），收入中國社會科學院近代史研究所、中國第一歷史檔案館編，《籌筆偶存》，頁184。

51 「致總署電」（光緒26年3月16日），收入駱寶善、劉路生主編，《袁世凱全集》，第5卷，頁348。袁世凱於電文中表示李希杰「十四日抵威，即晤商英員陶德」，則兩人會晤日期應爲4月13日，然據FO記載，鐸惟德表示李希杰於4月14日來晤。

52 "Commissioner of Weihaiwei to Sir MacDonald," 16 May 1900, FO228/1353, pp. 311-313.

勘界命令之後，[53]李希杰於同日將文登、榮成兩縣紳董傳喚到威海衛，當面告知即將進行劃界情事，各紳董表示村民希望先議定錢糧數額與徵收方式之後再劃界。[54]由於李希杰未如承諾般邀請鐸惟德與會，於會中又刻意引導紳董關注徵稅問題，語氣對英國甚爲不利，復於4月20日舉行之籌備會議中，強烈希望英國不干涉租借地內居民風俗，也希望在劃界前先談成罪犯引渡問題，鐸惟德乃於4月21日向李希杰正式提出抗議，同時指出中英租借條約中並不包含移風易俗，因此李希杰要求英方聲明不做干預並無必要，針對引渡問題則認爲應先完成劃界再談。[55]

由於山東巡撫衙門並無威海衛租界圖，袁世凱只能先要求李希杰按照租約所載界址詳細勘查，[56]另於4月1日致電總署求助，總署同意將英租威海界圖一張札行李希杰，[57]也導致李希杰因等待地圖而延誤行程。然而，因爲簽訂租約當時並未繪製中文地圖，因而並沒有中文版地圖存在，故而李希杰只能向英方商借英文版地圖。[58]

因勘界行動在即，爲爭取時間，李希杰於4月22日將英文版威海灣全圖呈上，建議袁世凱應先考證明確、使民眾心服之後，再與英人商談勘界事宜。[59]袁世凱詳細審閱過後，認爲圖中英人所佔範圍過大，該圖爲簽訂租

53　"Weihaiwei demarcation: account of negotiations leadings," 16 May 1900, FO 228/1353, p. 313.

54　「致總署電」（光緒26年3月20日），收入駱寶善、劉路生主編，《袁世凱全集》，第5卷，頁356。

55　"Commissioner of Weihaiwei to Sir MacDonald," 16 May 1900, FO 228/1353, pp. 313-315.

56　「覆電」（光緒26年3月初1日），收入中國社會科學院近代史研究所、中國第一歷史檔案館合編，《籌筆偶存》，頁190。

57　「准山東撫電請補發威海界圖茲特照繪逕寄一張由」（光緒26年3月初4日），《外交檔案》，中央研究院近代史研究所檔案館藏，檔號：01-18/19-（02）。

58　直到4月9日，李希杰與林穎致早已回到煙臺，但仍未抵達威海衛，陶德質疑李希杰爲何遲遲不赴威海衛，袁世凱於4月10日回函，表示李希杰因等待威海衛分界地圖而延誤行程。參見"Commissioner of Weihaiwei to Sir MacDonald," 16 May 1900, FO 228/1353, pp. 310-311.

59　「耕堂、幼雲仁兄大人閣下」（光緒26年3月24日），收入中國社會科學院近代史研究所、

約時由英人繪製，此圖不足爲憑，先急電李希杰應守定威海灣沿岸十里界限，[60]再私函詳細說明應如何處理，授權李希杰於可以爭辯之處據理力爭，「冀收得尺則尺、得寸則寸之效。」[61]然而李希杰顯然不清楚袁世凱所授之權究係可針對界線適當調整、抑或必須堅守不移，因而先向鐸惟德聲明會勘時即便界線分割村莊也不得稍移，[62]繼而表示袁世凱對於部分界線有疑慮，希望取得中文地圖之後再進行勘界。鐸惟德相信袁世凱所見之地圖是英方於李希杰抵達威海衛時所提供之小比例尺地圖，由於深知並無中文地圖存在，因而認爲李希杰以地圖爲由拖延勘界，乃於24日明白表示將如期於次日展開勘界，有疑慮可以邊勘邊談。李希杰見狀不再反對，勘界日期遂定。[63]

四、衝突：越演越烈的劃界爭端

4月25日上午，中英勘界委員分別出發，包爾隨帶60名華勇營官兵，李希杰等人則沒有官兵隨行。[64]李希杰堅持守定沿岸十英里原則，即便界線穿越村莊也在所不惜，26-28日共放置25顆界石。英國營隊於28日挺進至距租借地東邊界約15英里的草廟，中國營隊則進駐距離英國營隊3英里的道頭村，當地村民群集反對，聲言不賣地，完全不接受任何解釋，英軍逮捕6名滋事者之後，村民屈服，英軍隨即釋放人犯，僅予以警告。[65]

29日上午，草廟等村聚集村民多人，向李希杰表示曾聽說爾後英國人不

中國第一歷史檔案館合編，《籌筆偶存》，頁220。

60　「批」（光緒26年3月24日），收入中國社會科學院近代史研究所、中國第一歷史檔案館合編，《籌筆偶存》，頁220。

61　「耕堂、幼雲仁兄大人閣下」（光緒26年3月24日），收入中國社會科學院近代史研究所、中國第一歷史檔案館合編，《籌筆偶存》，頁220。

62　"Commissioner of Weihaiwei to Sir MacDonald," 19 May 1900, FO 228/1353, p. 331.

63　"Commissioner of Weihaiwei to Sir MacDonald," 16 May 1900, FO 228/1353, pp. 315-316.

64　"Commissioner of Weihaiwei to Sir MacDonald," 19 May 1900, FO 228/1353, p. 331.

65　"Commissioner of Weihaiwei to Sir MacDonald," 19 May 1900, FO 228/1353, pp. 331-332.

僅要加收稅款、甚至會抽調民眾當兵，或開徵人頭稅、雞犬稅等，儘管包爾等人保證絕無此事，村民仍不願接受，堅持要求李希杰須先向英國聲明租界歸中國管理後才可劃界，因村民來勢洶洶，李希杰不得不先暫停劃界。[66]李希杰與包爾於30日舉行會談，同意各自出具一份告示，中國官方版說明中英劃界委員正針對租借地進行劃界，所立界石不允碰觸，鄰近各村必須共同保證界石未被移動或移除，英國希望盡快和平完成，妨礙劃界者將被逮捕並懲處。[67]英國官方版則聲明英方得知民眾針對未來英國治理深懷疑慮，英國保證不移風易俗，不徵收更高額的稅賦。所有關於養牛、鹽需執照、徵收人頭稅或房屋稅等謠言均非事實。[68]

雙方達成共識後，李希杰於5月1日致電包爾，表示兩份告示中文本即將貼出，已要求文登縣令召集各村董曉諭解散群眾，[69]包爾要求次日上午繼續勘界建議，[70]李希杰建議再延遲一兩天，[71]包爾則表示除非5月3日天候狀況不允許，否則準時於上午九時啓程勘界。[72]

早在事件爆發當天，李希杰即已密電袁世凱，請其派遣孫金彪帶領防營前往鎮壓，以免英人發兵釀成事端，[73]面對包爾一再催逼勘界壓力，李希杰乃明白告知在群眾聚集下無法進行勘界，已向袁世凱請示機宜，同時請袁世

---

66 「致總署電」（光緒26年4月初3日），收入駱寶善、劉路生主編，《袁世凱全集》，第5卷，頁384。

67 "Proclamation," April 30, 1900, FO 228/1353, p. 347.

68 "Proclamation," April 30, 1900, FO 228/1353, p. 348.

69 "Chinese Boundary Commissioner to Col. Bower," 1 May 1900, FO 228/1353, p. 349.

70 "Col. Bower to Taotai Li," 1 May 1900, FO 228/1353, p. 350.

71 "Chinese Boundary Commissioner to Col. Bower," 1 May 1900, FO 228/1353, p. 351.

72 "Col. Bower to Taotai Li," 2 May 1900, FO 228/1353, p. 352.

73 「致總署電」（光緒26年4月初3日），收入駱寶善、劉路生主編，《袁世凱全集》，第5卷，頁384。

凱詢問鐸惟德，有無暫緩劃界可能，[74]包爾仍不允暫緩，決定5月3日準時出發勘界。[75]

　　袁世凱於4月29日接獲李希杰報告時，認為劃界一事既已按照約章辦理，且已責成李希杰於勘界時「不准尺寸多讓英人」，因而肯定李希杰並無過失，但也同情民眾有此要求實屬可憫，因此於5月1日表示暫時不準備調兵，只要求李希杰盡量勸諭村民。[76]然而，李希杰於5月2日再度向袁世凱報稱，儘管召集村民反覆開導，甚至出示英國保證租界內一切照常之談話筆記譯本，村民則始終不信，不僅越聚越多，態度也越來越強硬，甚至認為租借專約中所指「全灣沿岸內十英里」係指海面、而非陸地而言，因此絕不能准許英國在陸上劃界，各村首事難犯眾怒，也紛紛改口指責官員，李希杰不敢再負其責，除懇求袁世凱另派他人主持劃界，也希望袁世凱出面要求英國暫緩勘界。袁世凱鑑於「沿海民情愚悍，動輒率眾，又屬操縱兩難」，再三要求李希杰盡力設法解散，[77]李希杰不敢再前往曉諭，又不能違抗袁世凱命令，只能轉而要求包爾暫緩勘界，[78]包爾則加以拒絕，表示必要時將武力驅散，[79]甚至表示願提供李希杰以必要之保護。[80]

　　為解決問題，袁世凱於5月1日便已致電總署，請其向英國探詢是否有可能將租界改歸中國治理。[81]眼見李希杰無能力解決問題，袁世凱除仍命令

74　"Chinese Boundary Commissioner to Col. Bower," 2 May 1900, FO228/1353, p. 353.

75　"Col. Bower to Taotai Li（no. 2）," 2 May 1900, FO228/1353, p. 354.

76　「致總署電」（光緒26年4月初3日），收入駱寶善、劉路生主編，《袁世凱全集》，第5卷，頁384。

77　「致總署電」（光緒26年4月初5日），收入駱寶善、劉路生主編，《袁世凱全集》，第5卷，頁393。

78　"Chinese Boundary Commissioner to Col. Bower," 3 May 1900, FO228/1353, p. 356.

79　"Col. Bower to Taotai Li," 3 May 1900, FO228/1353, p. 357.

80　"Col. Bower to Taotai Li," 4 May 1900, FO228/1353, p. 358.

81　「致總署電」（光緒26年4月初3日），收入駱寶善、劉路生主編，《袁世凱全集》，第5卷，

其設法解散群眾之外，復於5月3日致電鐸惟德，表示沿海民情勇悍，化解需時，要求鐸惟德下令暫停劃界，待衝突解決後再進行。[82]鐸惟德則表示將親赴前線與勘界委員會晤，瞭解實情後再回覆。[83]但5月3日當天，包爾仍決定帶兵自行勘界，袁世凱認為既然未經會勘，則所立界石斷難承認，「且該處民方聚眾，正在勸解，倘釀釁端，誰執其咎」，除電告總署請其照會英國迅速阻止之外，[84]另於5月4日致電鐸惟德要求立即停止勘界，聲明不能承認英國自行勘界行為，對於未來所引發的衝突也不負責任。[85]

再度勘界行動起初並未遭遇抵抗，5月3日、4日總計向東勘查9英里，放置九顆界石，[86]5月5日下午14時30分，班羅斯進行勘界演練，有1,500名村民佯裝為無武裝的良民，於接近英國營隊僅數碼之遙時，突然以預藏之石塊、木棒發動攻擊，英軍雖因事出倉促而準備不及，仍奮力擋抗，村民死亡19人、傷者無數，班羅斯身受重傷，另有四名英人輕傷。此時鐸惟德正前往營隊途中，得知消息之後認為不可暫停勘界，以免助長暴民氣焰，下令繼續，並派遣Watson率隊支援。5月6日，赴援Watson隊伍遇襲，約2,000名民眾持火器、甚至小型加農砲發發動攻擊，戰鬥歷時兩小時，英軍無傷亡、村民則有10人死亡。[87]

首波衝突發生後，李希杰再度要求袁世凱調兵前往界外道頭村暫駐，以防再度發生流血衝突。袁世凱深知「民頑夷悍，均難勸解」，但因尚未接獲

　　　頁384。

82　"Governor to Col. Dorward, Chinanfu," 3 May 1900, FO 228/1353, p. 355.

83　"Col. Dorward to Governor, Weihaiwwi," 4 May 1900, FO 228/1353, p. 360.

84　「致總署電」（光緒26年4月初6日），收入駱寶善、劉路生主編，《袁世凱全集》，第5卷，頁395。

85　"Governor to Col. Dorward, Chinanfu," 4 May 1900, FO 228/1353, p. 359.

86　"Governor to Col. Dorward, Chinanfu," 7 May 1900, FO 228/1353, p. 362.

87　"Weihaiwei: Events connected with actual demarcation of Boundary," 19 May 1900, FO 228/1353, pp. 337-340.

鐸惟德是否願意停止勘界消息，因而令李希杰仍舊設法勸諭民眾。[88]次日再度發生衝突之後，民眾遷怒李希杰，包圍其寓所，非要強迫其承認英國承租範圍僅及於海面、不包含陸地而後已，完全不聽李希杰解釋，[89]袁世凱於5月7日再度致電鐸惟德，除對雙方死傷表示強烈哀悼之意，也要求鐸惟德查明原委、暫緩勘界。[90]但鐸惟德當晚覆電拒絕，要求袁世凱立即派員會勘。[91]袁世凱至此終於動怒，於5月8日上午電告鐸惟德，表示該處民眾聚集，已被英軍殺傷多條人命，英軍在衝突不斷之下仍執意前往，「是有意殘害生靈，並非專爲勘界」，明確拒絕再派員會勘，除聲明英國自勘地段不予承認之外，也再度要求鐸惟德先處理命案。[92]

五、善後：袁世凱的解決之道

袁世凱對劃界一事的立場爲「英人按兩國議定專條圖本勘界，自係照約辦事，勢未可廢約終止；該民不願歸英管轄，亦係不忘本國，情又不無可原」，雖尊重條約不可侵犯，但也同情民眾的處境。對袁世凱來說，「兵去捕治，是自棄其民，如不禁辦，英人必藉爲口實，執約責詰、遺累公家」，出

---

88 「致總署電」（光緒26年4月初8日），收入駱寶善、劉路生主編，《袁世凱全集》，第5卷，頁398。

89 「致總署電」（光緒26年4月初9日），收入駱寶善、劉路生主編，《袁世凱全集》，第5卷，頁401。

90 "Governor to Col. Dorward, Chinanfu," 7 May 1900, FO 228/1353, p. 362.

91 "Col. Dorward to Governor, Weihaiwei," 7 May 1900, FO 228/1353, p. 361. 本電文與上引電文，於FO檔案中之排列方式，係鐸惟德致電袁世凱在先，袁世凱覆電在後，然據《袁世凱全集》中所收錄之袁世凱電文爲「昨午（4月7日）電寄英員陶德……，今聞貴國兵將民人槍斃多命，本部院殊爲惋惜。除派員確查外，請秉公迅速查究。是夜接陶德電開，本大臣初八日自往勘界處，將滋事情形查明，如因此緩看，民間刁風越長，更不相宜，現著英員仍前往勘定，請即飭葦員會同前往」，則可知FO檔案中此兩通電文之先後關係。參見「致總署電」（光緒26年4月初10日），收入駱寶善、劉路生主編，《袁世凱全集》，第5卷，頁401。

92 「致總署電」（光緒26年4月初10日），收入駱寶善、劉路生主編，《袁世凱全集》，第5卷，頁401-402。

兵與否實屬兩難，因此決定以調停勸散為最優先。[93]直到5月5日、6日兩度爆發流血衝突，確定李希杰已無能為力之後，乃令其以向英國詰問傷斃民命案為由轉赴威海衛，爾後再設防籌辦。[94]

　　對袁世凱而言，此舉一方面可以避免英國人要脅，一方面可以查辦命案為由爭取時間開導民眾。[95]由於威海衛農村基本上相當封閉，由地方鄉紳或宗族大戶維持秩序，各村依靠族規村約自行管理，由鄉紳發揮主導作用，[96]袁世凱深知村民「民情驁悍、罔顧時艱」，因而建議總署請旨派遣一名素有威望的山東籍大臣前來會勘界務，或可較易與村民溝通，[97]朝廷不允，僅令袁世凱於山東官員中挑選通曉事理、素得民心者前往。[98]至於預期中的爭取時間，由於鐸惟德於5月11日獲得戰爭國務大臣（Secretary of State for War）藍斯頓侯爵（Henry Charles Keith Petty-Fitzmaurice, 5th Marquess of Lansdowne）授權，得以在華官缺席下繼續進行勘界任務，[99]而亦告失敗。

　　確定無法影響英國勘界決心之後，袁世凱籌思解決之道。綜合各方情報之後，袁世凱發現儘管劃界係照約章行事，並非山東一省官員所能主導、也非威海當地村民所能阻止，但關鍵在於百姓不知條約內容，又因恐懼改變而受謠言誤導，以致於聚眾滋事，甚至欲扣留官派勘界人員以為要脅，如此

---

93 「致總署電」（光緒26年4月初9日），收入駱寶善、劉路生主編，《袁世凱全集》，第5卷，頁400。

94 「致總署電」（光緒26年4月初9日），收入駱寶善、劉路生主編，《袁世凱全集》，第5卷，頁401。

95 〈致總署電〉（光緒26年4月16日），收入駱寶善、劉路生主編，《袁世凱全集》，第5卷，頁423。

96 張志超，〈略論英租威海衛時期威海鄉村的社會控制〉，《山東大學學報（哲學社會科學版）》，2005年第4期（2005年7月），頁31。

97 「覆總署電」（光緒26年4月11日），收入駱寶善、劉路生主編，《袁世凱全集》，第5卷，頁403。

98 「附錄：軍機處來電」（光緒26年4月12日），收入駱寶善、劉路生主編，《袁世凱全集》，第5卷，頁403。

99 "Col. Dorward to Sir MacDonald," 11 May 1900, FO 228/1353, p. 287.

「不但使公家蹈爽約之譏,且為鄉里貽身家之禍」,「越鬧而受害越烈,越鬧則吃虧越大」,因此要求文登、榮成兩縣將英租威海衛一事係奉旨訂約,而劃界則與德租膠澳、俄租旅大、法租廣州灣事同一律榜示,務使百姓不再滋鬧。[100]

　　袁世凱於告示中,除詳細解釋英國租借威海衛原因、租地範圍,派遣李希杰勘界緣由等,說明村民受謠言所誤、聚眾滋鬧,「使公家蹈爽約之譏,生民罹慘烈之禍」,不可能因此對威海衛已租借英國一事造成任何改變,聲明若英國所劃租界超出沿岸十英里(每英里合3.3華里)之外,則必當據約駁阻、絕不遷就了事,但若英國確實照圖勘劃界線,則民眾自當遵旨行事。此外,袁世凱亦指出膠澳、旅大、廣州灣均已照約劃界完成,而膠澳近在本省,村民當知膠澳劃界順利完成一事,藉此說明租借地勘界劃界勢不能阻止,承諾如民眾「但能安分,本部院自當隨時認真保護,絕不任爾等吃虧」,同時警告民眾「若爾等再行阻抗、聚眾滋鬧,因而吃虧受害,本部院亦無法諉誠安全」,希望民眾顧全大局。[101]示完成後,袁世凱令文登、榮成兩縣於威海沿岸四十里內各村莊先擇要張貼,再自行照樣印製後挨莊張貼,「以期家喻戶曉,藉釋群疑而彌釁端」,[102]令善後局將此項告示印製數千張,交由兩縣張貼。[103]

<hr>

100 「文登陳、榮成趙令覽」(光緒26年4月13日),收入中國社會科學院近代史研究所、中國第一歷史檔案館合編,《籌筆偶存》,頁242。

101 「為出示剴切曉諭事」(光緒26年4月14日),收入中國社會科學院近代史研究所、中國第一歷史檔案館合編,《籌筆偶存》,頁243-244。

102 「為札發事」(光緒26年4月14日),收入中國社會科學院近代史研究所、中國第一歷史檔案館合編,《籌筆偶存》,頁244。

103 「為札發事」(光緒26年4月14日),收入中國社會科學院近代史研究所、中國第一歷史檔案館合編,《籌筆偶存》,頁244。

六、履約：勘界行動的完成

鐸惟德於5月11日接獲藍斯頓授權單獨勘界後，隨即轉告竇納樂，[104]納樂於5月14日照會總署，要求電飭華員立即會同英員續勘，[105]署要求暫緩，重申如未經會勘，則界線不能承認之意，[106]國政府則聲明絕不停止勘界，英國自勘界線未來也絕不改變。[107]爾於5月15日出發，兩日後完成勘界，未再遭遇村民抵抗，村民表示從未見過李希杰承諾要發出的告示，對於李希杰等拒絕再勘界也一無所知。[108]

包爾重啓勘界行動前，袁世凱已於5月13日指派大挑縣知縣何金齡擔任勘界委員，會同文登、榮成兩縣辦理勘界事宜，同時要求何金齡、陳景星、趙熙昉、布政使、按察使、洋務局等各相關官員妥慎辦理劃界、曉諭事宜。[109]署於5月15日將鐸惟德已獲授權單獨勘界一事轉告袁世凱，[110]於5月19日表示竇納樂態度強硬、不允停止勘界，所勘界線也不允更動，希望袁世凱妥為籌劃。[111]袁世凱接獲電報後，令李希杰確認民衆意向、是否能再派員

---

104 "Col. Dorward to Sir MacDonald," 13 May 1900, FO228/1353, pp.288.

105「威海界事請電飭勘界之員立行會同續勘由」（光緒26年4月16日），《外交檔案》，中央研究院近代史研究所檔案館藏，檔號：01-18/19-（02）。

106「威海勘界應俟該處民情安謐再行續勘由」（光緒26年4月18日），《外交檔案》，中央研究院近代史研究所檔案館藏，檔號：01-18/19-（02）。

107「照復威海勘界一事接本國政府電復礙難允停特專文奉布由」（光緒26年4月21日），《外交檔案》，中央研究院近代史研究所檔案館藏，檔號：01-18/19-（02）。

108 "Weihaiwei: Events connected with actual demarcation of Boundary," 19 May 1900, FO228/1353, p. 344.

109「爲札委事」（光緒26年4月15日），收入中國社會科學院近代史研究所、中國第一歷史檔案館合編，《籌筆偶存》，頁245。何金齡爲人，與陳景星同鄉，曾於1895-1896年間擔任文登縣令，頗受民衆愛戴，袁世凱挑選何金齡出任勘界委員，除能降低陳景星反彈之外，也可有效降地民衆抗拒。

110「附錄：總署來電」（光緒26年4月17日），收入駱寶善、劉路生主編，《袁世凱全集》，第5卷，頁423-424。

111「附錄：總署來電」（光緒26年4月21日），收入駱寶善、劉路生主編，《袁世凱全集》，第5卷，頁446。

會勘之外，也令其派員跟蹤探查英國是否按圖劃界。[112]希杰令陳景星前往調查，後者於5月21日回報，表示村民業已經解散，[113]希杰於5月24稟報袁世凱，表示英國每隔1.5華里埋設界石一顆，經派員密訪結果，所劃界線大致與原圖相符，當地民眾也已瞭解武力對抗並無好處，應可暫保相安無事。[114]求慎重，袁世凱令李希杰親自仔細勘驗英國所立之每一顆界石，確認完畢後迅速回報，李希杰等即於25日開始分途勘驗。[115]

　　鐸惟德於5月26日致電袁世凱，表示勘界行動已經結束，由於李希杰尚未勘查完成，袁世凱仍舊表示無法承認英國單獨勘界結果。[116]到李希杰於29日完成勘驗作業，確認英國所立界石與原圖相符之後，袁世凱認為派員會勘的目的在於防止英人侵佔土地，英人既然按圖劃界，而華員勘驗結果亦與原圖相符，則結果與雙方會勘無異，應已無再約英國重複勘界必要，以免另生枝節，因而有意令李希杰與英員確認劃界完成。[117]署表示可以接受，[118]希杰乃於6月1日致電鐸惟德，表示接受英國所勘界線，提交中文版地圖以及界石清單一份，鐸惟德確認與英國資料相同。李希杰、林穎致於6月4日返回煙臺，勘界行動至此結束。[119]

---

112 「覆總署電」（光緒26年4月22日），收入駱寶善、劉路生主編，《袁世凱全集》，第5卷，頁446。

113 「文登稟」（光緒26年4月23日），收入中國社會科學院近代史研究所、中國第一歷史檔案館合編，《籌筆偶存》，頁259。

114 「致總署電」（光緒26年4月26日），收入駱寶善、劉路生主編，《袁世凱全集》，第5卷，頁456。

115 "Chinese Boundary Commissioner to Colonel Dorward, Weihaiwei," 1 Jane 1900, FO228/1353, pp. 389-390.

116 "Weihaiwei Delimitation," 12 Jane 1900, FO228/1353, pp. 385-386.

117 「致總署電」（光緒26年5月初2日），收入駱寶善、劉路生主編，《袁世凱全集》，第5卷，頁467。

118 "Chinese Boundary Commissioner to Colonel Dorward, Weihaiwei," 1 June 1900, FO228/1353, pp. 389-390.

119 "Weihaiwei Delimitation," 12 Jane 1900, FO228/1353, pp. 387-388.

七、餘波：賠償與懲處

損害賠償問題，早在5月25日，袁世凱即令李希杰提交一份死傷清單，要求英國採取適當行動，鐸惟德當場退回，聲明處理此案需由兩國政府協商，鐸惟德已向英國政府請示，相信袁世凱很快會收到總署消息。袁世凱堅持應先處理命案，鐸惟德表示處理死傷問題是政府事務，因此拒絕與袁世凱商談。袁世凱命令文登、榮成兩縣將案卷整理完畢後咨送總署，以便照會英使查辦，[120]另於5月31日致電鐸惟德，對其堅持不肯處理命案表達遺憾。[121]不久之後，因庚子事變發生，賠償問題遂不了了之。

失職官員懲處方面，兩波衝突發生在文登縣境，袁世凱對於陳景星的處置方式顯然甚為不滿，認為陳景星「既不防範於先，又不能消彌於後，致令慘斃多命、迭滋憩端，殊屬處理不善」，雖然造成人命傷亡的原因在於英國不聽勸告，強行帶兵勘界，責任在英國一方，但陳景星「有地方之責，於鄉民群聚械鬥，既不能預為防範，又不能曲予維護」，不僅沒有善盡維護治安、保護百姓職責，於傷亡發生後，李希杰飭令家屬領回遺體妥為埋葬時，陳景星甚至「並未指驗、按格詳報」，對其行事草率極為不滿，嚴格要求陳景星應「妥慎籌辦，剴切曉諭，毋任再生釁端」。[122]至於榮成縣令趙熙昉，袁世凱責其未能確實調查，即呈報英人欲徵稅事，因此事情大致告一段落之後，袁世凱於6月10日將趙熙昉、陳景星兩人開缺調省，遺缺由曾廣運、祝鑫署理。[123]

120「批文登縣稟」（光緒26年5月初1日），收入駱寶善、劉路生主編，《袁世凱全集》，第5卷，頁464。

121 "Weihaiwei Delimitation," 12 Jane 1900, FO228/1353, pp. 385-387.

122「文登稟」（光緒26年4月23日），收入中國社會科學院近代史研究所、中國第一歷史檔案館合編，《籌筆偶存》，頁259。

123「補署各縣員缺片」（光緒26年5月14日），收入駱寶善、劉路生主編，《袁世凱全集》，第5卷，頁475-476。陳景星生於1839年，1894年中進士，李希杰認為陳景星於衝突發生時

　　儘管劃界爭議在1900年中以後已大致解決，但英國所劃界線超出租約所限威海全灣十哩內，徵收錢糧範圍也超過十哩界線，頗有含混侵佔嫌疑，總署函請山東巡撫查明，因八國聯軍事起，兩宮西狩，事情遂不了了之。[124]嗣後，直到1901年底調署直隸總督為止，包含錢糧劃分、相互求償、傷亡撫卹等問提，在袁世凱任內都未獲得解決。

八、結論

　　中英威海衛劃界衝突是袁世凱署理山東巡撫初期，繼英籍傳教士卜克斯遇害、德國在高密修築鐵路被阻之後，所發生的第三件重大中外衝突，也是第一件因中外衝突導致中國人民死傷的案件。卜克斯案屬傳教、高密阻工案屬商務貿易、威海衛劃界衝突則屬於邊界問題，三個事件與赫德所指出的「邊界、傳教、貿易」三端不謀而合。筆者於博士論文中，已就卜克斯、高密兩案進行討論，本文的提出，旨在補充其不足，俾能較為全面檢視袁世凱外交思想的基礎。

　　在處理卜克斯案時，袁世凱親身示範遵守法度、持平辦理的重要性，對於英國提出之審判案件、懲治官員、撫卹死者、公布案情種種要求，袁世凱在不違反律例、公法的前提下一一處理，卒使英國無辭可藉，避免一場潛在的爭端。處理與卜克斯案幾乎同時發生的高密阻工案時，袁世凱既同情民眾對於鐵路認識不足，也承認德國依約應享有築路權力，因而採取的是兩面安撫策略，希望德人、鄉民能相互容忍。但連番曉諭之下，鄉民仍不聽制止，德人亦有出兵意圖，袁世凱乃不得不採取強硬措施，迫使百姓遵守法律。另

　　依違其間，因而被免職，參見孫保輝，〈土家族詩人陳景星《茗游集》研究〉（重慶：重慶工商大學碩士論文，2013），頁9。
124 張玉法，《中國現代化的區域研究：山東省（1860-1916）》，頁241。

一方面，袁世凱要求德國必須就路、礦、中德人民來往訂立詳細章程，在「力所能爭、理所應爭」範圍內爭取權利。

就劃界衝突依案而言，論者或謂，袁世凱授意其屬下官員操縱地方村董，刻意散播不實訊息、挑撥民眾反抗情緒，事態擴大難以收拾之後則歸咎人民，與慈禧利用義和團故事差相彷彿。就英國而言，劃界後可以要求華官退出威海，達到完全控制威海衛目的，因而亟欲迅速完成，在所求不遂之下，認為中國官員刻意拖延，利用百姓排外心理阻礙英國行使條約權利，則整起事件無處不是精心設計，袁世凱授意下的中國官員操弄群眾對抗英國自然斑斑可考。然而，以當時山東排外風潮不減反增、義和團越演越烈、打教鬧教事件層出不窮之仇外情勢而言，拖延劃界進度對袁世凱而言並無任何好處，反而更容易另生枝節，使百姓排外情緒更加強烈，導致情形更為複雜，甚至影響其仕途，反而不如早日完成勘界，進而確定租稅劃分與中英雙方權利義務，雙方始有可能相安無事。則知，袁世凱欲劃界完成之目的與英國不同，但希望早日完成、避免產生更多波折之心則如一。

就中英兩國檔案觀之，袁世凱於勘界開始前事先與總署確認責任歸屬；確定由山東省負責勘界後開始調派官員主持其事；勘界完成前拒絕英國徵稅要求；劃界前設法取得並詳細審閱地圖，要求李希杰守定條約，不可多讓土地；發現百姓不滿徵稅、劃界可能損及權利之後，屢次要求該管官員善加曉諭；勘界開始產生衝突後，數度要求李希杰解散群眾，以顧及英國行使其條約權利；對於英國帶兵自行勘界一事再三要求停止，聲明不予承認；調派素受威海衛百姓敬重的大挑知縣何金齡回任文登知縣；懲處一開始提供錯誤訊息的陳景星、趙熙昉；對於造成村民死傷的英國提出賠償要求；思考應如何簡化爾後中英租稅劃分事宜並提出辦法。袁世凱處理威海衛劃界一事的心態與及方法，與處理高密阻工一事並無明顯差別，均以巡撫山東前即形成之

「事前籌劃防範、遇事據理力爭、事後設法補救」之外交方針為準則，在不違背朝廷謹慎用兵指示之下，盡力爭取權益、避免衝突，儘管流血事件仍不能免，但指責袁世凱刻意拖延勘界過程、操縱百姓與英國對抗，顯然未能完全反應史實。在排外風潮冠於全國的山東省，袁世凱處理威海衛劃界一案雖非盡善盡美，但已善盡其責任則當無疑問。

本案雖因庚子軍興而不了了之，除劃界完成之外，爭議核心的徵稅問題並未解決，因劃界而衍生的撫卹、賠償問題則終袁世凱巡撫山東之時都未能解決。論者或謂本案範圍有限、衝擊不大，也未對中英關係造成任何影響，乍看之下似乎沒有單獨研究的價值，甚或視此為本案至今乏人研究主因。誠然，並非每個中外關係史上的上的事件都值得單獨被研究、或可以被賦予重大歷史意義，然依筆者之見，英國或因深陷波爾戰爭，以致無暇、或無意認真看待本案，但對袁世凱而言，本案在確立其外交策略方面，具有相當的意義存在。

袁世凱曾經駐紮朝鮮九年，洋務經驗不可謂不豐富，但當時其地位接近李鴻章在朝鮮的代理人，所執行者為李鴻章的以夷制夷外交政策。返國後在小站練兵，雖然持續關心洋務，也曾針對山東問題、甚至中國全局向朝廷上奏建言，強調應延聘返國人才、派遣熟悉時務者充任地方官員、講求約章成案等，但因不在其位，其建議終究屬於紙上談兵而已，直到擔任封疆大吏，方始有機會印證其歷經轉變後的洋務思想是否可行。袁世凱透過這三個接連發生、亦均無關大局個案，確立其要求中外共同遵守約章、先求自我改善避免外國藉口干涉、以及在實力與實際狀況允許範圍內盡量爭取權利這三個基本策略，成為其往後外交基本方針。

此外，值得注意的是，奉旨署理山東巡撫、可以獨當一面之後，向來重視洋務人才的袁世凱正駐紮小站練兵，明知「山東乃海疆要區、巡撫為僚屬

表率，舉凡整軍察吏、防海治河，與夫清內匪以安民生、慎外交以敦睦誼，事事均關緊要」，除武衛右軍之外，理應將其洋務幕僚也一併隨帶入魯，然其自朝鮮時代起即網羅、以留美幼童爲主要班底的洋務幕僚中，唐紹儀與梁如浩已在津榆鐵路局當差、蔡紹基時任北洋大學二等學堂總辦，周壽臣則進入上海輪船招商局，而貢生出身的劉永慶雖仍追隨左右，但負責經理軍需後勤，因此，袁世凱初到山東時，並無可代其辦理洋務的得力助手，乃不得不倚重傳統官僚。卜克斯案歷時三個多月、高密阻工案歷時五個半月，袁世凱除奏調留德的記名副都統廕昌赴山東協助談判中德往來三項章程之外，舉凡指派肥城縣令金猷大處理卜克斯案，高密縣令季桂芬、東海關道李希杰、候補知府石祖芬、膠州直隸州知府曹榕等處理高密阻工案，所指派者全爲該管地方官員之外，然上述官員皆爲傳統官僚出身，亦均無法迅速解決衝突。直到威海衛劃界衝突發生，袁世凱出仍指派李希杰處理，直到李希杰被完全不聽任何解釋的村民圍困，袁世凱終於對傳統科舉出身官吏面對洋務時的無能爲力，以及百姓面對外力衝擊時因無知而造成的恐懼有更進一步的認知，瞭解非任用長於洋務、熟悉洋文的幕僚，不足以應付山東層出不窮的教案與中德、中英衝突，因而於5月5日、6日兩波流血衝突發生後不久，即奏調廕昌、唐紹儀赴山東，冀收「博求眾才、分司其事」之效，唐紹儀奉旨前往山東後，袁世凱即委以辦理洋務局重任，此後，則更加注意保舉、提拔洋務人才。是知，儘管威海衛劃界一案除確定租借範圍之外，終袁世凱任期之內並未解決其他問題，但由此所獲得的啓發，則對於其外交策略的具體成形具有相當大的影響。

中國海關關員的遺留和抉擇（1949-1950）

張志雲

上海交通大學歷史系研究員

一、前言：被遺留在大陸的中國海關關員

在中國海關的96年歷史中，海關面臨了兩次分裂，一次是1941年12月8日珍珠港事件，另一次就是1949年4月27日美籍總稅務司李度（Lester Knox Little）自上海撤退。第一次的分裂，在1945年抗戰勝利後，海關再度統一；但是第二次的分裂，結束了總稅務司署在大陸的歷史。如果比較這兩次分裂，不難發現，在第一次分裂中，英籍總稅務司梅樂和（Frederick Maze）鋃鐺入獄，1943年從東非回重慶，領到退休金後，旋即回英國，丟下所有的外籍關員在大後方，或是在淪陷區的集中營；但是第二次分裂中，李度堅守崗位，不管心中多麼厭惡國民黨或蔣介石，仍然忠誠執行撤退命令，帶領一部分華籍關員從上海、廣州，再撤退到臺北，並支付所有外籍關員的退休金後，才自海關退休。李度是最後一位離開海關的外籍關員。他的決定延續了海關在中華民國的生命，也使得總稅務司署和海關體制，一直在臺灣延續到

21世紀。[1]

　　在所有海關洋員、隨李度來臺關員和國民黨官員眼中，李度無疑極受愛戴。洋員認為，李度發放洋員的退休金，讓服務中國數十年的青春不至於付之東流；隨李度來臺華籍關員眼中，李度恢復淡水和打狗關的建制，使得臺灣得以保存一部分海關人力，並且挽救高階華籍關員的家庭不至被共產黨清算；在國民黨官員眼中，李度讓海關在臺灣可以快速地站穩腳跟，重新啟動，所以他成為當時臺灣省財政廳長嚴家淦的摯友，以財政部顧問的身分輔佐嚴家淦至1954年為止。

　　這是中國海關在國民黨這一邊的大歷史，在共產黨那一邊的大歷史則是圍繞著成功地改投共產黨的高階華員（例如，副總稅務司丁貴堂和江海關稅務司張勇年），或是本來海關中的中共地下黨員。[2]他們的眼中釘，關務署和海關洋員終於消失，中國海關終於回到了海關華員的手上，他們的職涯似乎馬上就要飛黃騰達。然而，這只是海關史中的國共兩黨主線的大歷史，也只是全體11,705名關員中的一小部分，[3]因為，李度只發放了234位洋員的退休金和帶12位華員到臺灣；丁貴堂只能保護極少數的高階華員。其他被遺忘和遺留在大陸的一萬一千華員的1949到1950年，遠比上述過程來得悲慘。

　　中外歷史學家或多或少研究過這兩條歷史的主線，其中研究得比較深入的著作則以方德萬（Hans van de Ven）的 *Breaking with the Past: The*

1　1991年，總稅務司署改名為關稅總局，關務署改名為關政司，2013年總稅務司署和關政司合併成為關務署。參見詹德和，《海關瀟灑走一回》（臺北：詹德和，2,000），頁53-59；財政部關稅總局編，《中華民國海關簡史》（臺北：財政部關稅總局，1995），頁211。

2　海關圖書館館長阮壽榮回憶起海關地下黨中有四人，孫恩元、陳鐵保、姚壽山及王椿暉，「孫氏專門審查高級關員的思想，陳姚二人專門調查中級關員……王某的任務，是鼓勵下級員工來製造紛亂，打擊政府威信」。參見阮壽榮，《錦灰集》（臺北：出版者不詳，1986），頁63。

3　關稅總局特藏室，海關總稅務司署人事科編，《海關職員題名錄》，第74期（上海：海關總稅務司署，1948）。

Maritime Customs Service and the Global Origins of Modernity in China (2014)爲首，方德萬較爲忽略李度徹退到臺灣的歷程，但是詳細地描述了在1952年時，中國大陸的1,162名華員在「三反運動」時被迫害。[4]其他中外學者也有少量的研究，例如：陳詩啓的《中國近代海關史》（2002）和孫修福的《中國近代海關首腦更迭與國際關係：「國中之國國王」登基內幕》、畢可思（Robert Bickers）的*The Scramble for China: Foreign Devils in the Qing Empire, 1832-1914* (2011)和李嘉鈴（Catherine Ladds）的*Empire Career: Working for the Chinese Customs Service, 1854-1949* (2013)。

當然，在史觀上，中外歷史學者對做爲海關史分水嶺的1949年仍有極大的不同。比起方德萬描述海關華員在1949年後的受到的政治迫害，陳詩啓認爲，「外籍稅務司海關制度經歷了96年（1854-1950），終於在海關職工護關運動、迎接解放聲中在中國國土上最後消失，取而代之的是獨立自主的海關。」[5]孫修福認爲：「李度認不清形勢，不聽丁貴堂的勸告，決意棄明投暗……臺灣的政局不穩，海關業務亦不多，李度覺得『英雄無用武之地』，也無法實現總稅務司的抱負，於是，他於1950年1月1日請假6個月返回美國。」[6]

但是筆者不想在延續上述的史觀之間的爭論。因此，本文旨在描寫在李度帶領海關撤退和丁貴堂成功改換門庭的兩條大歷史主線之外，呈現出既無從跟隨李度到廣州，也不願投入共產黨陣營的小歷史，他們的在歷史上多爲名不見經傳的小人物，個人背景、學經歷各有不同，但是他們分別在總稅務

4　Hans van de Ven, *Breaking with the Past: The Maritime Customs Service and the Global Origins of Modernity in China* (New York: Columbia University Press, 2014), pp. 300-301.

5　陳詩啓，《中國近代海關史》（北京：人民出版社，2002），頁861。

6　孫修福，《中國近代海關首腦更迭與國際關係：「國中之國國王」登基內幕》（北京：中國海關出版社，2010），頁375。

司署和地方海關面臨不同際遇和挑戰。這五位華員就是：王文舉、葉元章、林樂明、阮壽榮和宣德清。這五條小歷史的支線代表海關絕大多數華員的際遇。

二、撤退的決定

　　海關在1949年的撤退計畫，比起1937年抗戰爆發時更為倉促張皇。抗戰爆發之後，雖然梅樂和完全不打算撤退到重慶，但是他有計畫地協調英日雙方的勢力，嫻熟地操弄外交手段，在1940年4月汪精衛政府成立後，仍然管理全中國海關長達20個月。而李度則過於忠誠地遵守國民黨命令，寄希望於1949年4月1日開始的北平和談，直到4月20日，和談正式破裂，同日共產黨發起渡江戰役，一天之內渡過長江，解放軍快速向南京和上海前進。但是此時，李度還在等待財政部的最後撤退的命令。

　　4月23日，南京眼看就要淪陷，中午財政部才透過關務署長張福運「口頭告知」李度要準備好「在一分鐘之內可以攜帶著最重要的文件，撤退至廣州」，雖然李度想要「帶著最骨幹的關員」，但是張福運要求他「不可向任何人提起此事」。[7]24日，南京淪陷，張福運和李度再次會面，討論撤退事宜，張福運表示「自己和所有的關務署公務員都不會前往廣州」，他只想「一走了之（drop out）」。[8]25日李度徵詢了總稅務司署各科稅務司的意見，海關華洋關員一致勸告李度「應該要離開上海」，雖然李度本人「不想離開上海」，但是他們一致認為「李度在紅軍的勢力範圍外應該可以發揮更大的作用」。

7　1949年4月23日，Chihyun Chang (ed.), *The Chinese Journals of L K Little, 1943-54: An Eyewitness Account of War and Revolution,* vol II (London: Pickering & Chatto, forthcoming).

8　1949年4月24日，Chihyun Chang (ed.), *The Chinese Journals of L. K. Little, 1943-54: An Eyewitness Account of War and Revolution,* vol. II.

到了晚上5點45分，張福運正式通知李度要撤退的命令，[9]並在李度宅中，召集總稅務司李度、副總稅務司丁貴堂、英籍稅務司梅維亮（Myers），英籍人事科稅務司武萊士（B. K. Wallace）、江海關稅務司張勇年，宣布財政部長劉攻芸的命令，指示關務署和總稅務司署撤退到廣州。[10]

在會中，張福運表示，「關務署的25名公務員和他自己都不會前往廣州，因為他們都無法負擔全家的路費，不想前往的員工，每人可領到金圓500萬元（約合美金10元）」，只會有「3名關務署科員在廣州，還有幾位在福州」；並且，他勸告財政部「不要以命令方式強迫海關撤退，因為如此一來，如果許多關員選擇不要撤退至廣州，總稅務司必須將他們解職」，張福運擔心這樣會「分裂海關，而且政府也不希望這件事發生」，所以他建議李度「選擇自己想要的關員，但是這不是命令，如果關員不願前往，這也不會被視為違反海關或政府的命令。」張福運安撫在場關員之後，他說：「雖然總稅務司撤退到廣州，但是只要上海沒有淪陷，總稅務司還是可以控制上海總稅務司署；如果上海淪陷，上海和廣州的聯繫就會中斷，那麼總稅務司就無法掌控大局。」

在張福運眼中，這一次的撤退和1937或1941年的撤退是兩件不同的事，因為「這次不是外敵入侵」，而是「兩黨為不同的理念而戰」，所以「政府把海關撤到廣州是非常明智的決定」，雖然「不可諱言，海關最近也有腐敗的問題」，但是「海關一直是中國政府最寶貴的資產」，所以請牢記「海關就只是海關，自從我上任關務署長後，就一致力將海關排除在政治之外」，

9　1949年4月25日，Chihyun Chang (ed.), *The Chinese Journals of L. K. Little, 1943-54: An Eyewitness Account of War and Revolution,* vol. II.

10　"Confidential Letters to & from I.G.," (containing Little's personal letters and The Hongkong-China trade and Customs Agreement), I.G.'s Order, 26 April 1949 (evacuation to Canton), 中國第二歷史檔案館藏，檔號：679(9) 3。

在這樣的努力下，「在未來不管對任何政府而言，海關仍然會是中國政府的
資產。」最後就是關務署和總稅務司署職權分配的老問題，顯然張福運不願
在這種局面中處理陳年老案，他指出：

> 關於關務署和總稅務司署的合併問題，早就有人提及，確實也被行政院通
> 過，但是當徵詢我的意見時，我表示，現在時機實在不對，國家正處危難，
> 總稅務司署管理西起迪化，南至廣州的海關，一切改革也要等到時機成熟，
> 所以合併案尚未確定，當然這不是因為我的反對，而是因為時機不對。

等張福運說完後，李度也鼓勵著關員說：「昨天我告知總稅務司署各科
稅務司有可能撤退到廣州的決定」，「剛剛張署長告知，我才知道政府同意
我不攜帶任何機密文件」，主要是因為「因為我把機密文件帶走，而使新政
府遷怒於上海的關員」，「這絕對不是中國歷史的最後一頁」，請大家牢記兩
點，一、「全世界都希望中國恢復和平，我不相信任何政黨可以忽視這個願
望」；二、「歷史證明世界沒有任何一個國家恢復速度比中國快。」李度開始
安排撤退的具體事宜，他說：「我只會把羅慶祥家和吳道頤家以及Danson小
姐帶到廣州」，到了廣州，會有「粵海關稅務司方度和陳瓊琨的協助」。

關於上海總稅務司署，「丁貴堂負責一切事宜」，當「新政府進駐後，將
會承認海關的價值，保持海關運作」，這是「我的希望和信念」。最後李度說：

> 如果我可以自己做決定，我想大家都知道，我不想撤退到廣州，我想要留守
> 上海，和我的關員一起承擔風險，但是我收到撤退的命令。我的立場非常非
> 常簡單，部長叫我走，我就走。如果我辭職，我將無法發揮影響力。不只是
> 部長叫我走，我昨天向各科稅務司徵詢意見時，大家都一致勸我離開，因為
> 我在廣州，可以替海關和關員做更多的事。

　　副總稅務司丁貴堂說：「我不認為我可以勝任暫代上海總稅務署的工作」，「我個人也很想離開，因為我也是個年近六旬的老人，服務海關超過33年」，「但是我也只能像總稅務司一樣，服從上級的命令」，「為了關員的未來，我決定留任，但是新政府隨時有可能把我踢開。」丁貴堂同時勸告張福運和李度，「最好馬上資遣關員，以免關員被迫留在新政府服務」，為了海關關員的資遣，「懇請總稅務司在最後關頭再離開，儘量在上海待越久越好」，因為「總稅務司隨時可以乘美國的軍艦離開」。[11]會後，李度向丁貴堂發出命令，「如果因為身體或任何其他因素無法執行關務時，將指派梅維亮代行」，[12]梅維亮也強調會在離場前堅守崗位，「所有撤退命令只限於總稅務司署的關員，江海關關員仍要留守。」[13]

　　會後，李度在日記中記載著：「決定明天搭海關 *Lights Tender* 福星號離開，炮臺司令禁止所有中國船隻離開上海，所以水佩兒（Sabel）忙了一整天取得行船許可，下午四點我終於獲得許可，所以我只能通知羅慶祥和吳道頤和我一起離開……在會中，張福運眼中泛著淚光，以他的教育水平、才智和性格，卻在今天發現被自己的國家當做棄子（discard）。這真是一場悲劇。何況共產黨可能會威脅他的生命（或是自由），我希望，當和平再度降臨中國時，秩序？和正直也會回到中國，張福運可以在新政權中找到一個值得奉獻的地方……丁貴堂也發表談話，他顯然不高興，他真是說錯話的天才！（has a genius for putting his foot into his mouth!）」[14]4月27日早上，李度帶著

11　上述張福運、李度和丁貴堂的會議紀錄，俱由以下檔案節錄而成："Minutes of Meeting at Inspector General's House," Shanghai, 26 April 1949, 中國第二歷史檔案館藏，檔號：679(9) 3。

12　"Little to Ting," 26 April 1949, 中國第二歷史檔案館藏，檔號：679(9) 3。

13　"Minutes of Meeting at Inspector General's House," Shanghai, 26 April 1949, 中國第二歷史檔案館藏，檔號：679(9) 3。

14　1949年4月26日，Chihyun Chang (ed.), *The Chinese Journals of L. K. Little, 1943-54: An Eyewitness Account of War and Revolution,* vol. II.

他的秘書Danson小姐、羅慶祥和吳道頤兩家，以及應張福運的請託，把前稅務專門學校校長余文燦，[15]帶往海關福星號，一起前往廣州。丁貴堂、饒詩和武萊士前往道別。[16]

如果將1949年4月26日的會議紀錄，與張福運的口述歷史、李度日記做交叉比對後，可以得知張福運、李度和丁貴堂三人在1949年4月26的言論有一些不盡不實的成分。

張福運在1949年4月時的確心灰意冷，但是絕對不是如他在1971年時進行口述歷史訪談中所說：「自二戰結束後，我不得不面對特務和軍隊接二連三的破壞海關聲譽的企圖，且只能在得不到政府支持的情況下應付之，於是我得出結論：我的價值已告終。這樣，我辭了職。」[17]其原因有三：一、李度從未在其日記記載任何國民黨特務干涉關務署或海關的活動，以李度厭惡國民黨的程度，他應該不會替國民黨隱瞞此事；二、張福運第二任關務署長任期長達四年兩個月，是為大陸時期有史以來任期最長的關務署長，而且在國共內戰時期，人事更替頻繁，鮮少有官員之任期可長達四年以上；三、關務署長從不直接處理海關事務，若是有特務或軍隊破壞海關聲譽，這也是李度的管轄範圍，而不是張福運的業務。

李度雖然在4月26日開會當天說他不想離開上海，但是在他的日記中，

---

15 Chihyun Chang, "The Making of New Chinese Bureaucrats: The Customs College and the Chinese Customs Staff, 1908-1949," *Twentieth Century China,* 37: 3 (October, 2012), pp. 229-242.

16 1949年4月27日，Chihyun Chang (ed.), *The Chinese Journals of L. K. Little, 1943-54: An Eyewitness Account of War and Revolution,* vol. II.

17 Chang Fu-Yun, "Reformer of the Chinese Maritime Customs," an oral history conducted in 1976, 1979, and 1983 by Blaine C. Gaustad and Rhoda Chang, *Reformer of the Chinese Maritime Customs: Oral History Transcript; The Bancroft Library, Regional Oral History Office, 1976-1983* (Berkeley: University of California, 1987), p. 151. 本句翻譯引自：張小盟譯、程麟蓀校、張福運著，《中國海關回憶錄》，收入程麟蓀、張之香編，《張福運與近代中國海關》（上海：上海社會科學院出版社，2007），頁81。張福運的女兒張之香在此書中，也撰文回憶張福運：〈張福運：一位愛國的改革家〉，但是本文屬回憶錄，對於史實陳述頗有出入。

早就有撤退的心理準備，而且以他厭惡共產黨的程度嚴重到可以忍耐國民黨的無能和腐敗，遵守撤退命令到廣州，就可以得知，他不可能留在上海。他又說徵詢過各科稅務司是否要撤退，這並非事實，因為他在日記中記載，他只有時間徵詢羅慶祥和吳道頤。[18]

丁貴堂說已是六旬老人，他只想退休，但是李度在日記中的紀錄明顯代表他不相信丁貴堂，等到1950年代後，李度又在日記中反覆提到丁貴堂非常擅於投靠當權陣營。而從史實分析，在5月24日上海淪陷後，丁貴堂快速改換門庭，他和張勇年在新政府中，至少維持了位高權輕的地位，而且如果丁貴堂一心一意想要退休，從本文的王文舉、阮壽榮和葉元章的例子來看，新政府應該不致阻止丁貴堂退休。

4月26日之後，海關啟動了八個月又五天的撤退計畫，但是諷刺的是，與會成員中，只有一位外籍關員跟隨國民黨，忠誠執行撤退計畫，張福運心灰意冷地離開政府，丁貴堂決定留守上海總稅務司署，後任大陸海關總署副署長。更諷刺的是，與會成員之外的關員，頂多只有四五名總稅務署各科稅務司知情，其他的關員，不僅不知情，他們連撤退的選項都沒有。事實上，這也符合當時中央政府的計畫，撤往廣州的財政部也不想把海關完全撤到廣州（無奈的事實是，就算下令撤退，關員也未必會服從命令），只希望總稅務司署的各科稅務司撤退到廣州後，建立總稅務司署繼續領導全國海關。

三、共產黨的接收與思想改造：
上海總稅務司署的查緝科副稅務司王文舉與海關圖書館館長阮壽榮

1949年4月27日，大多數留在上海總稅務司署的海關關員，完全不知道

---

18 為何吳道頤會被徵詢，仍是一個未解的問題，因為1948年時，吳道頤僅為一等一級幫辦，達稅務司級尚差六級，一年之內，不可能升為稅務司，更不可能擔任總稅務司署各科稅務司，在李度日記中，也看不出李度和吳道頤之間有私交。

總稅務司已登上福星號前往廣州。雖然保密功夫做得十分到家，但是事實上
這只是荒腔走板的擅離職守，例如，跟隨李度離開的查緝科稅務司羅慶祥，
根本沒有完成交接，就離開上海。羅慶祥的的副手是王文舉，[19]但是王文舉
於「四月廿七日晨，於盥洗之際，見戶外堆積行李數件，經詢始知係樓上吳
道頤君搬家去粵。九時上班，魏子汾君（查緝科二等一級幫辦）交來羅慶祥
君交（查緝）科中之印信文件，謂今晨總稅務司李度率羅慶祥、吳道頤等去
粵，將總署移粵辦公。」[20]對於李度離開上海，在阮壽榮的回憶錄中也有記
載，[21]他說道：「當美籍總稅務司離開上海的時候，他確曾徵詢稅務司級的人
員，願往廣州者同行，但是祇有羅慶祥一人申請同行。尚有幫辦吳道頤及武
奮二人（此說不確，武奮並未隨李度赴廣州），因曾受共匪虐待或知悉共匪
的可怕，願跟隨同行。」[22]換言之，王阮二人都完全不知道前日決定撤退之
事。

19　王文舉，遼寧海城人，1924年畢業自稅專，派安東關任見習，後任四等二級幫辦，1931
年調江海關後，派往日本學習關務，隔年調江漢關，1934年調膠海關，升代理副稅務
司，派駐臺灣臺北中華民國領事館任代理副領事，調查臺灣與華南各處走私情形。1937
年調回上海總稅務司署漢文科，1938年調東海關，升一等一級幫辦，1942年，於東海關
升副稅務司，1945年3月由東海關逃往大後方，派往洛陽關服務。1946至1948年派往復
員濱江關、津海關、營口關和瀋陽關，1948年調回上海總稅務司署，任查緝科副稅務司。

20　王文舉，《濫竽海關四十年》（臺北：王文舉，1967），頁98。

21　阮壽榮，1904年生，上海市人，1926年畢業自稅專，派江海關見習，後任四等二級幫
辦，1929年調任長沙關，1930年因海關圖書館成立，調回上海總稅務司署任魏爾特
（Stanley Wright）副手，並出任海關圖書館長，升代理副稅務司。抗戰爆發後，仍留上海
總稅務司署服務，為岸本廣吉海關統計科稅務司葉元章之下屬，直至抗戰勝利後，丁貴
堂將其留任原職，直至1949年。

22　阮壽榮，《錦灰集》，頁64。在1945年抗戰勝利後，吳道頤和劉盛庸在威海衛分開服務，
當時威海衛是由八路軍接收，所以在1945年到1946年，吳和劉都在共產黨的海關服務，
所以他們都見證了當時土地改革的殘酷手段。劉盛庸在威海衛的服務經歷，請見其女劉
湘梅的回憶錄：劉湘梅，《外公的顯微鏡：一個成就不凡的病理醫師》（臺北：合記圖書
出版社，2008），頁77-94。而2014年11月時，筆者和劉湘梅在電話訪問時，劉指出，
當時吳道頤和她的家人一起逃出威海。因筆者認識吳道頤的兒子吳大誠（現為國立臺灣
大學外國語文學系退休教授）和孫子吳家恒（現為遠流出版公司副總編輯），據吳家恒指
出，確實吳道頤當時在威海衛服務。

從4月27日到5月27日，上海總稅務司署在丁貴堂管理下，仍是井井有條，但是開始準備共產黨的接收工作，就如王文舉所總的查緝科為例，既然羅慶祥把科務交接給王文舉，「則稅務司一缺。由筆者（王文舉）充升乃名正言順，順理成章之事」，但是丁貴堂「新發手令派步履中為代理查緝科稅務司，並召筆者面諭其理由如次：一、按資歷言，雖有未合，但步君主管關警，在紛擾局面之下，應令其多負責任。二、因係同鄉，為避免物議起見，故不便派筆者為稅務司。」[23]且不論王文舉認為此事「文過飾非，顛倒黑白」，丁貴堂也有不得已之處，因為步履中「佔了一個便宜：就是他是以前任江海關稅務司，後來被共黨改派為副稅務司（姓張〔張勇年〕）的妻舅。張君很會侍奉共黨，同他們合作無間，所以他請托他的上司做了這樣的安排。」[24]

但是總體而言，海關關員「大都以為改換政府，也許是一件好事」，因為「憑海關準國際性的地位，即使是改換政府，也不會有多大影響。」[25]華員的想法並不足為奇，大多數關員在太平洋戰爭爆發後，即仍留在上海總稅務司署工作，等到1945年丁貴堂前往上海復員總稅務司署時，還是保留大部分原有關員。所以對他們而言，他們有足夠的理由相信，留在上海的關員，只要「編印各類有關海關工作的簡報，以備向新政府報告，希望共產政權，會體會到海關的重要性，而不加以干涉。」[26]

但是等到上海淪陷，共產黨派徐雪寒、賈振之和王鴻章接收總稅務司

23　王文舉，《濫竽海關四十年》，頁98-99。
24　阮壽榮，《錦灰集》，頁64。
25　阮壽榮，《錦灰集》，頁62。
26　阮壽榮，《錦灰集》，頁62。

署後，[27]即開始組織「聯誼會」，有「稅務司、幫辦、稅務員和工友之分」，[28]一切會議是借阮壽榮的海關圖書館召開，而圖書館也變成「每天開會爭吵的場所，公開攻擊私人的行動，在海關中開始出現。」[29]但是總體而言，「在（接收後）開始的一、二個月中，總署高級職員，仍保留著一些權威。」丁貴堂偶或召集高級關員開會，記得第一次，當王某（鴻章）沒有出度的時候，他很神祕向我們警告說：「大家必須特別小心，互相合作，方能渡過這個海關歷史上最困難的危機。他的語氣，同他在日本人接收海關時他向我說話時，很為相似」，但在第二次開會時，丁貴堂的「語氣大變，他要大家各自負責，不要保持海關傳統，聽命辦事。」[30]因為在上海的海關關員，不再主導未來海關政策。

　　當上海總稅務司署正忙著接收事宜時，8月時，中共中央政務院成立中央財政經濟委員會，下設海關總署籌備處，地址為東交民巷台吉廠頭條胡同六號，也就是原來北京總稅務司署的地址，由長期負責調查和情報業務的撫順市委書記兼撫順市衛成司令部政委孔原負責籌組全國海關工作。[31]北京海關總署籌備完善和上海總稅務司署順利接收後，在「1949年9月23日至10月16日召集了全國各地海關工作人員代表36人舉行座談會」。[32]丁貴堂和各地海關中長期效忠共產黨的高級關員前往參加。會中邀請「蘇聯海關工作專家克里夫立什內赫蒞會報告蘇聯海關的組織與任務。」在會中，孔原除了指責海

27　王文舉誤將徐雪寒錄為袁雪寒，參見王文舉，《濫竽海關四十年》，頁99。

28　王文舉，《濫竽海關四十年》，頁100。

29　阮壽榮，《錦灰集》，頁70-71。

30　阮壽榮，《錦灰集》，頁69-70。

31　《中國海關通志》編纂委員會編，《中國海關通志》，第2分冊（北京：方志出版社，2012），頁1195。

32　〈中央財政經濟委員會舉行海關人員代表座談會蘇聯專家報告蘇聯海關的組織與任務陳雲主任指示努力建設人民的新海關人民日報〉，《人民日報》（北京），1949年10月26日。

關中「百年來為帝國主義所把持」和「為帝國主義、封建主義與官僚資本主義服務」之外，他在閉幕時說：

> 我們的方向基本上應與蘇聯的海關相同，我們應重視蘇聯海關的經驗。海關的任務大體可分為三部分：甲、保護公私合法對外貿易，協同政府其他部門保證實行對外貿易管制政策；乙、根據正確的關稅政策徵收關稅；丙、辦理各項海關業務，如緝私、海務、及中央政府機關規定的其他事項。[33]

孔原的總結，事實上，完全改變了中國海關的設立目的。在1911年之前，海關是以估稅和監督海關監督徵收、存放和解匯稅款的機構，完全不經手稅款；1911年之後，海關開始收稅，並負責在解匯外債賠款後，將海關盈餘解匯給中央政府。但是在蘇聯體制中，海關最重要的工作，僅僅是國際貿易貨物進出口的監管業務。如果海關無法為中國政府提供大量的稅收，那麼海關自1854年以來的特殊體制，沒有繼續存在的必要。為了改變新政府的想法，在上海總稅務司署的關員請阮壽榮利用海關圖書館的資料，「寫一篇有關蘇聯的海關」，但是阮壽榮研究後，得出結論：「在他們（蘇聯）的體系中，海關的主要任務，並非在乎徵稅，海關不過是一個次要的檢查國營貨物進出口的機構而已。這個結論使聯眾很為失望，因為他們的目的是要估計海關在共產制度下的重要性。」[34]

會後10日，10月26日，海關總署正式成立，「負責領導與管理全國海關及其事務，並經中央人民政府委員會任命孔原為海關總署署長，丁貴堂為副署長」，「在新的海關組織章則尚未公布前，全國各海關及其分支機構暫仍在

---

33 〈中央財政經濟委員會舉行海關人員代表座談會蘇聯專家報告蘇聯海關的組織與任務陳雲主任指示努力建設人民的新海關人民日報〉，《人民日報》（北京），1949年10月26日。
34 阮壽榮，《錦灰集》，頁70。

當地最高政府或軍管會指導之下照常努力工作。海關一切事務及關產,均由現任負責人員擔負全責,今後所有一切表冊報告文件應各備一份遙送北京海關總署。」[35]11月1日開始辦公。[36]同時丁貴堂回到上海,將總稅務司署遷往北京,他說:「總署不是北遷,而是一個新的總署將在北平產生,老的已經死去了!」[37]而且決定將非中共地下黨員和無法順利改換門庭的關員,編入學習委員會中,[38]「規定每日上午8時至下午6時為學習時間,隨時擇優,送往北平任事。」[39]

　　學習委員會中大概是王文舉和阮壽榮最感到痛苦的過程,其學習內容不外乎是「晝夜思想自己之出生背景與環境,長大,受教育之各級學校,作事之詳細旅歷,總之將一生自傳不厭其詳的用筆寫出並指出在過去生活中曾犯何種錯誤及其原因,並自學習之後有如何的覺悟,如思過認錯及思想有如何改變」,[40]在這些學習中,阮壽榮寫道:

> 我眼看著這些我熟識的朋友,在磨石下細細慢慢的被改造成共黨的工具,或半途被揚棄如同糠皮一樣。漸漸地一切友誼感情都已減退,因為每人必須探索他人的隱私,以便在「自我及互相批判會」上作口頭或書面報。我感覺到,好像在目睹《化身博士》一書中傑克爾醫生(Dr. Jekyll)變成海德先生(Mr. Hyde)。[41]

35　「海關總署通告第一號」(1949年10月26日),收入海關總署辦公廳編,《海關總署全宗指南(1949-2006)》(北京:中國海關出版社,2007),頁3-4。

36　「海關總署通知・秘字第四號」(1949年12月3日),收入海關總署辦公廳編,《海關總署全宗指南(1949-2006)》,頁4。

37　阮壽榮,《錦灰集》,頁71。

38　阮壽榮的《錦灰集》稱之為訓練班,王文舉稱之為學習委員會,此處以王文舉為準。

39　王文舉,《濫竽海關四十年》,頁101。

40　王文舉,《濫竽海關四十年》,頁103。

41　阮壽榮,《錦灰集》,頁73。

阮壽榮和王文舉都決定離開大陸，從他們的回憶錄中可以看出他們沒有通知彼此，他們並不是好友，甚至還有嫌隙。但是根據他們的回憶錄判斷，王文舉是在1950年3月辭職，[42]阮壽榮是在5月辭職，[43]阮壽榮離開上海時，只存有18兩黃金，一家的生活是是每月一兩半黃金。[44]雖然兩人沒有通知彼此，但是撤退的路線類似，都是從上海搭火車至廣州，從廣州入香港或澳門，再取得入臺證到臺灣。

四、國民黨的潰敗與惡性通膨：地方分關的瓊海關稅務司林樂明、北海關稅務司葉元章與重慶關稅務司宣德清

比起在上海總稅務司署的關員，西南和華南地方海關稅務司的遭遇就有顯著不同，他們在1949年時，因為在西南和華南任關，所以仍處於國民黨的統治區中。比起王文舉和阮壽榮，他們有多幾個月的時間準備撤退，但是同時，他們也比在1949年5月就接受命運，改投新政府的關員，更多了將近半年的時間，面對國民黨統治區的軍事失敗和惡性通貨膨脹等問題。這三位就是，瓊海關稅務司林樂明、[45]北海關稅務司葉元章[46]與重慶關稅務司宣德

42　王文舉，《濫竽海關四十年》，頁101。

43　阮壽榮，《錦灰集》，頁78。

44　阮壽榮，《錦灰集》，頁81。

45　林樂明，1898年生，廣東中山人，上海聖芳濟書院畢業，1919年應試總稅務司署之稅務員，派江海關任4等4級試用稅務員，1921年正式派金陵關任4等3級稅務員，1926年調至北京總稅務司署，任4等2級華籍幫辦；1941年9月調雷州關1等1級幫辦，1943年10月升特等2級幫辦，雷州關代理副稅務司，1945年10月升雷州關副稅務司，1948年升稅務司，任九龍關常務額外稅務司，同年調閩海關稅務司，1949年調瓊海關稅務司。參見林樂明，《海關服務卅五年回憶錄》（香港：龍門書店，1982），頁45-49。林樂明的海關職涯非常特殊，他非像正統的稅專畢業，但是只以七年時間，就從4等4級試用稅務司升至幫辦。雖因抗戰時期，他任職於重慶總關稅務司署，所以加速晉升，但是林樂明23年即從最末等的4等2級幫辦升至稅務司，這在海關人事史中，仍屬罕見。

46　宣德清，四川重慶人，1918年畢業於稅務專門學校後派關，1934年任思茅關代理稅務司，1940年調協辦廣西戰區貨運稽查處，隔年扶正，1942年任南寧關代理稅務司，1944年升稅務司，任雷州關稅務司，抗戰勝利後，1945年設湛江關並任該關稅務司，1948年

清。[47]

　　三人之中，最幸運的就是林樂明、葉元章次之，最不幸的就是宣德清。其原因就是這三位稅務司的任關地點，林樂明在1949年任瓊海關稅務司，海南島到1950年4月方才淪陷；葉元章任北海關稅務司，北海市淪陷時，輾轉遷居香港；但是宣德清位於重慶，對他來說，從重慶遷居至臺灣或香港的困難度要高出許多。

　　1949年5月26日上海淪陷，國民黨在華中地區的勢力被完全鏟除，此時，林樂明已在1949「年春奉調往海南島，復設瓊海關為獨立關。」[48]當時瓊海關已成燙手山芋，因為當時徵查緝私事件「為當地商民所不滿，以石子大肆攻擊關樓，並將代理副稅務司彭家傑毆打，致令關政之執行至感困難。」等到林樂明到瓊海關赴任時，開始調查瓊海關與商民關係緊張的原因。林樂明的報告指出：

> 以往該支關，對於僑胞回瓊所攜帶之物品，如價值超過限額，不論多寡，即予依章沒收充公，致使僑胞蒙受莫大之損失。然所稱僑胞者，亦有水客混在其中、專辦超乎個人自用範圍之大量商品進口，以規避政府對於進口物資之管制。然余以瓊人赴南洋各地經商者……赴美洲等地經商者，其數頗不乏人。且常有數年或一、二、三十年後，始回家鄉者，而親友方面，重於情

申請長假待退，並返回籍重慶，1949年因國共內戰局勢丕變，國民黨政府全力鞏固華南及西南地區，李度商請宣德清暫停長休，任重慶關稅務司。參見「關於請准予宣德清辭職上海關總稅務司署的令（附英文）」（1949年7月29日），重慶市檔案館藏，檔號：03510001003050000027。內容：「呈為懇祈依照鈞署第7010號通令規定准予退休瀝陳下情乞核令示祇遵由。」

47　葉元章，1898年生，廣東順德人，1913年自河南育才書社畢業，1917年自稅專畢業，派往膠海關見習，1918年留膠海關任四等二級幫辦，1922年調濱江關，1926年調回江海關，1933年派往法國學習關務，1934年調任廈門關，1936年於原關升副稅務司，1937年調回總署任統計科副稅務司，此後即在上海總署原科留任，直到1945年抗戰勝利。勝利後，留任原職，1946年調任南寧關稅務司，1947年調往北海關任稅務司，直至1949年。

48　林樂明，《海關服務卅五年回憶錄》，頁36。

誼，送予禮物，如糖果、餅乾、牛奶、香皂、衣服等件，有時且臨時送至上
船。此種熱情，雖欲卻之亦不恭也。復因外幣不許攜帶出口，迫不得已，將
儲款購物攜回，在此情形之下，如遭沒收充公，豈不是血本無歸乎？其反感
之大，可以概見矣。[49]

瓊海關的問題，則要分進口和出口兩方面分析。就進口方面而言，中
國僑民在外經商數十年後，回到海南家鄉看望親人，自然攜帶大量伴手禮回
鄉，一經查獲超額，立即全數沒收。雖然其中不乏走私水客，但是畢竟一般
良民居多。出口方面則是因爲當時廣州財政部在1949年7月初推出的《銀圓
和銀圓兌換券發行兌換辦法》之第9條規定：「所有公私收付一律以銀元爲計
算單位，各級政府稅收及公營事業收費應一律收受銀元兌換券，至外國幣券
亦奉院令，規定仍准許人民持有，但不得流通買賣，其持有外幣者，得以之
爲外幣存款，如須變款使用，可持向中央銀行或其指定銀行，按照掛牌價格
兌換銀元或銀元兌換券。」[50]

但是外幣和銀元或銀圓券的「掛牌價格」（官定匯率）與市價相差鉅
大，民眾絕對不願兌換，所以出現「廣東一帶地方市面現仍以港幣爲交易之
媒介，各種商品並以港幣爲基數標價」，對於中央政府而言，實有「不成政
體，且足影響幣政」的考量，因此，「爲建立幣信，禁止外幣流通起見」，擬
訂辦法，「如有投機商人不按法定比率兌換銀元及銀元兌換券暨銀元輔幣券
者，依《妨害國幣懲治條例》懲處，其故意造謠惑眾破壞幣信者，依《妨害
國家總動員懲罰暫行條例》之規定，以『擾亂金融』論處。」[51]

49　林樂明，《海關服務卅五年回憶錄》，頁37-38。

50　「海關總稅務司署通令」，臺字第1至35號（1949年8月6日），〈財政部代電〉，財錢穗字第
2301號，臺北關稅總局特藏室藏。

51　「海關總稅務司署通令」，臺字第1至35號（1949年8月6日），〈財政部代電〉，財錢穗字第
2301號，臺北關稅總局特藏室藏。

但是對於瓊海關出國僑民而言，他們攜帶的大量外幣既不可攜出國外，又不想存在國內，只有把改買物品攜出國境，但是一旦超額，又是全部沒收充公。林樂明爲「爲顧全法令，及眞正僑民利益起見」，向總稅務司署建議，「將過額之物品，科以合理罰鍰後，准予納稅放行。但對於水客攜帶之超額貨物，不在此例。」[52] 此事才告於段落。

此時林樂明剛好任副稅務司六年（1943年10月升任雷州關代理副稅務司），因爲「按照關章，凡正副稅務司已任滿六年，尚未請假者，應於每年春秋間，呈請休假六個月以資休息」，因此在「11月1日，始奉准給假6個月。余於是日交代妥善後數日離瓊赴港渡假。」[53] 林樂明在香港休假6個月後，於「1950年4月20日，余接總署來電垂問，於月底假滿後，是否願意續假半年」，在此兵荒馬亂之際，林樂明「即電覆請給續假」。然而又過半年在「十月中旬，奉（臺北）總署令派爲該署統計科稅務司」，林樂明即於「十月下旬抵臺赴署報到，並奉命迅速籌辦，自11月1日始，恢復設立統計科，編製各項進出口貿易統計資料。」其「所編之貿易統計，只印至三十七年爲止。茲爲供應各方參考起見，本即遵令自39年11月開始編造。」[54]

林樂明的幸運之處，也正好是他這一生在海關的無奈之處。在海關中，向以稅專畢業生爲正統，林樂明不是稅專畢業，所以他1926年任4等2級幫辦，到了1943年10月才升代理副稅務司。如此速度遠遠慢於1926年的稅專畢業生。又因他不是稅專正統，所以在地方海關調派時，總是在相對次要的雷州關和瓊海關轉任。

但是晉升緩慢反而使得林樂明剛剛好在國民黨完全潰敗之時，得以申

---

52 林樂明，《海關服務卅五年回憶錄》，頁37-38。

53 林樂明，《海關服務卅五年回憶錄》，頁38。

54 林樂明，《海關服務卅五年回憶錄》，頁40。

請六個月長休，當時國民黨已完全崩潰，自然也不需要林樂明銷假再任稅務司。而在僻遠海關任職則使得該海關淪陷較慢，在1949年，林樂明從未真正面對共軍來襲的危險處境。然後他在香港的1949年11月到1950年11月的一年之間，絕大多數在大陸的關員前途未卜之際，林樂明可以直接前往臺灣的關員且未被共流黨接收的關員。在當時臺灣處處提防共諜之時，林樂明可能是唯一有此條件的關員，所以臺北總稅務司署直接請他出任至關重要的統計科稅務司。在海關96年歷史中，如此先慢後快的從瓊海關稅務司直升統計科稅務司的案例，可能也只是有林樂明一位。這或許也在悲慘的大撤退歷史中，另人比較欣慰的小歷史。

比起林樂明，北海關稅務司葉元章[55]就沒有這般幸運。北海關位於廣西，1948底的惡劣局面，並未對北海造成重大影響。[56]但是到了1949年，局勢也極惡劣。2月11日，總稅務司李度轉來財政部三項命令：一、「各關關員必須堅守崗位，在接到政府命令之前，不得擅離職守」；二、「若事勢緊急且無法撤退時，關員仍具有關員身分，或許會被轉往其他海關」；三、「若有關員擅自改變服務單位，他的關員身分和海關待遇視同作廢。」[57]

到了6月21日，農民銀行北海分行已經關閉，北海關的關務完全停頓。然而，由於北海關位於廣西，是桂系的戰略要地，所以葉元章的身分發生轉變，從海關稅務司變成北海的戰略物資中介。當東南沿南城市相繼淪陷時，民航空運公司（Civil Air Transport）建立了一條連接香港、北海和昆明的運輸線，由此運輸線運送大量燃料，而北海關就負責以銀元徵收稅款。這些銀

55 葉元章，號端甫，生於1898年，廣東省順德縣人，先入河南育才書社，再於1913年考入稅專第五期，1917年派往青島膠海關見習，同年任幫辦，1921年調濱江關，1925年調往江海關。

56 Yeh Yuan-chang(葉元章), *Recollections of A Chinese Customs Veteran* (Hong Kong: Longman Book Store, 1987), p. 61.

57 Yeh Yuan-chang(葉元章), *Recollections of A Chinese Customs Veteran,* p. 62.

元讓葉元章手上有些資本，可以安置北海關員。[58]

但是到了12月3日，葉元章得知，國民黨已決定棄守北海，同時，葉元章向李度發出他最後一封電報：

> 有鑑於廣西軍事局勢快速惡化，戰火已迅速進逼本關區，關員希望我可以先發三個月的薪資津貼以應付將來的軍事變局。在過去的幾個月中，關員生活早已困頓，物價節節升高，總稅務司署也早知此事。現在政府軍隊已呈敗象，大規模的逃竄時有所見，而總署與北海關的聯繫也曠日費時。因此，我為了維繫關員士氣，暫時發給他們十二月的薪資津貼之外，再加兩個月。如果軍事敗局已成，這就將是我發給他們的額外緊急救濟貸款（Additional Emergency Relief Loan）。

> 緊急！解放軍離北海僅30里，明日將至北海，國民黨軍隊大規模逃亡，我和關員將遵守指令，堅守崗位，我不再發出電報，再見。[59]

無人可得知這封電報有沒有傳到李度手上，但是葉元章確實如他所說，堅守崗位，直到12月6日解放軍佔領北海。

從1949年12月到1950年8月，葉元章認為「軍委會接管的所有政府機關中，北海關的關產接收和轉移最為順利，而且數量最龐大，這或許可以說服共產黨，國民政府不如他們以為得如此腐敗。」[60]但是自從軍委會接受後，原本民航公司運輸燃料的關稅收入自然終止，再加上國際貿易完全停頓，關員的薪水馬上成為問題。幸好葉元章在1949年12月時，先發了兩個月的額外緊急救濟貸款，不然關員只好「沿街叫賣衣服以換取食物」。事後，軍委會

---

58   Yeh Yuan-chang(葉元章), *Recollections of A Chinese Customs Veteran,* pp. 63-64.

59   Yeh Yuan-chang(葉元章), *Recollections of A Chinese Customs Veteran,* p. 67.

60   Yeh Yuan-chang(葉元章), *Recollections of A Chinese Customs Veteran,* pp. 68-69.

宣布不會發放關員薪水，但是改以「大米（husked rice）」發放。[61]

雖然葉元章和王文舉或阮壽榮分別在北海與上海，但是面對軍管會的命運大同小異，王文舉和阮壽榮面對的思想改造，也降臨到葉元章頭上。2月26日，軍委會召集接管會議，會議上指出：

> 人民政府完全有能力接管海關，保留關員只是出於對於關員的同情和寬恕，並給予關員們有能力自省的機會，並且減低失業率。當人民政府為關員的自我再教育感到欣慰時，同時也希望在舊政權享受特權的關員，可以提升自己的高度至新秩序之中。關員的一舉一動必須符合人民政府的期待，以前是舊政權的海關統治人民，現在是人民統治關員，所以關員應該準備解放思想，修正以前對人民所做的錯誤行為，因此軍委會要監管海關的運作和關員的舉止。[62]

但是事實並非如此，至少北海軍委會在1950年初，仍無法接管北海關，江海關和總稅務司署與北海關不同之處在於，畢竟上海總稅務司署關員眾多，地下黨員人數也不少，不難找到職務代理者，但是北海軍委會必須仰仗葉元章才得以運行關務，所以葉元章一直是「資深顧問主管」，但是這個頭銜反而讓他成為眾矢之的。

3月底，共產黨政府在粵海關召開華南海關會議，召集所有雷州、湛江、北海、九龍和粵海關高階關員。會議上，軍委會開始指責葉元章的稅務司宿舍超過30英畝（約12,150平方公尺），但是葉元章認為這樣的指責極為「幼稚」，因為共產黨的高階幹部也擁有同等待遇。[63]某位粵海關代表指出，

---

61 Yeh Yuan-chang(葉元章), *Recollections of A Chinese Customs Veteran,* p. 69.

62 Yeh Yuan-chang(葉元章), *Recollections of A Chinese Customs Veteran,* p. 70.

63 Yeh Yuan-chang(葉元章), *Recollections of A Chinese Customs Veteran,* p. 69.

「他們必須提升『先進性』以適應新環境,但是大部分關員都是悶聲大發財(reticent taking things as they were),但是這些關員已經被他們的舊主子拋棄了。」另一位九龍關關員代表指出海關的「3-3-4」陋習(意指「一百元的關稅中,30元給海關、30元還給商人、40元交入國庫。」)葉元章完全無法相信,這些與他共事過的關員,也深知海關底蘊,他不禁自問,「到底這些事情是如何捏造出來的?」[64]

會議結束後,葉元章藉處理其父喪事的名義,前往香港,趁機發電報給臺北總稅務司署,於4月18日收到回覆:「當你結束你與北海當地政權的關係後,請通知何時結束,而你的名字就會在臺北總稅務司署的題名錄上,但是列名為未到任不支薪。」[65]回到北海後,葉元章以其服務33年屆臨退休年齡申請退休,軍委會僅發給約合「港幣1,200元」的退休金。[66]葉元章即從北海前往香港,之後再前往臺灣,到了1955年才由臺北總稅務司署正式復職。

但是最不幸的可能就是重慶關稅務司宣德清,1949年4月26日李度撤退至廣州後,至5月24日,國民黨才自上海撤退。這28天中,是丁貴堂在上海總稅務司署主持大局,所以在國民黨自上海撤退之前,5月19日,宣德清收到從上海匯來的「五月份經費一部分計金圓券42億2,100萬元」的電報,但是當時兵荒馬亂,這項匯款始終未能匯出。迫於無奈,宣德清只能於5月28日向重慶中央銀行以「該項匯款作抵借款金圓42億元」,「月息一角二分(年息144%)」,但是這42億元是為當時金圓券牌價薪水,相較於金圓券市價,早就不可能維持關員生計。

等到宣德清6月8日歸還第一次借款時,就必須舉借第二次借款,而且

64 Yeh Yuan-chang(葉元章), *Recollections of A Chinese Customs Veteran*, p. 72.

65 Yeh Yuan-chang(葉元章), *Recollections of A Chinese Customs Veteran*, p. 72.

66 Yeh Yuan-chang(葉元章), *Recollections of A Chinese Customs Veteran*, p. 73.

供款金額不能依照當時金圓券牌價。當時中央銀行員薪水發給是以食米市價做爲計算單位，「行員每名伙食費食米四斗，工役每名食米三斗」，宣德清要求關員薪水也依此標準核算關員薪水。於是宣德清再度向「重慶央行借款金圓券662億1,300萬元」。但是第二次借款時，必須先扣除第一次借款的本金和利息，所以重慶央行一次將借款金額調高至「金圓700億元」，扣去第一次借款的本金「金圓券42億元」和11天利息「金圓券1億8,480萬元」，「實領金圓券656億1,520萬元」。[67]重慶關員的薪水在5月19日時，依「牌價」計算爲金圓券42億元，短短20日後，依6月8日的「市場米價」計算，關員薪水即高達金圓券662億1,300萬元。

　　對於海關關員而言，其薪水多一層保證。在1949年3月時，海關開始以關元（Customs Yuan／Kuan Yuan）徵收進出品稅，法定匯率爲1美元合2.25關元。[68]由於關元有嚴格的外幣儲備，雖然無法支撐全國民黨政府的財務，但是仍足以支付關員薪水的穩定貨幣。所以在6月15日，上海總稅務司署開始以關元發放各關經費薪水，當時重慶關「五六月份經費關元35萬6,021元」。

　　但是問題是，該匯款通知單註明，關元兌換標準按重慶當地標準折發，當時標準有二：一、「每一關元折合金圓券一百萬元」；二、「每一關元折合銀元八分」。按第一種標準提取金圓券將爲3,560億2,100萬元，但是以五月至六月金圓券暴跌的情況來看，3,560億最後可以購買多少米，也是未定之數。若按照第二種標準提取銀元，則有「銀元2萬8,481.68元」。不難料想，宣德清只想按第二種標準提取銀元，但是重慶央行回覆第二種提取銀元的標

67　「關於請核示如何報銷重慶關1949年5、6月分員工薪津上海關總稅務司的呈（附英文）」（1949年7月7日），重慶市檔案館藏，檔號：03510001003050000034。

68　1949年3月10日，Chihyun Chang (ed.), *The Chinese Journals of L. K. Little, 1943-54*, vol. II.

準「尚未奉到，未便支付。」[69]

隔日，重慶央行告知重慶關，第二種解釋「一關元折合銀元八分提取銀元命令，現已奉到」，但是當時「中央駐渝各機關有數十起之多，國行庫存銀元極為有限，非經西南長官公署特准，無法支付，俟次日頭寸有餘，當盡先設法支付一部分。」然而，對西南軍事行政長官公署而言，財政金融穩定最重要的關鍵就是提高銀元儲備，所規定「在使用金圓券區域內（包括重慶）仍應以銀元按市價折合支付金圓券，不得支付銀元。」

對於海關關員而言，這有實務上的困難。雖然在國民黨控制力較強的重慶城區，金圓券勉強通行，但是重慶關為長江上游江務中心，海關經費以「江務部門開支最鉅，其員工均分散於各處」，東起宜昌西至宜賓，「上述各地十九均不使用金圓券」，宣德清只好向「西南軍政長官公署政委會請願」，「乃獲允准先行無息借支銀元7,500元」，然後6月20日又得自上海匯款「應變費關元6萬5,100元，合銀元5,208元」，所以「將前次無息借支之銀元7,500元還清，餘款仍存國行。」[70]

由上述及表1可見，雖然金圓券已無量貶值，但是銀元市價穩漲不跌，甚至有「銀元1元值美金1.25元，但是其中的含銀量只達美金5角」的情形發生。[71]依當然幣制政策全盤崩潰的情況來看，考量中國民眾藏銀豐富，而且民國初年大量鑄造銀元，[72]以銀圓券代替金圓券也不失為一解決之道，如此

---

69 「關於請核洽取銀元經過即開戶情形備查上海關總稅務司署的呈（附英文）」，重慶分關第6627號呈文（1949年7月13日），重慶市檔案館藏，檔號：03510001003050000006。

70 「關於請核洽取銀元經過即開戶情形備查上海關總稅務司署的呈（附英文）」，重慶分關第6627號呈文（1949年7月13日），重慶市檔案館藏，檔號：03510001003050000006。

71 1949年4月13日，Chihyun Chang (ed.), *The Chinese Journals of L. K. Little, 1943-54*, vol. II.

72 依照朱嘉明的估計，從1914年12月24日至1920年3月，「天津造幣總廠及各分廠大約共計鑄成『袁大頭』銀元3.8億多元。」參見朱嘉明，《從自由到壟斷：中國貨幣經濟兩千年》，上冊（臺北：遠流出版公司，2012），頁1-323。

一來，中央政府不必強徵民間財富，再失民心。[73]因此1949年7月初，行政院長閻錫山公布《銀圓券辦法》，發行銀圓券，規定其價值等於硬幣銀元一元，可無限兌換，而金圓券則以五億元折合為銀圓券一元，限於9月1日前收兌。一時之間，國民黨控制地區，全部開始發行銀圓券。

這對重慶關員影響不大，因為關員薪水是以關元兌換銀元，但是一般公務員是以金圓券兌換銀元，在《銀圓券辦法》公告前，重慶市「銀元牌價高達金圓券十四億元」，但是「政府公布法定比率後，驟落至五億元。」[74]換言之，若當時某政府機關向央行借款金圓券140億元，兌換銀元10元，在7月初後，銀元10元只折合金圓券50億元。換言之，在7月之前購買銀元的民眾資產瞬間只剩35.71%。如此鉅額貶值傷害的就是政府的受薪階級，一般民眾在市場交換，損失有限，但是公務員薪水必須透過央行兌換發給，國民黨的銀圓券改革，雖然立意應屬良善，但是事實上，只是把最後一支忠於國民黨的團體推往絕望的深淵。

宣德清以64歲待退高齡，勉力維持重慶關，早已心灰意冷，精疲力盡，自言「第念服務海關多年，尤以在滇粵桂十餘載時國難方股，工作繁劇，昕夕從公，心力交瘁，早膺腰痛宿疾，一再醫治，未能告瘥，自審精力不繼」，「伏乞體念職久隸瘴癘，不無微勞，特予恩准，俾得及時休養，藉免愆尤」，於10月31日退休，自此不知所蹤。[75]

73　事實上，到了1949年6月，國民黨也開始調整放寬民間貴金屬的政策。本來依照「人民所有金銀外幣處理辦法」規定，凡攜帶金銀入國境者，應照法定比率兌換金圓券，所以重慶關必須查扣所有入境旅客之貴金屬或銀元，並函送中央銀行依照當日牌價兌換金圓券發還貨主。但於6月20日，西南長官公署政委會第646號代電規定，為鼓勵金銀進口對攜帶金銀入境，嗣後金銀運入轄境，無論從何處運來，一律不加限制。參見「關於請核示處理由國外運入的金銀的辦法上海關總稅務司署的呈」（1949年6月23日），重慶市檔案館藏，檔號：03510001003050000019。

74　「關於請核洽取銀元經過即開戶情形備查上海關總稅務司署的呈（附英文）」，重慶分關第6627號呈文（1949年7月13日），重慶市檔案館藏，檔號：03510001003050000006。

75　「關於請准予宣德清辭職上海關總稅務司署的令（附英文）」（1949年7月29日），重慶市檔

五、結論：1950年的抉擇

在1949年，其實國民黨沒有給海關華員抉擇的機會，在總稅務司署的關員沒有被造知李度要撤退的計畫；在地方海關的關員也不準擅離職守。反而在1950年，共產黨給了他們的抉擇的機，但是他們不知道，必須要在1950年底做出抉擇，過了此期限，共產黨不再給予抉擇的機會。沒有此時限前離開大陸的關員，就徹底地被國民黨遺忘在大陸，爾後由於海關華員與國民黨和外籍關員的緊密關係，讓他們在一次又一次的革命中，吃盡了苦頭，連建國初期成功改換門庭的丁貴堂也不例外。

我們無從得知，如果李度在1949年4月27日撤退之前，徵詢全部總稅務司署關員的意見，究竟會有多少人跟隨李度前往廣州，當初隨同李度去廣州的吳道頤是因為他原在威海衛分關服務，1945年是由解放軍接收威海衛分關，所以吳道頤見證了階級鬥爭的殘酷，所以他不像其他未被共產黨統治過的關員，對共產黨有一定程度的憧憬。但是懷抱著對共產黨的憧憬，以及對國民黨的厭惡的關員畢竟是大多數，如果張福運和丁貴堂都沒有前往廣州，可以想像自願前往廣州的關員應該不會太多。

他們的理由很簡單，就如張福運所說：「這不是外敵入侵，這只是中國兩個政黨之間為理念而戰。」國民黨的政治、軍事和財政上的舉措失當，早已大失民心，共產黨未必不是一個合理的選擇；況且，關員經歷過1941年日本接收中國海關，連日本都必須仰仗原有的海關體制，指定1905年的老資格總務科稅務司岸本廣吉出任總稅務司，1949年時，關員當然合理地推想，共產黨當然比日本人更需要中國海關，畢竟，就行政體系和建制完整而言，1949年的共產黨和1941年的日本帝國，相差何止千里。

案館藏，檔號：03510001003050000027。內容：「呈為懇祈依照鈞署第7010號通令規定准予退休瀝陳下情乞核令示祇遵由。」

　　但是這一次他們失算了。從北海軍委會就可看出，共產黨不在乎國際貿易是否停滯，關稅是否豐沛，共產黨更在乎黨國體制是否徹底深入底層。因此，任命完全沒有海關知識經驗的黨政高層出掌海關，這讓長期與國民黨黨國體制絕緣的海關關員感到極大的震撼，上海學習委員會讓王文舉和阮壽榮經歷了思想改造，使得他們兩位都選擇離開。其他無法離開的關員終究躲不過鎮反、反右或文革；有人移居香港澳門，但是也無法在港澳繼續其職涯；有人輾轉逃到臺灣，結果這在當時看來最惡劣的選擇，取得了最豐碩的成果。

　　再把目光轉到華南地方海關，林樂明、葉元章和宣德清面對完全不同的問題。林樂明面對的是國民黨的貿易管制，葉元章是桂系的軍事重整，宣德清是貨幣惡性貶值。諷刺的是，不論外匯管制、軍事重整，還是貨幣改革（金圓券和銀圓券）都不失爲從根本挽救政權崩潰的方法。但是國家已如第四期癌症的病人，任何一次的改革都像重大切除手術一樣，對這病人都是不可承受之重。

　　但是海關自1854年以來的特殊性，雖不足以使海關不被國共內戰牽累，仍可從葉元章課徵銀元和宣德清使用的關元看出，關員的待遇還是略優於其他國民政府公務員。但是等到共產黨接管後，海關的特殊地位被完全取消，關員的薪水與全國公務員一起開始用大米計薪。事實上，就大米計薪而言，不失爲在國民黨的法幣、金圓券到銀圓券之三次貨幣崩盤後，穩定人心的良策。畢竟國民黨的三次貨幣政策失敗，已讓全國人民幾十年累積的財富血本無歸，長年戰事讓國家生產力降低和支出增加，共產黨必須快速建立人民對人民政府的信心，此時，或許貴金屬儲備完全無濟於事，反而是務實的發放大米更可穩定民心。

　　或許國民黨寄過多希望於西方貨幣學理論，以爲只要中央銀行發行國家貨幣，可無限法償貴金屬儲備，即可重建國民對貨幣的信心。但是此舉爲何

失敗，在張嘉璈事後檢討國民黨貨幣改革失敗時，獲得印證。張嘉璈一直反對金圓券和銀圓券改革，張嘉璈總結道：

> 金圓券的崩潰存在 1948 年底的政治和經濟的不穩定中，採用的政策也就註定失敗，接下來的的貨幣改革（銀圓券）當然徒勞無功，只是更加凸顯政府的問題，在惡性通膨的最後階段，貨幣（銀圓券）被市場拒絕，只是反映國民政府的不可挽回的落幕。[76]

海關關員因為崗位的地理位置，所以面對了共產黨和國民黨給他們不同的挑戰，抉擇不同，結果各異，但是他們對保存海關體制的決心十分類似。如饒詩（Rouse）表示：「新的關務署和舊關務署沒有傳承是一件很可惜的事」，[77]這確實是嚴重的問題，不論臺北總稅務司署人力如何精簡，畢竟是稅專畢業，長年任關的關員，但是等到周德偉在 1949 年 8 月 10 日任代理關務署長時，[78]廣州關務署其實和過去的關務署沒有直接的傳承業務關係，周德偉本人也沒有處理海關的經驗。[79]換言之，1906 年開始的稅務處到 1949 年時，正式在上海結束。但是在臺北的總稅務司署，也如郝樂指出：「中國海關做為純中國的機構，繼續在華籍總稅務司下運作，其模式延續著一百年來的規則。」[80]

76　Chang Kia-Ngau, *The Inflationary Spiral: The Experience in China, 1939-1950* (Cambridge, MA: The Massachusetts Institute of Technology Press, 1958), pp. 84-85.

77　"Minutes of Meeting at Inspector General's House," Shanghai, 26 April 1949, 中國第二歷史檔案館藏，檔號：679(9) 3。

78　「海關總稅務司署通令」，臺字第 1 至 35 號（1949 年 8 月 10 日），〈財政部關務署訓令〉，發文 1023 號，臺北關稅總局特藏室藏。

79　周德偉的一生至抗戰之前，請見周德偉，《落筆驚風雨：我的一生與國民黨的點滴》（臺北：遠流出版公司，2011）。

80　B. Foster Hall, "The Chinese Maritime Customs: An International Service, 1854-1950," *Maritime Monographs and Reports,* No. 26 (Greenwich: National Maritime Museum, 1977), p. 39.

　　在北京的海關總署，雖然在共產黨強大的黨國體制壓力下有劇烈的改變，王文舉、阮壽榮和葉元章面對的自我反省和思想改造只是建國初期最溫和的一面，但是他們已經見證海關華員已開始從「傑克爾醫生」變成「海德先生」，很難想像，海關華員在之後的鎮反、反右和文革一次又一次的運動擠壓下，「海德先生」還會變成什麼樣子？很可惜的是，我們瞭解的很有限。就如方德萬所說：「在不瞭解這些反省檢討書的作者及撰寫背景的情況下，我們無從得知到底這些反省自書有多真誠或者只是敷衍了解的陳腔濫調。但是這些都不重要了，當海關的價值和傳被批判，海關的歷史被否定，海關因此就落幕了。」[81]在歷史學家眼中，外籍總稅務司制度確實在1950年落幕，但是海關華員的苦難才剛剛開始，他們的苦難也正是因為他們的價值、傳統和歷史的原罪，不僅不讓他們無法繼續維持專業中立的角度替中國服務，而且要以1950-1976年的26年的時間清洗他們的價值、傳統和歷史，而他們的專業主義也隨之而去。等到文革結束重建海關進出口貿易統計時，北京海關總署關員才發現，19世紀的總稅務司署的成果早已讓他們望洋興嘆，而這些遺緒，早在這26年間，被清洗的一乾二淨。1976年的海關總署面臨的就是1854年總稅務司署的困境。歷史倒退了122年。

81　Hans van de Ven, *Breaking with the Past: The Maritime Customs Service and the Global Origins of Modernity in China* (New York: Columbia University Press, 2014), p. 301.

表1　李度和張嘉璈記載的金圓券兌換美金、銀元和米市場對價表

1948年						
	張嘉璈記載			李度記載		
	牌價 （美金一元）	市價 （美金一元）		美金 （一元）	銀元 （一元）	米 （一擔）
8月	4	4	8月23日	4		
9月	4	4	9月23日	6 [82]		
10月	4	15	10月14日	5.5-8		
11月	28	42	11月5日	18 [83]		
			11月8日			800-1,000
12月	122	135	12月31日			600
1949年						
1月	240	700	1月7日			800
			1月8日			1,000
			1月12日	280		
			1月20日	300		
			1月22日	250		
2月	2,660	2,980				
3月	16,000	17,700	3月23日	11,111		
			3月30日	20,000		
4月	205,000	813,880	4月6日	32,000		180,000
			4月8日	60,000	48,000	250,000
			4月12日	82,000		
			4月13日	75,000	93,750	
			4月16日	160,000		900,000
			4月26日	500,000		
5月		23,280,000	5月19日	56,000,000		
			5月21日	140,000,000 [84]		

資料來源：Chihyun Chang (ed.), *The Chinese Journals of L. K. Little, 1943-54: An Eyewitness Account of War and Revolution,* vol. II (London: Pickering & Chatto, forthcoming). Chang Kia-Ngau, *The Inflationary Spiral: The Experience in China, 1939-1950* (Cambridge, MA: The Massachusetts Institute of Technology Press, 1958), p. 383.

82　在天津和北平的市場價格。

83　美軍的黑市兌換價格。

84　5月19日和5月21日的金圓券美金比匯是李度按照美金兌港幣（市價：1元美金等於7元港
　　幣；但是當時的牌價爲1元美金=4元港幣）兌換得來，此換算採用美金港幣市價。

亞東開埠與「抵關貿易」(1876-1895)

侯彥伯

廣州中山大學歷史學系專職科研特聘副研究員

一、前言

　　本文論點有三。第一，清朝中央在體認到「向來通商之地，不至遽起兵端，是經營商務，未始不收保護之益」[1]的觀點後，確立開放西藏通商的政策。第二，升泰(?-1892)[2]為確保開放通商不受「西藏僧俗政權」[3]盲目仇視外國人的影響而順利進行，於是推行「抵關貿易」原則：將所有藏印通商集中在亞東關隘外一處，以便加強控管藏印通商、就近處理通商糾紛。第三，

1　「諭丁寶楨等英使來議印藏通商著派員開導藏番電」，收入王彥威纂輯，王亮編，王敬立校，《清季外交史料》，第2冊(北京：書目文獻出版社，1987)，第61卷，2/b，頁1095上。

2　升泰，字竹珊，諡恭勤。1887年任駐藏幫辦大臣，1890年任駐藏大臣。

3　乾隆58年(1793)制訂的《欽定藏內善後章程二十九條》規定：「藏內大小官員缺出，應定升遷等級，統歸駐藏大臣會同達賴喇嘛秉公揀放」，「各寺座床堪布應由達賴喇嘛會同駐藏大臣秉公補放」。換言之，駐藏大臣在西藏政教人員任命的認可權上，與達賴喇嘛平行。達賴喇嘛領導下的政教體系是，政治方面設立「噶廈」這機構處理俗世的政治、軍事、財政，「噶廈」即一般所稱的西藏地方政府；宗教方面分由三大寺喇嘛分領。由於這兩支政教體系均一致反對19世紀末外國勢力入藏，因此本文一律以「西藏僧俗政權」稱之。參見馮明珠，《中英西藏交涉與川藏邊情(1774-1925)》(北京：中國藏學出版社，2007)，頁62-65。

「西藏僧俗政權」反倒利用「抵關貿易」原則,抵制負責實際稽查、檢驗通商貨物的亞東關外籍稅務司,使英屬印度更加認清清朝權威在西藏低落的情況。

筆者所見與亞東關有關的論述,大致可分為以下兩種截然相反的觀點。陳詩啓《近代中國海關史(晚清部分)》書中,將1889-1894年中國海關在西南邊疆增設龍州關(廣西)、蒙自關(雲南)及亞東關(西藏)等邊關,視為「是在英、法爭奪西南權益之下設立」的產物。[4]劉武坤〈亞東海關與洋稅務司〉文中,稱亞東關「是近代中國唯一不收關稅的奇特海關。這段歷史是中國西藏遭受英帝國主義侵略、蒙受恥辱的絕好見證。」[5]這類著眼英國覬覦西藏之野心的觀點,使得由英籍總稅務司赫德(Robert Hart)領導的中國海關與亞東關,迄今仍在中國大陸被視為英國侵略西藏領土、擴大通商特權的幫兇。然而,方德萬(Hans van de Ven)*Breaking with the Past: The Maritime Customs Service and the Global Origins of Modernity in China*書中,卻稱亞東關「一度是英國試圖加強在西藏的影響力時,清朝主權在西藏的象徵性的展示。這說明清朝利用中國海關來標記以便指出它宣示的領土。」[6]為此,筆者亦希望能透過本文的探討,釐清此兩種截然相反的觀點,孰是孰非。

本文主要參考的史料來自於兩類,第一類是《清季外交史料》,它提供本文瞭解清朝中央與地方督撫、駐藏大臣討論開放通商的內容。由於《清季外交史料》所收奏摺的編排順序是以奉硃批而非具奏的日期為準,致使不易掌握史事發生的前後順序,因此本文輔以後人所編升泰在藏公牘的《升恭勤公藏印邊務錄》,釐清《清季外交史料》的時間模糊性。第二類是中國第二歷

4 陳詩啟,《中國近代海關史(晚清部分)》(北京:人民出版社,1993),頁402。

5 劉武坤,〈亞東海關與洋稅務司〉,《中國藏學》,1994年第1期(1994年2月),頁43-44。

6 Hans van de Ven, *Breaking with the Past-The Maritime Customs Service and the Global Origins of Moderinty in China* (New York: Columbia University Press, 2014), p. 119.

史檔案館（以下簡稱「二檔館」）與中國藏學研究中心合作，對二檔館所藏
亞東關檔案進行挑選、編譯總計1,401件（1889-1914）的《西藏亞東關檔案
選編》。二檔館所藏亞東關檔案主要包含以下四類。

　　第一類是1889年1月至1894年5月1日亞東關正式開辦之前，總稅務司
赫德與其弟赫政（James H. Hart，也是中國海關職員）的來往電報，以及赫
政與升泰、奎煥（1892年9月後接替升泰出任駐藏大臣）的來往信函。赫政
當時是被總理衙門派往協助升泰、奎煥與英屬印度交涉。

　　第二類是亞東關正式開辦之後，稅務司與駐藏大臣、亞東關監督的往來
信函。

　　第三類是亞東關稅務司致總稅務司的機要函件（Semi-Official
Correspondence）與私人函件。所謂機要函件與私人函件，是指總稅務司
「赫德在指派各關稅務司人事令載明」如下的指令：

> 每兩週，你必須用半官性（semi-officially）或是私下（privately）向我報
> 告，在該關區或是附近地區，發生的有趣或是重要事件。這些事件包括我應
> 該注意的權宜之計，但是這些事又無法適當地在正式文件中向我報告。[7]

　　第四類是貿易報表、貿易報告。貿易報表是貿易統計數據，分別有：
「貿易月表」、「貿易季表」、「貿易年表」；貿易報告是貿易文字資料，分別
有：「貿易月報」、「貿易季報」、「貿易年報」。「貿易年表」匯整「貿易季表」
而成，「貿易季表」匯整「貿易月表」而成；「貿易月報」、「貿易季報」、「貿

7　張志雲，〈南北分裂後的財政秩序：辛亥革命與海關結餘存放權之轉移〉，收入唐啓華等
　　著，《近代中國的中外衝突與肆應》（臺北：政大出版社，2014），頁169-170。有關機要
　　函件的詳論，可參見Hans van de Ven, *Breaking with the Past-The Maritime Customs Service
　　and the Global Origins of Moderinty in China*, pp. 78-80. 中國第二歷史檔案館、中國藏學
　　研究中心合編，《西藏亞東關檔案選編》，上冊（北京：中國藏學出版社，1996），頁3，
　　〈前言〉。

易年報」，舉凡各月、各季、各年該關所在地區的通商事務、經濟、政治、軍事、風俗民情等，均予以記錄。其中以「貿易月報」記錄的內容最為詳細、豐富；「貿易季報」與「貿易年報」則著重在對該季、該年做整合歸納，以明瞭季度、年度的發展趨勢，至於記錄的事情肯定是比「貿易月報」要精簡得多。[8]

　　本文參考的是第一、二、三類，以及第四類中的「貿易月報」、「貿易年報」。這些史料彌補《清季外交史料》未收錄的部分，提供本文瞭解西藏開放通商、亞東開埠設關的交涉過程的具體細節，也是本文論述亞東關開辦後稅務司與駐藏大臣、亞東關監督來往情形的主要基礎。然而，《西藏亞東關檔案選編》的最大缺陷是並未提供英文原件，本文參見的均是選編過程中翻譯的。惟有等待二檔館重新開放後，才能查對原件。

　　在此先將19世紀末與西藏對外開放通商有關的中外各類條約做一歸納，以便先行瞭解後續西藏開放通商的關鍵時間點。這些條約共有四個，第一個是1876年9月13日（光緒2年7月26日）「欽差便宜行事大臣」文華殿大學士、直隸總督李鴻章與英國駐華公使威妥瑪（T. F. Wade）簽訂俗稱《煙臺條約》（*Agreement between the Ministers Plenipotentiary of the Governments of Great Britain and China*），該約最後一款允准英人「由內地四川等處入藏，以抵印度」，或「另由印度與西藏交界地方派員前往」西藏遊歷。[9]第二個是1886年7月24日（光緒12年6月23日）中英簽訂的《緬甸西藏協定》

8　本文所稱「貿易年表」與「貿易年報」，依據的是張志雲的命名方法。有關張志雲的命名方法，及其對「貿易年表」、「貿易年報」進行的研究回顧。參見張志雲，〈中國海關造冊處與中央統計制度（1859-1911）〉，「全球視野下的中國近代史研究國際學術研討會」，臺北：中央研究院近代史研究所，2014年8月11-13日。中國第二歷史檔案館、中國藏學研究中心合編，《西藏亞東關檔案選編》，上冊，頁2，〈前言〉。

9　*Treaties, Conventions, etc., between China and Foreign States*, vol. 1 (Shanghai: Statistical Department of the Inspectorate General of Customs, 1917), pp. 498-499.

（*Sikkim-Tibet Convention*），該協定第四條廢除《煙臺條約》英人入藏遊歷的規定，允許「在藏印邊界議辦通商」，「由中國體察情形，設法勸導」，但「英國亦不催問」。[10]第三個是1890年3月17日（光緒16年2月27日）升泰在加爾各答與印度總督蘭士丹（Lansdowne）簽訂的《錫金西藏協定》（Sikkim-Tibet Convention），該協定第四款稱「藏哲通商應如何增益、便利一事，容後再議，務期彼此均受其益。」[11]第四個是根據《錫金西藏協定》第四款所稱，清朝與英國於1893年12月5日（光緒19年10月28日）簽訂的《附加1890年錫金西藏協定有關商務、遊歷、畜牧之規定》（*Regulations Regarding Trade, Communication, and Pasturage, to be Appended to the Sikkim-Tibet Convention of 1890*），該規定第一、二款分別載明「亞東訂於光緒二十年三月二十六日開關通商，任聽英國諸色商民前往貿易」、「英商在亞東貿易自交界至亞東而止」。[12]

本文除第一節是前言、第五節是結論外，正文共分三節。第二、三節論述1876年後清朝對西藏開放通商的看法，以及升泰主導下亞東開放通商與「抵關貿易」原則的確立，以理解導致亞東關稅務司「不得其門而入」西藏內地的爭端的背景。第四節具體論述亞東關稅務司戴樂爾（F. E. Taylor）設法突破「西藏僧俗政權」上層的攔阻而採取的各種手段，並且著重呈現駐藏大臣與亞東關監督無力約束「西藏僧俗政權」的作為。

二、西藏開放通商與清朝矚意亞東

開放亞東為通商口岸，實是出自清朝中央主動選定，反倒是英屬印度始

10　*Treaties, Conventions, etc., between China and Foreign States*, vol. 1, p. 507.
11　*Treaties, Conventions, etc., between China and Foreign States*, vol. 1, p. 514.
12　*Treaties, Conventions, etc., between China and Foreign States*, vol. 1, p. 516.

終在交涉過程中處於被動妥協的地位。然而，清朝中央與直接管理當地事務
的駐藏大臣之間，卻對開放亞東一事存在不同的看法。這差異在1887年至
1889年西藏與英屬印度爆發的隆吐山界址爭議過程中進一步深化。為貫徹開
放通商之政策，清朝中央隨即果斷將駐藏大臣文碩免職。此次清朝中央對開
放亞東的主動與堅決，與其對開放通商的看法經歷有害到有利的轉變密切相
關。為此，本節先回顧清朝中央對開放通商看法的轉變與西藏開放通商的關
係，同時簡述清朝中央與駐藏大臣文碩的不同看法，最後論述繼文碩擔任駐
藏大臣的升泰為何矚意亞東，以及清朝為何同意開放該地為通商口岸。

　　開放通商有害的看法，直至1876年《煙臺條約》簽訂後依然普遍，當時
李鴻章所稱「人第見添開口岸，滇、蜀駐員，謂通商之患將無底止」[13]一語，
便是很好的說明。既然認定開放通商有害，則清朝中央與地方督撫等大員，
自然是在不得已為避免開戰而妥協允准開放通商之前，抱持能儘量阻止通商
就阻止的消極態度。以《煙臺條約》為例，該約雖允准英人「由內地四川等
處入藏，以抵印度」，或「另由印度與西藏交界地方派員前往」西藏遊歷，[14]
但仍尚未答應開放西藏通商，於是四川總督丁寶楨奏稱「將來洋人如有請於
蜀、滇兩省開廠，及由川赴藏通商各事，似須設詞婉拒。」[15]對丁寶楨所稱，
總理衙門未表示贊同或反對，而是含混奏稱「丁寶楨籌慮及此，足見用意深
遠。如有切實妥協辦法，即由該督臣詳細密陳，以資集益而專責成」；最終
就連上諭亦未做明確回覆，僅稱「依議」。[16]

13　（光緒2年8月26日，1876年10月13日），收入顧廷龍、戴逸主編，《李鴻章全集》，第31
　　冊（合肥：安徽教育出版社，2008），頁490，編號：G2-08-032。

14　*Treaties, Conventions, etc., between China and Foreign States*, vol. 1, pp. 498-499.

15　「川督丁寶楨奏英人入藏探路用意狡獪請密飭駐藏大臣修好於布魯克巴以固藩籬片」，收
　　入王彥威纂輯，王亮編，王敬立校，《清季外交史料》，第1冊（北京：書目文獻出版社，
　　1987），第12卷，18/b，頁227/上。

16　「總署議覆丁寶楨奏英人西藏探路用意狡獪情形摺」，收入王彥威纂輯，王亮編，王敬立
　　校，《清季外交史料》，第1冊，第12卷，34/b-35/a，頁235/上-下。

開放通商有害的認知，清朝中央在1885年有了改變。當年10月14日（光緒11年9月7日），對於英國派馬高理（Colman Macaulay；另稱馬科蕾）來華商議印度與西藏通商一事，上諭首先提出：

> 向來通商之地，不至遽起兵端，是經營商務，未始不收保護之益。[17]

雖然僅此一語，但卻明白否定以往所謂開放通商必將引狼入室的全然有害觀點。[18]不過清朝中央也非常清楚「西藏僧俗政權」反對外國人進入西藏的態度，因此一面論令此前持反對態度的四川總督丁寶楨與駐藏大臣色楞額繼續開導「西藏僧俗政權」遵守《煙臺條約》已允英人入藏遊歷的規定，從而為將來開放外人入藏通商做好準備，另一面則爭取英人諒解，希望英人能在成功開導「西藏僧俗政權」之前，暫緩入藏遊歷、通商之計劃。對清朝中央的苦衷，英國在1886年與清朝簽訂的《緬甸西藏協定》中表達諒解。[19]該協定第四條稱：

> 煙臺條約另議專條派員入藏一事，現因中國察看情形諸多窒礙，英國允即停止。至英國欲在藏印邊界議辦通商，應由中國體察情形，設法勸導，振興商務。如果可行，再行妥議章程。倘多窒礙難行，英國亦不催問。[20]

17 「津道周馥致李鴻章英派議西藏通商人員進京電」、「諭丁寶楨等英使來議印藏通商着派員開導藏番電」，收入王彥威纂輯，王亮編，王敬立校，《清季外交史料》，第2冊，第61卷，1/a、2/b，頁1094／下、1095／上。

18 對上諭所託，丁寶楨奏稱：「洋人佯借通商之美名，實陰以肆侵奪之祕計。」駐藏大臣色楞額與駐藏幫辦大臣崇綱聯名奏稱：「遊歷通商之議既行，彼族又將以蠶食各部落之法行之。或引誘邊氓，或侵奪地利。及其根深蒂固，必興吞併之謀。」可見地方大員仍固執開放通商有害的看法。「川督丁寶楨奏西藏與英人通商請慎之於始摺」、「駐藏大臣色楞額等奏英人遊歷西藏派員開導藏番摺」，收入王彥威纂輯，王亮編，王敬立校，《清季外交史料》，第2冊，第62卷，18/b，第67卷，18/a，頁1124／上、1212／上。

19 對英人的諒解，呂秋文以為是英國為換取清朝承認緬甸已被兼併的「既成的事實」，對入藏遊歷通商一節，允予讓步。」參見呂秋文，《中英西藏交涉始末》（臺北：成文出版社有限公司，1999），頁19。

20 *Treaties, Conventions, etc., between China and Foreign States*, vol. 1, p. 507.

就在《緬甸西藏協定》簽訂前，清朝中央也獲知西藏其實早已與英屬印度在大吉嶺相互貿易的傳聞。1886年7月7日（光緒12年6月6日）的上諭稱：

現在印藏交界之獨脊嶺（筆者按：大吉嶺）之地方，早有與英人互相貿易之事。……究竟藏番與英人在邊界處所私相貿易有無其事，着色楞額、崇綱設法密查，據實具奏。[21]

此道上諭發布後，已確定接替色楞額擔任駐藏大臣的文碩，與當時同屬新任四川總督劉秉璋聯名奏稱「實有其事」。[22]對清朝中央表明願開放西藏通商的立場，文碩與劉秉璋明白勢難反對，但又鑑於一時難以說服「西藏僧俗政權」接受，遂奏請勿將開放通商口岸設在西藏境內。[23]

對文碩與劉秉璋提議以通商口岸不能設在西藏境內作開放西藏通商的前提，總理衙門詳細回覆如下。首先，總理衙門再次回顧「我朝乾隆中開恰克圖市　以羈縻俄人，歷兩百餘年烽燧不驚，市易不變」，從而呼應1885年10月14日上諭所稱「向來通商之地，不至遽起兵端，是經營商務，未始不收保護之益」的觀點；[24]繼而一面提醒禁絕通商的壞處：「道光以後，海疆多事，亦由未悉外情所致」，另一面指出開放通商的其他好處：「自各口通商以來，關稅所入，頗於國課有裨。」最後，總理衙門強調「通商互市，亦安邊之權

---

21 「駐藏大臣色楞額等奏英人遊歷西藏派員開導藏番摺」，收入王彥威纂輯，王亮編，王敬立校，《清季外交史料》，第2冊，第67卷，19/b-20/a，頁1212下-1213上。

22 「川督劉秉璋等奏籌商英藏交涉摺」，收入王彥威纂輯，王亮編，王敬立校，《清季外交史料》，第2冊，第69卷，21/b，頁1258/下。

23 「將來如果開辦通商，詳細章程內須聲明議在哲孟雄（筆者按：錫金）部之獨脊嶺地方作為通商埠口，以此為斷，不得再向內移。其新約（筆者按：《緬甸西藏協定》）印藏交界地方六字，應為刪除、更正。」「川督劉秉璋等奏籌商英藏交涉摺」，收入王彥威纂輯，王亮編，王敬立校，《清季外交史料》，第2冊，第69卷，22/b，頁1259/上。

24 「諭丁寶楨等英使來議印藏通商着派員開導藏番電」，收入王彥威纂輯，王亮編，王敬立校，《清季外交史料》，第2冊，第61卷，2/b，頁1095/上。

術也。」[25]其次，總理衙門針對已確認西藏與英國在大吉嶺相互貿易，以及文碩、劉秉璋提出刪除《緬甸西藏協定》裡印藏邊界等字樣與確立大吉嶺爲通商口岸諸事，分別回覆如下：

> 蓋與其奸商私相貿易，易啓釁端，不若名正言順，擇地開辦互市。藏印苟兩得饒益，內地轉可相庇而安。英人貪得擴充商貨之利，構廛建埠，閭閻雲連，必不復萌他釁，各口通商即其明驗。

> 新約（筆者按：《緬甸西藏協定》）載明……英國欲藏印邊界議辦通商……等語，所云藏印邊界原未指定地方，必須察看地勢、番情，酌定設舖之處，此時尚難預計。已定之約，忽欲更改，亦屬礙難辦理，所請應無庸議。[26]

對總理衙門的回覆，1886年12月16日（光緒12年11月21日）上諭表示贊同稱：

> 英藏私相貿易由來已久，即著仍遵前旨，設法開辦，藉爲安邊之計。將來通商既不能預指地方，亦何能將定約更改至藏地邊防。着文碩到任後，妥愼辦理，勿稍操切。[27]

綜合總理衙門與上諭所述，顯然清朝中央認爲事先表明通商口岸不設於西藏境內並非適當。[28]

---

25 「總署奏議覆印藏通商事宜摺」，收入王彥威纂輯，王亮編，王敬立校，《清季外交史料》，第2冊，第69卷，28/a-b，頁1262/上。

26 「總署奏議覆印藏通商事宜摺」，收入王彥威纂輯，王亮編，王敬立校，《清季外交史料》，第2冊，第69卷，29/b、30/a-b，頁1262/下、1263/上。

27 「總署奏議覆印藏通商事宜摺」，收入王彥威纂輯，王亮編，王敬立校，《清季外交史料》，第2冊，第69卷，31/a，頁1263/下。

28 有關清朝中央與地方大員爭議大吉嶺是否作爲通商口岸，參見馮明珠，《中英西藏交涉與

雖然清朝中央藉《緬甸西藏協定》成功爭取到暫緩開放西藏通商,但西藏與英屬印度因隆吐山界爭而爆發的軍事衝突(1886-1888),[29]不僅加速開放西藏通商的日程,而且使清朝中央與駐藏大臣文碩處於對立。

隆吐山界爭源於1887年初「西藏僧俗政權」在隆吐山駐兵設卡一事。對此,英屬印度主張隆吐山位在西藏邊界之日納嶺以南的哲孟雄境內,[30]而「西藏僧俗政權」則稱隆吐山位處日納以北。[31]有鑑於一時難以察明藏印雙方所稱熟是熟非,再加上英屬印度明白告知「中國如不飭令退回,即調兵驅逐」,[32]促使清朝中央傾向堅守此前確立的通商以安邊防的政策。總理衙門稱:

> 現在英人停止入藏,番界藉獲乂安,正宜亟籌邊界通商,以冀彼此漸除疑忌,豈可造愬生端,使彼族詰問有詞,波平復起。[33]

川藏邊情(1774-1925)》,頁112-114。

29 有關隆吐山究屬西藏或錫金的爭議,藏印戰爭的過程,以及清朝中央與駐藏大臣文碩對此爭議的態度,可見許廣智主編,《鴉片戰爭前後西藏百年歷史(1793-1893)》(北京:民族出版社,2011),頁291-314;馮明珠,《中英西藏交涉與川藏邊情(1774-1925)》,頁114-117;多杰才旦主編,《元以來西藏地方與中央政府關係研究》,下冊(北京:中國藏學出版社,2005),頁654-657、663-683;呂秋文,《中英西藏交涉始末》,頁20-27;周偉洲主編,《英國、俄國與中國西藏》(北京:中國藏學出版社,2,000),頁88-105。

30 「今年(筆者按:光緒13年)一月二十九日(1887年2月21日)英公使華爾身來署(筆者按:總理衙門),據云現在藏番因聞英人停止入藏,轉在藏邊界外距獨脊嶺相近百里地方建立廻臺,意在阻止通商。」參見中國第一歷史檔案館編,《光緒朝硃批奏摺》,第111輯(北京:中華書局,1996),頁11/下。「英使又稱藏番越界駐兵隆吐山,梗阻大路」;「英使云日納嶺為西藏邊界,……其自日納行至隆吐山,相距數十里。」參見《川督劉秉璋致總署請飭駐藏大臣升泰赴藏電》,收入王彥威纂輯,王亮編,王敬立校,《清季外交史料》,第2冊,第74卷,1/b、15/b,頁1337/上、1344/上。

31 「番眾公稟一件譯漢內稱,……於藏屬熱納(筆者按:即日納)地方以內之隆吐山巖上新建房屋、圍牆,以期各保疆土」;「藏番屢次指天誓日,力辯祇在藏治東路隆圖山隘口設卡自守,委無越界情事」;「日納嶺一節,即藏南帕克里外東南邊境與所屬之哲孟雄布魯克巴東西北三面互相接界之熱納地方,……在治界熱納迤北之隆亞山隘口設卡自守,與彼何干。」參見中國第一歷史檔案館編,《光緒朝硃批奏摺》,第111輯,頁12/上、14/上、14/下。

32 「總署致李鴻章英使照稱西藏駐兵西金請咨駐藏大臣撤回電」,收入王彥威纂輯,王亮編,王敬立校,《清季外交史料》,第2冊,第73卷,5/a,頁1324/上。

33 中國第一歷史檔案館編,《光緒朝硃批奏摺》,第111輯,頁11/下-12/上。

　　上諭更強調「況英國正議邊界通商，而藏眾反設卡禁絕通商之路，是顯與定約背馳。」[34]總理衙門甚至向文碩坦承，藏人在隆吐山駐兵設卡一事已「不關界內界外尺寸之地」，反而更要重視的是「空言辯界，致釁端一開不可收拾」[35]的後果。然而，文碩卻未能理解，這時清朝中央是在避戰的前提下執行通商以安邊防的宗旨，反而糾結於「隆吐山設卡與界外通商原爲兩事，不相牽礙」，以及「擴充商務，要在化解番疑」[36]等無益於立即避免軍事衝突的論點，甚至在奏摺中明確表示「所有輾轉電來威示藏番逐回藏境一說，實有窒礙難行。」[37]

　　從清朝中央的立場來看，文碩與「西藏僧俗政權」堅持不肯將藏兵撤出隆吐山的主張，顯然不顧大局。然而對「西藏僧俗政權」而言，[38]開放西藏通商一事卻不無有清朝中央爲穩定中英關係，從而無視藏人意見的感受。光緒13年12月5日（1888年1月17日）文碩上呈的奏摺引述「西藏僧俗政權」遞交申覆的稟文，該文稱：

> 光緒二年，適雲南有殺馬嘉哩一案，烟臺議和乘機竄入來藏通商一斑。其時欽差大臣李旣未身經藏地，又未先查有無窒礙情形，倉卒允許奏明之後，……飭令與彼通商。[39]

34　「川督劉秉璋致總署隆吐在日納之内並非印界電附旨」，收入王彥威纂輯，王亮編，王敬立校，《清季外交史料》，第2冊，第74卷，17/a，頁1345/上。

35　「總署致文碩邊隘設卡違旨背約應諭番民撤卡電」，收入王彥威纂輯，王亮編，王敬立校，《清季外交史料》，第2冊，第74卷，20/a，頁1345/上。

36　中國第一歷史檔案館編，《光緒朝硃批奏摺》，第111輯，頁29/上。

37　中國第一歷史檔案館編，《光緒朝硃批奏摺》，第111輯，頁18/上。

38　由於筆者撰寫本文期間一時無力搜集出自「西藏僧俗政權」本身立場的史料，因此有關藏人的感受，只能暫時藉由文碩的奏摺進行理解。文碩奏摺中多有直接引述「西藏僧俗政權」撰寫的稟文，因此藉由文碩奏摺理解藏人看法應不致偏離真實太多。

39　中國第一歷史檔案館編，《光緒朝硃批奏摺》，第111輯，頁15/下。

　　從上述稟文不難察覺「西藏僧俗政權」指責李鴻章未瞭解藏地情況，卻擅自允諾英人前往西藏通商的不滿。此外該稟文亦稱英國「無非欲憑中國之威，挾我唐古特以不得不從之勢耳。」[40]在另一稟文，「西藏僧俗政權」再次明指「京外辦理洋務各大臣，或因遠隔萬里、不悉下情」，「或執政大臣未暇思」，「總之，通商本多後患，而讓地尤屬無此情理。」[41]

　　儘管「西藏僧俗政權」屢呈其駐兵設卡之理，以及負責與英國交涉的總理衙門、李鴻章等人不明其委曲之情，但堅不撤兵終於引發清朝中央最擔心的後果：「徒手寡弱之眾，萬難捍禦強敵。」[42]光緒14年2月23日（1888年4月4日）文碩奏稱：

> 自（筆者按：二月）初七、八日開仗之後，英兵頻來滋擾，人數日漸加多，唐古特後路兵未到齊，勢實單弱，以致眾寡不敵，十二日退守卓瑪依村。[43]

　　對不肯秉持避戰之前提，而貫徹通商安邊之宗旨的文碩，清朝中央乃強勢將其撤職。據上諭稱：

> 文碩受事以後，不能將朝廷保全該番之意剴切勸諭，近復畏難取巧，反欲借拒英護藏為名，……即興兵構怨有所不恤。……彼兵深入之後，勢更無所收束；一切危急窒礙情形悉置不顧，非但不能開導愚蒙，轉為愚蒙煽其昏焰，其迷誤為何如耶。本應治以應得之咎，因藏事未定，先行撤回。[44]

40　中國第一歷史檔案館編，《光緒朝硃批奏摺》，第111輯，頁16/上。

41　中國第一歷史檔案館編，《光緒朝硃批奏摺》，第111輯，頁23/下。

42　（光緒14年1月27日，1888年3月9日），收入顧廷龍、戴逸主編，《李鴻章全集》，第22冊（合肥：安徽教育出版社，2008），頁307，編號：G14-01-018。

43　中國第一歷史檔案館編，《光緒朝硃批奏摺》，第111輯，頁33/上。

44　（光緒14年1月27日，1888年3月9日），收入顧廷龍、戴逸主編，《李鴻章全集》，第22冊，頁307，編號：G14-01-018。

　　文碩撤職之後，由於新任駐藏大臣長庚尚未到任，清朝中央遂命駐藏幫辦大臣升泰盡速前往西藏赴任，並囑由其與英屬印度直接交涉。[45]此外，為便於升泰直接與英屬印度往來交涉，更派遣中國海關職員、赫德之胞弟赫政前往協助。[46]升泰到藏後，一面要貫徹此前清朝中央確立西藏開放通商的政策，另一面要說服「西藏僧俗政權」不再反對開放通商，而且還要避免英屬印度提出通商口岸設於深入西藏內地之處的要求，誠不可不謂任務艱鉅。升泰較前任駐藏大臣文碩的優越之處，是他清楚認知到必須想出一個確保在西藏境內開放通商，但又不受到「西藏僧俗政權」盲目仇外的影響，此即「抵關貿易」的原則。

　　實現「抵關貿易」的原則要能實現的前提，是「西藏僧俗政權」接受開放通商。而要能說服「西藏僧俗政權」，則是從能較為其接受的通商口岸的地點著手。為此，升泰首先抓住《緬甸西藏協定》所稱西藏開放通商之處是在「藏印邊界」的規定，在1888年12月12日（光緒14年11月10日）抵達緊靠西藏與哲孟雄交界的仁進岡後，[47]堅拒英屬印度代表保爾（S. W. Paul）提出通商口岸設在已深入西藏內地的江孜與位處藏南門戶的帕克里的要求。[48]

45 「前奏有與英官面議之意，目前事機緊要，如親至邊界商辦，先令印藏彼此退兵，再明定彼此界址，使此後不相侵犯，自較派員前往更為妥協。」參見「旨著升泰商辦印藏退兵事宜電」，收入王彥威纂輯，王亮編，王敬立校，《清季外交史料》，第2冊，第76卷，19/a，頁1381/下。

46 「現有稅務司赫政係赫總稅司之弟，在華年久，熟悉漢洋語言文字。……現與印督議辦一切，繙譯需人，特派其由印度前往納東謁見。」參見「總署致升泰薦赫政幫辦英藏交涉電」，收入王彥威纂輯，王亮編，王敬立校，《清季外交史料》，第2冊，第78卷，19/a，頁1409/上。有關升泰、赫政與英屬印度的整體交涉過程的研究，可見許廣智主編，《鴉片戰爭前後西藏百年歷史（1793-1893）》，頁314-324；馮明珠，《中英西藏交涉與川藏邊情（1774-1925）》，頁118-123；多杰才旦主編，《元以來西藏地方與中央政府關係研究》，下冊，頁684-699；呂秋文，《中英西藏交涉始末》，頁26-42；周偉洲主編，《英國、俄國與中國西藏》，頁106-127。

47 「駐藏大臣升泰奏報由藏到邊日期並邊臨情形摺」，收入王彥威纂輯，王亮編，王敬立校，《清季外交史料》，第2冊，第79卷，3/a，頁1415/下。

48 「駐藏大臣升泰奏與英官會議邊界情形摺」，收入王彥威纂輯，王亮編，王敬立校，《清季

其次，升泰銳意說服「西藏僧俗政權」接受開放通商，結果先是於光緒15年「三月初旬（1889年3月31日至4月9日）」接獲「西藏僧俗政權」函稱：

> 若通商一事，我藏番實屬萬難，但刻蒙駐藏大臣及各委員奔走冰天雪海，又與洋人據理辯論，所說一切言詞，秉公正直，我闔藏僧俗實所共聞。我等即受重恩，何敢有負大皇帝天恩。萬不得已，遵諭通商。[49]

繼而又「以通商之地與界址不同，並非咱利以內洋人所到之地，即為他人所有」，成功促使「西藏僧俗政權」接受通商口岸設在仁進岡以南更貼近西藏與哲猛雄交界的亞東（亞東與仁進岡位置參見圖1）。

外交史料》，第2冊，第79卷，8/a，頁1418/上。

49　「奏請赴印約議定界通商摺」，《升恭勤公藏印邊務錄》，第1卷，頁24/b、25/a，收入茅海建主編，《清代兵事典籍檔冊匯覽》，第75冊（北京：學苑出版社，2005），頁56-57。

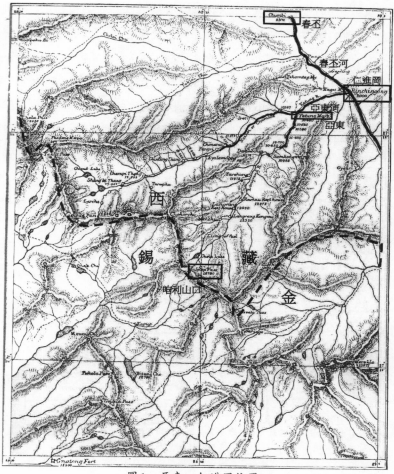

圖1　亞東、仁進岡位置

資料來源：F. E. Taylor, "Yatung Trade Report, for the Year 1894," *Returns of Trade and Trade Reports for the Year 1894（Part II）*，收入中國第二歷史檔案館、中國海關總署辦公廳、《中國舊海關史料編輯委員會》編，《中國舊海關史料（1859-1948）》，第22冊（北京：京華出版社，2001）。

　　升泰挑選亞東做爲通商口岸的理由，是因爲該地正符合其「抵關貿易」的原則。該理由主要有三，第一，他以爲「通商必須設關，所定亞東地方，兩出相對，中有平疇，正可在此修建關卡」；換言之，升泰在擇定通商口岸地點時，建立關隘、加強控管往來商旅是一大考量。第二，他也考量到通商口岸的地點必須合理，若以「西藏僧俗政權」所提通商口岸設在亞東境外的咱利山一帶，該處「係屬絕巘荒山，瘴霧終年，雖六月盛夏，猶有積雪，經理商務者，何能在彼駐劄，來往各商亦勢必裹足」；這不僅是說通商口岸的地點要適合貿易，關鍵的是也要能有利於派人駐劄管理商務。第三，更重要的是通商口岸設在亞東，正是「在藏界之內通商，則已與前准游歷及改爲飭令西藏通商之旨相符」，亦即並未違反《緬甸西藏協定》。[50]

　　升泰選定亞東做爲通商口岸的消息，首先由四川總督劉秉璋經直隸總督李鴻章轉電後，於1889年4月24日（光緒15年3月25日）送達總理衙門。[51]升泰本人則約於1889年7月2日至10日（光緒15年6月5日至13日）間，正式致電總理衙門，提出其「抵關貿易」的原則，據稱：「通商寧（筆者按：「擬」之字誤）設關亞東，前已奏聞。所有印人祇可在通商處報關，他口不得往來窺探。」[52]

　　對升泰將通商口岸設在亞東，總理衙門稱「係酌中辦法，即與妥籌商定，從速了結。」[53]然而，赫政在發給赫德的電報中則稱英屬印度「不會以

50　本段引文，均出自「駐藏大臣升泰奏英藏通商擬辦情形摺」，收入王彥威纂輯，王亮編，王敬立校，《清季外交史料》，第2冊，第81卷，10/a-b，頁1457/下。

51　「直督李鴻章致總署據升泰奏許英國在納東通商電」，收入王彥威纂輯，王亮編，王敬立校，《清季外交史料》，第2冊，第80卷，8/a，頁1439/下。

52　「駐藏大臣升泰致總署哲藏分界通商事宜近議五條並請撥珝電」，收入王彥威纂輯，王亮編，王敬立校，《清季外交史料》，第2冊，第81卷，12/b，頁1458/下。

53　「赫德致赫政電」（1889年7月17日），收入中國第二歷史檔案館、中國藏學研究中心合編，《西藏亞東關檔案選編》，上冊，頁41，編號：56。

亞東開埠」爲滿足，且亞東是「一處荒涼不毛之地」。[54]就在此時，由於總理衙門以爲當時交涉的要務是先確立：1.西藏與哲孟雄的分界，2.哲孟雄的歸屬，因此決定西藏開放通商一事等分界、歸屬兩事確立後，再進行交涉，且「亦與中英前供（議）如有窒礙英不催問一條相符。」[55]總理衙門的決定，升泰於1889年9月16日（光緒15年8月22日）獲知；[56]此外英國外交部與英屬印度亦分別表示總理衙門的交涉方針「較前妥當，可以商辦。」[57]因此，直到1890年升泰前往加爾各答（時稱孟臘或孟拉）與印度總督蘭士丹簽訂《錫金西藏協定》爲止，[58]升泰選定亞東做爲通商口岸以實現其「抵關貿易」的原則一事，英屬印度暫時並未獲知。

三、亞東開埠與「抵關貿易」原則的確立

本節承續上節清朝主動開埠亞東、英屬印度被動接受的論點，論述清朝與英屬印度交涉亞東設爲通商口岸的過程中，升泰絲毫不讓並確立「抵關貿易」的原則。

根據《錫金西藏協定》第七款規定：

> 自此條款批准互換之日爲始，限以六個月，由中國駐藏大臣、英國印度執政

---

54 「赫政致赫德電」（1889年7月29日），收入中國第二歷史檔案館、中國藏學研究中心合編，《西藏亞東關檔案選編》，上冊，頁40，編號：55。

55 「赫政致升泰函」（1889年9月15日），收入中國第二歷史檔案館、中國藏學研究中心合編，《西藏亞東關檔案選編》，上冊，頁59-61，編號：83。

56 「升泰致赫政函」（1889年9月17日），收入中國第二歷史檔案館、中國藏學研究中心合編，《西藏亞東關檔案選編》，上冊，頁61，編號：84。

57 「總署奏印藏撤兵定界酌議條約請派員畫押摺」，收入王彥威纂輯，王亮編，王敬立校，《清季外交史料》，第2冊，第82卷，1/b，頁1466/上。

58 「赫政致赫德電」（1890年3月1日），收入中國第二歷史檔案館、中國藏學研究中心合編，《西藏亞東關檔案選編》，上冊，頁110，編號：160；*Treaties, Conventions, etc., between China and Foreign States,* vol. 1, pp. 513-515.

大臣，各派委員一人，將第四、第五、第六三款言明隨後議訂各節，兼同會
商，以期妥協。[59]

上引之文所稱第四款即：「藏哲通商應如何增益、便利一事，容後再
議，務期彼此均受其益。」[60] 1890年8月28日（光緒16年7月14日），《錫金西
藏協定》於倫敦完成互換。[61] 1890年11月11日（光緒16年9月29日），赫政接
到英屬印度詢問何時開始續議《錫金西藏協定》第四、五、六款的通知。[62]為
此，升泰隨與英屬印度展開西藏開放通商的交涉，而前述升泰為實現其「抵
關貿易」原則而選定亞東做為通商口岸一事，乃浮上檯面成為雙方爭議的焦
點。

就如同1889年赫政所料英屬印度「不會以亞東開埠」為滿足，[63]英屬印度
於1891年1-2月間先向留在大吉嶺協助交涉的赫政表明，欲以比亞東、仁進
岡更往西藏內地方向深入的帕克里（「仁進岡入藏一百餘里」）[64]做為通商口
岸。[65] 1891年4月4日（光緒17年2月26日），由已升任駐藏大臣升泰派遣的交
涉代表西藏糧務夔州通判黃紹勛抵達大吉嶺。三日後，赫政將英屬印度所擬
西藏開放通商的辦法遞交黃紹勛。該辦法對通商口岸的地點、貿易範圍與方

59 *Treaties, Conventions, etc., between China and Foreign States,* vol. 1, p. 515.

60 *Treaties, Conventions, etc., between China and Foreign States,* vol. 1, p.514.

61 「赫政致升泰函」（1890年9月1日），收入中國第二歷史檔案館、中國藏學研究中心合編，
《西藏亞東關檔案選編》，上冊，頁129，編號：193。

62 「赫政致升泰函」（1890年11月11日），收入中國第二歷史檔案館、中國藏學研究中心合
編，《西藏亞東關檔案選編》，上冊，頁134-135，編號：201。

63 「赫政致赫德電」（1889年7月29日），收入中國第二歷史檔案館、中國藏學研究中心合
編，《西藏亞東關檔案選編》，上冊，頁40，編號：55。

64 「保爾之意，欲在仁進岡入藏一百餘里之咱利城，即帕克哩設關通商。」參見「總署奏印
藏條約緩議三款現已擬結摺」，收入王彥威纂輯，王亮編，王敬立校，《清季外交史料》，
第2冊，第87卷，8/a，頁1548/下。

65 「赫政致赫德電」（1891年2月16日），收入中國第二歷史檔案館、中國藏學研究中心合
編，《西藏亞東關檔案選編》，上冊，頁144，編號：213。

式做如下擬定：

> 二、在法利（即帕克里）地面及左近地方立市，所有英屬商民在此交
> 易。……
>
> 五、所有英國人等，或往西藏貿易，或往西藏遊歷，聽憑將所帶貨物在藏内
> 不拘向何人俱可出售，及置買藏内土貨，或以現銀交易，或以貨物相
> 易。[66]

對英屬印度矚意帕克里爲通商口岸，赫政向赫德表示「升泰既已奏請亞
東爲商埠，恐將堅持僅能開放此口；至於開放法利等，必將磋磨不休。」[67]果
然，升泰在致英屬印度所擬辦法的覆文中反駁稱：

> 本大臣前經奏定亞東立市通商，所有英屬商民即在亞東關外抵關貿易，不得
> 擅入關内有案，並無在法利地面及左近地方立市之說。[68]

在此，升泰首次明確向英屬印度表明西藏開放通商的原則，是在「亞東
關」外「抵關貿易」。升泰進一步論述「抵關貿易」的要點，即英屬人民不能
親自將外國貨物販運進「亞東關」内的西藏内地，也不能進入「亞東關」内
的西藏内地購買西藏貨物。[69]這明顯不同於其他通商口岸還是允准外國商民
申請執照進入中國内地購買中國貨物的規定。

此外，就在1890年3月《錫金西藏協定》簽訂後，升泰也隨即著手完備

---

66 「赫政轉交英印所擬續議三款及新增兩款意見條文」，收入中國第二歷史檔案館、中國藏
學研究中心合編，《西藏亞東關檔案選編》，上冊，頁156、157，編號：235。

67 「赫政致赫德電」（1891年5月11日），收入中國第二歷史檔案館、中國藏學研究中心合
編，《西藏亞東關檔案選編》，上冊，頁163，編號：243。

68 「升泰議覆英印續議三款意見清摺」，收入中國第二歷史檔案館、中國藏學研究中心合
編，《西藏亞東關檔案選編》，上冊，頁163，編號：244。

69 「升泰議覆英印續議三款意見清摺」，收入中國第二歷史檔案館、中國藏學研究中心合
編，《西藏亞東關檔案選編》，上冊，頁164，編號：244。

「抵關貿易」的配套措施：在亞東本地修築關隘、派遣軍官。1890年5月19日（光緒16年4月1日），升泰奏稱：

> 於仁進岡以外之亞東地方，設立靖西外關一座，關外即藏印通商之地。俟三款議定，舉辦通商，所有西人只准抵關貿易，不能擅入關內，以示限制。……擬設亞東之靖西外關，設千總一員，專司巡哨各隘，司關門之啓閉。[70]

　　千總則統領「漢兵二十名，番兵八名」[71]駐守於靖西外關。靖西外關即上述升泰回覆英屬印度文中的「亞東關」。升泰「抵關貿易」的原則無非是將所有貿易侷限一處，一面加強控管西藏與英屬印度、英屬錫金間的通商貿易，另一面減少藏人與英屬人民直接任意往來的機會；最終目的則是要確保通商在官方的監督下進行，以便一有糾紛可以隨即就近處理。誠如升泰在奏摺中稱「議辦通商，則關隘之事日繁，斷不可不設官分治，始可察看邊情，亦藉以撫綏彈壓。」[72]

　　升泰「抵關貿易」的原則，主要是爲防範「西藏僧俗政權」對英人盲目仇視的態度，引起無謂的通商糾紛。1888年藏印戰爭期間，「西藏僧俗政權」曾激進地宣稱：

> 茲有外方心懷叵測之英吉利，欲來我西藏佛地貿易，揚言爲此需開放商路，不得阻攔，否則將以兵戎相見等等。對此，應予以阻止，不可開例。按以往

70　中國第一歷史檔案館編，《光緒朝硃批奏摺》，第111輯，頁93/下、94/上。

71　戴樂爾，〈光緒二十年亞東口華洋貿易情形論署〉，《光緒二十年通商各關華洋貿易總冊》，頁116/b，收入中國第二歷史檔案館、中國海關總署辦公廳、《中國舊海關史料編輯委員會》編，《中國舊海關史料（1859-1948）》，第22冊（北京：京華出版社，2001），頁242。

72　中國第一歷史檔案館編，《光緒朝硃批奏摺》，第111輯，頁94/上。

> 歷次會議之甘結，使西藏男丁死盡，婦女亦願堅決抵禦到底，矢志不移。[73]

甚至在1890年3月《錫金西藏協定》簽訂後，西藏竟有中傷升泰的謠言流傳。升泰在致赫政的函中稱：「本藏不肖漢番，妄稱西金之地中國皇上不願劃歸英國，係本臣有意見好貴國，私將西金劃出版圖。」[74]由此可見西藏當地仇英情緒的高漲，也可理解升泰的用意是有藉「抵關貿易」原則防範西藏的仇英情緒。

對升泰堅持開放亞東爲通商口岸，英屬印度交涉代表保爾在致升泰的覆文中強調稱：

> 在亞東，地方狹窄，地勢低洼，潮濕過重，人易生病，而且後來通商日漸起色，地方必定擴充，如在此地設關，通商一切均不相宜。[75]

因此，保爾提議通商口岸「或在江孜，或在迤北各地方，或在百里內任其隨便貿易通商；若仍不許，務須在帕克里設關，爲英屬商民通商之處。」[76]

對英屬印度反對亞東開放爲通商口岸，總理衙門詳細討論後，特地囑咐赫德將討論意見轉電赫政呈送英屬印度。總理衙門的意見，赫德在致赫政的電文中稱：

> 經過不少周折，升泰才勸說藏人開放亞東，已不能再進一步開放其他地點。
> 英國何不先接受亞東，日後雙方交往增繁，藏人自會明白英人確實旨在友好

---

73 許廣智主編，《西藏地方近代史》（拉薩：西藏人民出版社，2003），頁86。

74 「升泰致赫政函」（1890年10月8日，收文日期），收入中國第二歷史檔案館、中國藏學研究中心合編，《西藏亞東關檔案選編》，上冊，頁132-133，編號：198。

75 「赫政代譯保爾對升泰議復該三款各條分晰意見」，收入中國第二歷史檔案館、中國藏學研究中心合編，《西藏亞東關檔案選編》，上冊，頁172，編號：254。

76 「赫政代譯保爾對升泰議復該三款各條分晰意見」，收入中國第二歷史檔案館、中國藏學研究中心合編，《西藏亞東關檔案選編》，上冊，頁173，編號：254。

互惠,多開放幾處通商有何害處?

......通商究能發展至何種程度,目前尚難逆料,與其此刻追求渺不可知之商務強求開放法利,引起種種惡感,何如先以友好態度,小試通商,將來情誼日益敦睦,商務自能因而擴展。總理衙門希望印度政府能審慎權衡。[77]

總理衙門甚至表示願以「承允若干年內不徵關稅」[78]做為讓步。赫德也向赫政稱:

僅就地點而言,西藏願於開放亞東而不願開放法利,似乎並無充足的理由,但藏人對此已再此而並非首次表示。藏人之感情至關重要,因此最好先接受開放亞東,......[79]

赫德同時強調稱:

總理衙門必不會強迫西藏,並將援引中英緬甸條約第四款:「至英國欲在藏印邊界議辦通商......倘多窒礙難行,英國亦不催問。」因此,除非印度接受開放亞東,否則西藏照舊與世隔絕,大門不易打開![80]

總理衙門的意見,赫政於1891年9月21日(光緒17年8月19日)致函告知印度總督蘭士丹,蘭士丹則回覆赫政稱已知曉升泰的難處,另請求允許保

---

77 「赫德致赫政電」(1891年7月23日),收入中國第二歷史檔案館、中國藏學研究中心合編,《西藏亞東關檔案選編》,上冊,頁175,編號:256。

78 「赫德致赫政電」(1891年7月23日),收入中國第二歷史檔案館、中國藏學研究中心合編,《西藏亞東關檔案選編》,上冊,頁175,編號:256。

79 「赫德致赫政電」(1891年7月23日),收入中國第二歷史檔案館、中國藏學研究中心合編,《西藏亞東關檔案選編》,上冊,頁176,編號:257。

80 「赫德致赫政電」(1891年7月23日),收入中國第二歷史檔案館、中國藏學研究中心合編,《西藏亞東關檔案選編》,上冊,頁176,編號:257。

爾前往亞東實地勘查。[81]對此，總理衙門特表重視，命令升泰自拉薩前往亞東會見保爾。[82]

　　不過就在升泰、保爾兩人動身前往亞東之前，英屬印度或是諒解前引總理衙門的意見，或是憂慮俄國先行南進西藏，[83]因此於1891年底決定接受亞東做爲通商口岸。赫政在1891年12月12日（光緒17年11月12日）致赫德的電報中先稱：「私下聞悉，印度將同意先開放亞東」；進而又在1892年1月8日（光緒17年12月9日）致赫德的電報中確定稱：「亞東已被接受」。[84]1892年1月22日（光緒17年12月23日），保爾向赫政遞交提案，其中與通商事務相關的第一、二款分別規定：

> 第一款、藏内亞東訂於某年某月某日開關通商，任聽英國諸色商民前往貿易，……
>
> 第二款、英商在亞東貿易，自交界至亞東，聽憑隨意往來，不須阻關（攔），……[85]

　　對英屬印度所擬此兩款，升泰以爲實已確立開放亞東爲通商口岸，以及「抵關貿易」的原則。不過「西藏僧俗政權」仍不放心，要求升泰向英屬印度

81　「赫政致升泰函」（1891年10月25日），收入中國第二歷史檔案館、中國藏學研究中心合編，《西藏亞東關檔案選編》，上冊，頁186，編號：267；「赫政致赫德電」（1891年10月27日），收入中國第二歷史檔案館、中國藏學研究中心合編，《西藏亞東關檔案選編》，上冊，頁186，編號：268。

82　「赫德致赫政電」（1891年11月20日），收入中國第二歷史檔案館、中國藏學研究中心合編，《西藏亞東關檔案選編》，上冊，頁187，編號：269。

83　多杰才旦主編，《元以來西藏地方與中央政府關係研究》，下冊，頁694-695。

84　「赫政致赫德電」（1891年12月12日），收入中國第二歷史檔案館、中國藏學研究中心合編，《西藏亞東關檔案選編》，上冊，頁190，編號：273；「赫政致赫德電」（1892年1月8日），收入中國第二歷史檔案館、中國藏學研究中心合編，《西藏亞東關檔案選編》，上冊，頁190，編號：274。

85　「赫政致升泰函」（1892年1月23日），收入中國第二歷史檔案館、中國藏學研究中心合編，《西藏亞東關檔案選編》，上冊，頁193，編號：276。

提議，必須將「亞東通商抵關貿易、不得擅入關內等語，於將來通商約內注明。」[86]由於當時雙方交涉通商事務的焦點已轉為印度茶若販入西藏是否影響川茶在藏的銷售，因此總理衙門不願在添加「抵關貿易、不得擅入關內」等字樣一事上與英屬印度多費口舌之爭，於是提議僅在：

> 第一款漢字「貿易」兩字下加「至關而止」四個漢字，或在第二款「英商在亞東貿易自交界至亞東」句下加「而止」兩個漢字。[87]

並強調「加這幾個字，可使藏人目前高興，而對印度在將來修訂時一無所礙。」[88]之後，總理衙門又進一步提議也修改英文本的字樣，即「在frontier（交界）與yatung（亞東）之間加入as terminus（而止）」。[89]最終，雙方決定在漢字「英商在亞東貿易自交界至亞東」一句下添加「而止」，做為「抵關貿易、不得擅入關內」的明示。1893年簽訂的《附加1890年《錫金西藏協定》有關商務、遊歷、畜牧之規定》（以下簡稱《錫金西藏協定附款》）第二款即載明「英商在亞東貿易自交界至亞東而止」。[90]

四、「抵關貿易」對稅務司的影響與爭議（1894.5-1896.7）

本節論述的是「西藏僧俗政權」藉口「抵關貿易」，禁止亞東關稅務司進入亞東關隘所引起的爭議。

86　「升泰致赫政函」（1892年6月29日），收入中國第二歷史檔案館、中國藏學研究中心合編，《西藏亞東關檔案選編》，上冊，頁212，編號：299。

87　「赫德致赫政電」（1892年11月6日），收入中國第二歷史檔案館、中國藏學研究中心合編，《西藏亞東關檔案選編》，上冊，頁235，編號：332。

88　「赫德致赫政電」（1892年11月6日），收入中國第二歷史檔案館、中國藏學研究中心合編，《西藏亞東關檔案選編》，上冊，頁235，編號：332。

89　「赫德致赫政電」，（1892年11月12日），收入中國第二歷史檔案館、中國藏學研究中心合編，《西藏亞東關檔案選編》，上冊，頁237，編號：335。

90　*Treaties, Conventions, etc., between China and Foreign States*, vol. 1, p. 516.

在探討此爭議前，有必要先理解稅務司的同事：亞東關監督。根據《錫金西藏協定附款》第六、七款的規定：

> 第六款、凡英國商民在藏界內與中藏商民有爭辯之事，應由中國邊界官與哲孟雄辦事大員面商酌辦。……
> 第七款、印度文件遞送西藏辦事大臣處，應由印度駐紮哲孟雄之員，交付中國邊務委員由驛火速呈遞。……[91]

所謂「中國邊界官」或「中國邊務委員」，即升泰在1890年5月19日（光緒16年4月1日）的奏摺所稱「駐邊同知」，職責是「管理漢番事務地方，並管軍糧、關務、邊情。」[92]正式官銜是西藏「靖西軍糧撫夷府同知」，通稱為靖西同知。[93]另根據升泰的計劃，亞東開放為通商口岸後，即設立靖西關監督一員，管理通商、經收貨稅；為此，繼升泰之後出任駐藏大臣的奎煥，於1893年12月31日（光緒19年11月24日）奏請以靖西同知兼理靖西關監督。[94]靖西關監督即亞東關監督，是職位上與亞東關稅務司平等的同事。1894年亞東正式開放後，第一任亞東關監督是王延齡，第一任亞東關稅務司是戴樂爾。

按照升泰的規劃，靖西同知的駐地位於仁進岡往西藏內地方向約1.2公里的吉瑪橋（或稱吉瑪），[95]因此關監督平常是在吉瑪辦公。相較於關監督，

91　*Treaties, Conventions, etc., between China and Foreign States,* vol. 1, pp. 517-518.
92　中國第一歷史檔案館編，《光緒朝硃批奏摺》，第111輯，頁94/上。
93　「所謂靖西，係漢人對江孜至咱利山隘一帶地區之稱謂。」參見「戴樂爾致赫德電」（1894年5月1日），收入中國第二歷史檔案館、中國藏學研究中心合編，《西藏亞東關檔案選編》，上冊，頁299，編號：429。
94　「奏請准以王延齡補授靖西同知員缺」（光緒21年6月10日，1895年7月31日），《宮中檔奏摺——光緒朝》，臺北國立故宮博物院藏，文獻編號：408010041。
95　「茲擬於仁進岡以內之吉碼橋地方，設立駐邊同知一員，……該處距仁進岡三里。」根據「1894年亞東海關貿易報告」之英、漢版本，四分之一英里是換算成一里。據此估算，

稅務司的辦公、居住處所，被安排在仁進岡往西藏與錫金邊界方向約2.41
公里的亞東。[96]如同前述，升泰在亞東修築一座亞東關隘（靖西外關），按照
「抵關貿易」的原則，藏印通商處所被限定在亞東關隘外往西藏與錫金邊界
方向約0.4公里之處，[97]而稅務司即在此通商處所之旁辦公、居住。簡言之，
亞東關稅務司與亞東關監督之間隔著一道石牆的亞東關隘，兩者間相距約
3.61公里（有關上述各地的具體分布位置，可參考圖2）。

　　三里約0.75英里，即1.2公里。參見中國第一歷史檔案館編，《光緒朝硃批奏摺》，第111
　　輯，頁94/上；F. E. Taylor, "Yatung Trade Report, for the Year 1894," *Returns of Trade and
　　Trade Reports for the Year 1894 (Part II)*, p. 625；戴樂爾，〈光緒二十年亞東口華洋貿易情
　　形論畧〉，《光緒二十年通商各關華洋貿易總冊》，頁116/b，收入中國第二歷史檔案館等
　　編，《中國舊海關史料（1859-1948）》，第22冊，頁669、242。

96　「仁進岡距亞東僅一英里半。」參見「戴樂爾致赫德電」（1894年7月4日），收入中國第二
　　歷史檔案館、中國藏學研究中心合編，《西藏亞東關檔案選編》，上冊，頁319，編號：
　　441。

97　「亞東地方極小，在沿山谷再下行約四分之一英里處駐有二十名漢人士兵。」參見「戴樂
　　爾至赫德電」（1894年5月1日），收入中國第二歷史檔案館、中國藏學研究中心合編，《西
　　藏亞東關檔案選編》，上冊，頁301，編號：429。

圖2　亞東至帕克里路線

註：無底線字體標記之各地名，爲原本參考之地圖的標記。底線字體、箭頭、方
　　框則爲筆者考證加以註明。由於筆者尚未發現清楚且正確標記1890年代亞
　　東周邊各地位置之地圖，故暫以《中英西藏交涉與川藏邊情（1774-1925）》
　　書中所繪地圖爲參考。
資料來源：馮明珠，《中英西藏交涉與川藏邊情（1774-1925）》（北京：中國藏學
　　　　　出版社，2007），頁443。

　　雖然亞東關的稅務司與關監督僅相距3.61公里，但稅務司卻無法前往
吉瑪拜訪關監督，因爲「西藏僧俗政權」禁止亞東關職員進入亞東關隘。對

此，戴樂爾在亞東正式開放的第一天（1894年5月1日），便詳細向赫德報告稱：

> 7.在此地雇用孟拉（筆者按：加爾各答）人甚不合適。即如純西藏血統之汪曲策忍先生也不准被進入亞東購買食品，因爲他既會講英語，又爲英國人服務。……
>
> 13.我將盡力建立友好關係，已在印度及中國官員取得一定成果，要解除藏人疑懼尚需一段時間。……實際上我等被視爲奸細。[98]

引文所述藏人汪曲策忍「既會講英語，又爲英國人服務」，顯示「西藏僧俗政權」排斥亞東關職員的要因，無非亞東關稅務司戴樂爾是英國人的身分。[99]早自1875年中英因馬嘉理事件而交涉開放英人前往西藏遊歷、通商以來，「西藏僧俗政權」便始終警戒英國暗藏侵略領土的野心。本文第二節所述隆吐山界爭中，「西藏僧俗政權」堅不自隆吐山撤兵的重要理由便是此一疑慮。例如「西藏僧俗政權」上呈之稟文中，便稱英國「欲窺竊四川、西甯等處，故以西藏爲進步階梯，蓄志多年，託名互市通商，以爲潛移漸佔之計。」[100]正因爲如此，當「西藏僧俗政權」知道無法阻止開放亞東爲通商口岸後，遂改思在1893年即將簽訂的「錫金西藏協定附款」中載入「亞東通商抵關貿易、不得擅入關內」的限制條文。雖然最後未能如藏人所願添加此限制條文，但由於「西藏僧俗政權」對英國抱持根深蒂固的侵略形象，再加上戴樂爾的英國人身分，自無法免其誤會之心，從而偏執地抵制戴樂爾越過亞東

---

98 「戴樂爾至赫德電」（1894年5月1日），收入中國第二歷史檔案館、中國藏學研究中心合編，《西藏亞東關檔案選編》，上冊，頁302、303，編號：429。

99 *Service List*, 21st issue (Shanghai: Statistical Department of the Inspectorate General of Customs, 1895), p. 3.

100 中國第一歷史檔案館編，《光緒朝硃批奏摺》，第111輯，頁22/下-23/上。

關隘。對此誤會，或可透過下述案例得一清楚認識。

1894年6月28日，戴樂爾為突破「西藏僧俗政權」的抵制竟「華裝單騎直赴吉瑪」[101]拜訪王延齡。對戴樂爾易裝、躍馬、闖過亞東關隘之事，駐亞東藏官隨即請王延齡陪同至戴樂爾處所告誡稱：

> 昨日我們不知稅務司竟赴吉瑪，現在條約中注明英商貿易抵關而止，一經商上知覺，我們獲咎匪輕。[102]

對駐亞東藏官的告誡，戴樂爾顯然是要反駁的，他稱：

> 我現係總署所派，辦的中國稅務，得的中國名器，食的中國俸祿，不但與英商有間，且非英官，若以條約而論，則與我毫不相涉。[103]

然而駐亞東藏官仍只稱應遵「西藏僧俗政權」代理執政「商上之札辦理」。戴樂爾聽此直問「藏使與商上孰大？」駐亞東藏官雖回應「藏使大」，但依舊稱「未奉商上明文，故不敢遽讓進關也。」戴樂爾當即表示：

> 既不許我進關，你們二位應當給一憑據，云藏使之文信、漢官之言語均不足憑，應以商上之言為准，我自當將憑據申請藏帥核辦。若不敢出，我既服中官，應遵中制，遇有事件，仍須會商靖西文武，決不聽你妄誕之言。[104]

最終駐亞東藏官亦未照辦。

---

101 「戴樂爾致奎煥函」(1894年7月1日)，收入中國第二歷史檔案館、中國藏學研究中心合編，《西藏亞東關檔案選編》，上冊，頁315，編號：440。

102 「戴樂爾致奎煥函」(1894年7月1日)，收入中國第二歷史檔案館、中國藏學研究中心合編，《西藏亞東關檔案選編》，上冊，頁316，編號：440。

103 「戴樂爾致奎煥函」(18947.1)，收入中國第二歷史檔案館、中國藏學研究中心合編，《西藏亞東關檔案選編》，上冊，頁316，編號：440。

104 「戴樂爾致奎煥函」(1894年7月1日)，收入中國第二歷史檔案館、中國藏學研究中心合編，《西藏亞東關檔案選編》，上冊，頁316，編號：440。

對「西藏僧俗政權」的抵制，戴樂爾雖不斷強調自己是「皇上賞授四品職銜之人」，而且關監督王延齡亦向「西藏僧俗政權」解釋戴樂爾的地位，但駐亞東當地兩名藏人官員卻仍對戴樂爾毫不理會。[105] 甚至戴樂爾致函駐藏大臣奎煥申訴「西藏僧俗政權」對其身為清朝官員的抵制「未免有失中朝體制」，[106] 而奎煥也致函勸導藏官，但抵制亞東關職員的情況依然未見絲毫改善。[107] 對駐藏清朝官員勸導無效的情況，戴樂爾感到「漢官態度雖然友好，卻並不具備他們應有之權威。」[108] 戴樂爾指出駐藏清朝官員：

> 很明顯，他們懼怕藏人。為數不多之軍隊，裝備簡陋可笑，難怪他們在專橫的喇嘛面前卑恭低下。[109]

戴樂爾也稱「此類情況，王延齡先生對我坦率承認。」[110] 戴樂爾的觀察，其實升泰早在1888年10月14日（光緒14年9月10日）便上奏指出：

> 但藏番存心至愚而至險，每目漢官為洋黨。開導委員但據理而談，則大佛其犬羊之性，每以人眾挾制，我駐藏官兵無多，力不能勒令辦理，此歷任大臣

---

105 「戴樂爾至赫德電」（1894年5月1日），收入中國第二歷史檔案館、中國藏學研究中心合編，《西藏亞東關檔案選編》，上冊，頁302，編號：429；「戴樂爾致赫德電」（1894.6.1），收入中國第二歷史檔案館、中國藏學研究中心合編，《西藏亞東關檔案選編》，上冊，頁309，編號：437。

106 「戴樂爾致赫德電」（1894年6月1日），收入中國第二歷史檔案館、中國藏學研究中心合編，《西藏亞東關檔案選編》，上冊，頁313，編號：438。

107 喜饒尼瑪，〈西藏地方攝政官職初探〉，收入許廣智主編，《鴉片戰爭前後西藏百年歷史研究論文選輯》（北京：民族出版社，2011），頁122。

108 「戴樂爾致赫德電」（1894年6月1日），收入中國第二歷史檔案館、中國藏學研究中心合編，《西藏亞東關檔案選編》，上冊，頁309，編號：437。

109 「戴樂爾致赫德電」（1894年6月1日），收入中國第二歷史檔案館、中國藏學研究中心合編，《西藏亞東關檔案選編》，上冊，頁309，編號：437。

110 「戴樂爾致赫德電」（1894年6月1日），收入中國第二歷史檔案館、中國藏學研究中心合編，《西藏亞東關檔案選編》，上冊，頁309，編號：437。

之所以曲爲該番掩飾，百事遷就者。[111]

不同於升泰的是，戴樂爾進一步指出清朝中央處理西藏的態度，也是駐藏清朝官員軟弱無能的根源。戴樂爾稱：

> 他們軟弱無能，並非僅由於在該地武力不足，更重要原因乃爲北京朝廷對藏人表示出溫文爾雅之懦弱態度。駐藏大臣如果嚴厲，則將受到斥責，甚至革職，但如合理處置事務而不能成功，則同樣倒霉。[112]

對駐藏大臣、亞東關監督等清朝駐藏官員無力約束「西藏僧俗政權」禁止亞東關稅務司進入亞東關隘一事，戴樂爾曾指出最壞的影響，是使英屬印度再次認識到清朝權威在西藏的低落。戴樂爾以1894年5月下旬英屬印度派駐錫金專員之惠德（J. C. White）在亞東考察商務的心得爲例，稱惠德：

> 見我在此處境及其所包含之意義，將向印度政府匯報漢人在此並無眞正權威，藏人持有令不快之敵意，條約也未得到認眞執行。[113]

戴樂爾指出他「個人所受到待遇姑且不論」，但「中國維持目前在藏模棱兩可地位，是個嚴重政治錯誤」，因此他主張「應使總理衙門瞭解目前情況之危險性」，「適當改進中國軍隊裝備，強化中國權威。」[114]然而，因爲當時清朝正開始爲中日戰爭而焦頭爛額，因此戴樂爾的建議似亦無從獲得實

111《升恭勤公藏印邊務錄》，第1卷，頁10/a-b，收入茅海建主編，《清代兵事典籍檔冊匯覽》，第75冊，頁27-28。

112「戴樂爾致赫德電」（1894年6月1日），收入中國第二歷史檔案館、中國藏學研究中心合編，《西藏亞東關檔案選編》，上冊，頁310，編號：437。

113「戴樂爾致赫德電」（1894年6月1日），收入中國第二歷史檔案館、中國藏學研究中心合編，《西藏亞東關檔案選編》，上冊，頁310，編號：437。

114「戴樂爾致赫德電」（1894年6月1日），收入中國第二歷史檔案館、中國藏學研究中心合編，《西藏亞東關檔案選編》，上冊，頁310、312，編號：437。

行。既然清朝都已無餘力調整歷來的治藏政策，想當然赫德亦無從協助戴樂爾改善被禁止的情況。1895年10月24日（光緒21年9月7日），戴樂爾接獲赫德的指示稱：

> 已收到第88號呈文，文内報告仍禁止閣下進入亞東關，並詳述閣下維護通過該處權利之經過。現答復如下：
> 亞東海關稅務司沒有必要試探中國在西藏之權威。閣下最好在指定範圍内鍛鍊身體，享受舒適，身心健康。不必嘗試越過亞東關或藏人所不樂意閣下越過之界限。他們反對閣下之問題會在其他方面得到糾正。[115]

　　亞東關稅務司不得進入亞東關隘的禁令，一直要到1904年英屬印度以武力迫使西藏、清朝擴大通商範圍後才被取消。這次的武力犯藏，當然混雜許多因素而致，但就結果來看，戴樂爾之觀察確實精準。這或許是當初為確保通商受到監督，避免通商糾紛引起邊界衝突，因而制定「抵關貿易」原則的升泰所料想不到的結局。

五、結論

　　透過本文探討，大致可做以下三點歸納。第一，雖可見清朝中央認知到開放通商實有助於保護領土的作用，但尚未見到清朝中央有明確提出設立中國海關以彰顯清朝主權的記錄。儘管如此，還是可以清楚見到英屬印度確實視中國海關之亞東關的設立，是彰顯清朝權威在西藏的象徵。無奈駐藏大臣、亞東關監督無力制止「西藏僧俗政權」對亞東關稅務司的敵視，反使英屬印度識破清朝權威的名實不符。綜觀1889年選定亞東開埠、實行「抵關貿

115「甘博致戴樂爾函」（1895年10月24日），收入中國第二歷史檔案館、中國藏學研究中心合編，《西藏亞東關檔案選編》，上冊，頁475，編號：586。

易」的原則，一方面上承1876年後清朝對開放西藏通商的看法經歷有害到有
利的轉變，另一方面下接1902-1904年英屬印度進兵深入拉薩與1906年後清
朝經營西藏的政策出現一改消極為積極的調整，可見1894-1901年亞東開放
通商實是西藏的關鍵轉捩點。這段期間，如果清朝能如戴樂爾所稱調整歷來
的治藏政策，則將確保通商以安邊防的功效得以延續，避免再次迫於兵威而
訂下擴大喪失利權的通商條約。

　　第二，從中國海關的性質來看，亞東關的設立象徵清朝中央與西藏的關
係產生轉變。1860年代以來中國海關向南北沿海、長江沿岸及雲、桂邊境的
逐一設立，是基於管理因通商條約而開展的國際貿易，其性質明顯不同於此
前管理依循朝貢、互市等管道而開展國際貿易的稅關機構。就在近代國家遵
奉的條約體系將與傳統王朝的天下秩序正式相互重疊的前夕，文碩指出：

> 英人……請中國勒令藏番撤卡，……英人所以如是設施者，自以西藏為中國
> 屬地，一經嚴飭，勢必遵從。抑知中國撫御黎庶，政尚綏和，本與西洋治法
> 不同。況西番佛地久已賞給達賴喇嘛、班禪額爾德尼衍行黃教，以是一切政
> 令率從其俗，曆令頒朔大典且未推及，是藏地馭番又與腹省臨民不同也。[116]

　　從文碩稱「藏地馭番又與腹省臨民不同」，可知此時清朝中央萌發將西
藏視同內地行省的傾向。若再回顧1883年11月李鴻章所稱：「中國優待屬
邦，與泰西各國之待屬地視若行省者，制度各有不同，不能概論」一句，[117]
正可見西藏從傳統清朝體制的藩部轉化為近代條約體系的屬地。

　　最後，赫德、赫政、戴樂爾雖對清朝政策有不同意乃至批評之處，但他

116 中國第一歷史檔案館編，《光緒朝硃批奏摺》，第111輯，頁29/上-下。
117 （光緒9年10月9日，1883年11月8日），收入郭廷以、李毓澍等編，《清季中日韓關係史
　　料》，第3卷（臺北：中央研究院近代史研究所，1972），頁1214/下，編號：775。

們在交涉過程中仍然遵從清朝的指示與制度。儘管他們都與英國方面保持友好關係，但亦未見他們有犧牲清朝國家利益之處，甚至說服英屬印度接受升泰選定在亞東開埠、「抵關貿易」的原則。就此看來，中國海關、亞東關無非協助清朝貫徹通商以安邊防的政策。

冷戰與宗教：
中華民國對創價學會在臺發展的因應及其意義[*]

任天豪

國立臺中科技大學通識教育中心專案助理教授

一、緒言

　　宗教對行憲後的中華民國而言，[1]照說應是保持開放態度的事務，畢竟《中華民國憲法》已明定「人民有信仰宗教之自由」。然隨著中華民國進入戒

[*]　本文初稿〈小歷史中的大外交：從創價學會在臺發展看1960年代中華民國的外交知覺變遷〉曾於2015年1月30日，在國立政治大學人文中心舉辦之「近代中國外交的大歷史與小歷史」學術研討會中發表。筆者對評論人國立政治大學臺灣史研究所林果顯教授惠予深刻意見，及與會學者川島真教授、趙國材教授等師長的肯定與指教，均在此謹致謝忱；對匿名審查學者的意見與鼓勵，同樣由衷感謝。

[1]　在本文中，「中華民國」之名稱將不予省略，目的係為表達其爭取「正統」地位的努力。而「正統」是中華民國政府與中華人民共和國政府各自追求的地位，此地位不僅是政治方面的，同時也包含「名分秩序」、「爭天下」等文化性質。關於兩岸的「中國」如何理解其地位之研究與闡釋，可參見張啟雄，〈中華世界秩序原理的源起：近代中國外交紛爭中的古典文化價值〉，收入吳志攀等編，《東亞的價值》（北京：北京大學出版社，2010），頁105-146；張啟雄，〈兩岸關係理論之建構：「名分秩序論」的研究途徑〉，收入包宗和、吳玉山編，《重新檢視爭辯中的兩岸關係理論》（臺北：五南圖書出版股份有限公司，2009），頁115-138。本文視「正統」為「概念性定義」（conceptual definition），著重在中華民國對「正統」等概念之追求（雖然在其意識中，這些概念可能也不甚具體），所採取的手段和作為。附帶一提的是，本文亦使用「中共」做為中華人民共和國的簡稱，雖然「中共」一詞理應僅能代稱政黨性質的「中國共產黨」，而非替代國家或政府的性質。但因當時之中華人民共和國係由中國共產黨進行嚴格的一黨專政（single-party system），故「中共」一詞具有事實上代表「中華人民共和國」（或其政府）的「效果」。必須強調的是，上述對「中共」的解釋亦是將其賦予一概念性定義而後使用之，其實質意義不是本文所欲討論的重點，而本文所提及之「中共」，亦皆用於政府或國家層級之意涵，不涉及政黨的層次。另外，文中若出現「匪」、「匪共」等字樣，必係史料內之原文，為尊重史料恕不更動。

嚴體制，對有組織性的宗教活動，疑慮逐漸增加，故若聽聞某一宗教具有涉及政治方面的性質，或「黨政方面懷疑宗教團體有政治上的『陰謀』，黨政機器就會採取干預甚至壓迫的手段來加以處理。」[2]因此當時在中華民國統治之下的臺灣社會，顯然並無真正的宗教自由。也因中華民國本就會對宗教團體施以影響，而來自日本的創價學會，又確實具有明顯的政治色彩，是以中華民國官方對創價學會的在臺傳教，勢難不多加關注。然而，創價學會的日本背景與左傾屬性——至少中華民國當局認為其係左傾——使得中華民國官方一方面不得不謹慎待之，一方面又對其性質深惡痛絕，成為中華民國在冷戰局勢中所以需在重要的「盟友關係」，及（至少在口頭上）堅持的「反共立場」間，不斷擺盪的影響因素。加上日後與創價學會具有高度淵源的日本公明黨，又當真推動了「中日關係正常化」等行動，遂使具有宗教外在、內涵中卻有極高政治性質的創價學會，可能成為令中華民國當局動輒得咎的頭痛組織。由此即可看出，創價學會的在臺傳教，對身處冷戰氛圍（外在環境）及黨國體制（內部環境）下的中華民國而言，可以體現中華民國此刻面臨的行動環境（operational milieu），及理解中華民國的心理環境（psychological milieu）——即其面對這些問題時的重要關切所在——情況。[3]因此，透過造成中華民國「官方」在意識與行動間衝突不已的「民間」組織創價學會，其在

2　瞿海源，〈解嚴、宗教自由、與宗教發展〉，收入中央研究院臺灣研究推動委員會編，《威權體制的變遷：解嚴後的臺灣》（臺北：中央研究院臺灣史研究所，2001），頁249。

3　以行動環境和心理環境進行分析國際政治中的「知覺」（perception）此種方式，是國際政治學的其中一種嘗試，由杰維斯（R. Jervis, 1940-）所提出。此種取向的重點，是藉部分社會心理學中的理論，解釋決策者心理及其決策選擇之間的關係。杰維斯在1976年出版的名著 *Perception and Misperception in International Politics* 已有中文翻譯，參見羅伯特・杰維斯著，秦亞青譯，《國際政治中的知覺與錯誤知覺》（北京：世界知識出版社，2003）。然而，杰維斯對該知覺的運用，主要係在檢視決策者個人的心理活動對國際事務的影響，這與筆者所借用而指向的對象不同。在筆者的使用範圍中，係將權力體視為一個全體，即使其中確實包括如David Kinsella等人所指出的、不同層次所可能面對的不同影響。Kinsella等人所指出的層次及其內容，可參考David Kinsella, Bruce Russett, Harvey Starr, *World Politics: The Menu for Choice* (Boston: Cengage Wadsworth, 2013).

臺組織的性質、相關的衍生事件及中華民國官方的因應等角度的探討，或即可以成為檢視中華民國面對1960年代內外局勢的一則有效案例。

另一方面，中華民國與創價學會性質上的官／民分野，及日本與中華民國在東亞權力局勢中的高／低位置，也是極具特色的切入角度。蓋創價學會既有形式上處於低位的民間組織性質，又帶有影響日本政局的高位性質；中華民國在臺灣境內雖有形式上的高位性質，卻處在受制於日本的低位狀態中，是故在中華民國與創價學會互動的對照研究中，或能體現1960年代東亞此種雙重權力位階（hierarchy）的特殊狀況。[4]職是之故，本文即在採用以報紙、媒體為主的資料運用方式外，亦欲連結外交史研究所強調的檔案分析法，透過臺北中央研究院近代史研究所檔案館所典藏之《外交部檔案》，以及相關的各式資料，藉以觀察中華民國對創價學會相關事務的處理，檢視冷戰中的東亞局勢，並探討在表象之陣營對立，與內在之交流運作等互動情形，從而為冷戰在東亞政局中的實質內涵，提供一個側面的解釋依據。

二、1960年代的東亞局勢與中華民國的知覺背景

1960年前後，東亞區域面臨越戰（Vietnam War）態勢益發激化的危險，

4　「權力位階」係筆者借用戴維・萊克（David A. Lake）等國際政治學者對國際政治理論所採取的視角，因而使用的名詞，在萊克論著的中文譯本中，則譯為「等級制」。萊克認為，國際政治未必混亂無序，可能存在著各種基於不同權力因素而形成的「等級式」權力關係，從而致使國際政治得以維持一定程度的穩定。參見戴維・萊克著，高婉妮譯，《國際關係中的等級制》（上海：上海人民出版社，2013）。但必須強調的是，筆者所使用的權力位階（或等級制）一語，並非如萊克的具體的、計量的概念，而是以質性的角度，理出一種邊界或許不必然明確、但卻確實具有影響力的權力位階概念。另外，本文雖然並非完全援引萊克的理論，卻相信其概念與東亞傳統的文化或國際關係，有一定程度的近似處。例如，費孝通（1910-2005）所提出的「差序格局」亦是一種等級制的形式，只是其係著重透過血緣、姻親、利益等因素所建立、而非藉具體的權力關係所形成的關係而已，然而此種傳統中國常見的格局，仍與等級制關係有極類似的型態。因此，中華民國內部即使形成對此國際關係的位階、差序之類的認知，也不見得是超脫傳統性質的推測，而具有東亞政治的長期淵源或傳統性質。

尤因越戰對美國的影響極大，身處東亞又受美國權力影響的中華民國與日本，自也因而受到波及，成為越戰的間接影響者。於是，東亞的冷戰局面乃形成一種表象與內涵未必如一的情況，是即美國所領導的民主陣營，雖與主要受中共支持的北越在表面上嚴重對立，但美國形式上的盟友「中華民國」與「日本」，卻分別對中共抱有不同立場的內在矛盾之局。因此，東亞的冷戰格局雖因越戰的激化而看似更加鞏固，實際上卻未必盡然。尤其雙方陣營之中，各有一個宣稱代表「中國」的政治單位，更體現東亞冷戰格局的特殊之處。而此「中國」代表意義的可能變化，即是中華民國何以自處並試圖影響他人對其自身觀感的重要淵源。

對俱稱代表「中國」的兩岸政權而言，因為1964年10月後中共成功進行原子彈試爆的情勢，使得雙方的影響力消長趨勢大幅增加，更因此影響中華民國的對外知覺。[5]而在此同時，1960年代則是二戰後的東亞戰敗國日本，在國際地位與形象上奮起的一年，蓋其不僅於1960年確定得在1964年舉辦第18屆的夏季奧運會，成為首度舉辦奧運的亞洲國家；全球第一個高鐵系統「新幹線」的自立研發與建造，更彰顯日本的技術實力，已較1950年代主攻家電用品的時代大幅提升。這些體現日本與臺北權力位階日益不對等的發展趨勢，是1960年代後臺北所感受到的重要冷戰知覺。

另一方面，若單就形式上而言，中華民國代表中國仍被多數國家承認，聯合國等國際組織中的中國代表權亦由中華民國擁有。但在實際上，中共除早已獲得英國及共產集團的承認，而使其具有爭奪中國代表權的相當力量外，更重要的是其在擁有大陸領土、且原受蘇聯指導的基礎上，已經逐漸建立取代中華民國的實力基礎，特別是在硬實力方面。即使撤開中華民國本身

5　筆者曾有一文論述中共於1964年核試之後，中華民國的因應與知覺意義，請見任天豪，〈「正統」與「生存」的糾葛：中華民國對中共核武的外交因應（1963-1968）〉，收入周惠民主編，《國際法在中國的詮釋與應用》（臺北：政大出版社，2012），頁181-211。

的理解不談，中共此種擴張情形，仍將致使周邊勢力對中共的重視，造成中華民國與中共的權力地位出現變化，從而影響中華民國的知覺。

中共對中華民國權力地位的影響，可以由日本對兩岸政權的態度此一角度觀察。身為東亞的重要勢力之一，日本原即因為能夠滿足美國在東亞的戰略需要，故而一方面透過安保體系保全自身，一方面也令其足以影響美國在東亞的權力行使，甚至在一定程度上跳出美國的安排，而與兩岸的中國維持或建立關係。如日本雖與中華民國建交，卻仍以「等距離外交」的概念，透過「政經分離」等方式操作其與中共之間的關係。[6]是故這種狀況，便能體現中華民國的不利境況，也代表中華民國自1950年代以來猶頗關懷的正統需求，會在時光的流轉中逐漸導向生存需求的關鍵原因。於是，當中華民國不再「真正地」堅持正統需求，而在實質上不斷追求有利自身的生存機會之後，中華民國對各種東亞問題的態度便也日漸脫離「內戰」的概念，而日益倒向冷戰的考量；然因冷戰局勢在1964年後著實不利中華民國，中華民國自也難在此後利用其形式上的地位，對各種東亞相關議題表示具體態度，從而也令自身的影響力益加下降。

而在另一方面，正因中華民國面對這種既來自敵對陣營、也出於盟友陣營的外在壓力，導致中華民國對內部的控制，更有加強的必要。蓋中華民國面對的行動環境並不僅只對外關係上的不利而已，其在臺灣的統治，也面臨部分挑戰，包括所謂外敵的內部顛覆，或是不願接受國民黨政權統治者的反彈行動。對中華民國而言，此種行動所代表的內涵，威脅力絕不小於外在壓力。也是在此情況之下，創價學會在臺傳教之事，便成為足以造成中華民國關注的事例。

6　細谷千博，〈吉田書簡と米英中の構図〉，《中央公論》，1982年11月号（1982年11月），頁1-76。

三、中華民國對宗教事務的知覺及其意涵

　　中華民國向來注意宗教團體的動向，因為宗教團體畢竟擁有組織能力，一旦有意對抗統治權力，便會造成嚴重問題；而即便宗教團體本身不願涉入政治，亦可能因其組織力量及對信眾的影響，成為政治勢力交結、串連的對象，從而造成中華民國的憂慮，尤其具跨國性身分的宗教團體。舉例來說，1966年時，中華民國曾認為「為爭雄世界領導的國家競相利用」之宗教組織「普世教會協進會」（World Council of Churches, WCC）「傾共」、「容共」而對其側目，[7]並因此關切屬其成員的臺灣基督長老教會動向。在國安局的分析中，明確提及中華民國的關注點除普世教會協進會的立場外，臺灣長老教會「之組織遍及農村、山地，擁有信徒17萬7千餘人」的組織力量更是不可忽視者。[8]自此論述即可看出，中華民國對宗教團體的憂慮不僅來自團體本身的立場，對成員人數等代表組織動員力量的因素，亦是極為關鍵的關切所在。

　　也就是說，在中華民國的知覺中，宗教團體至少有兩種可能侵害中華民國統治的內在因素，一為「為政治所用」，二為「組織力量」，而前者更可包括實質與內涵上的兩種影響。所謂的實質影響，例如部分宗教組織涉及對「中國」代表權加以評論，其中如若論及中共的代表性或中國大陸領土之人民宗教權益者，無異便是觸動中華民國當局逆鱗；而內在影響可能如對共產

7　在國安局的查探報告中，普世教協係在1948年成立，並隨即設立「國際事務委員會」（The Commission of the Churches on International Affairs, CCIA），而「該『CCIA』專為『WCC』負責研議國際政治問題，而其政治立場卻多為共黨宣傳，提高共產組織之國際地位，直接或間接協助了共黨滲透顛覆民主國家，並使用種種手段分化各國純正信仰的教會，顯示出此一國際性宗教團體之本旨漸失，而國際政治鬥爭色彩亦趨明顯，無疑是一個『傾共』、『容共』的宗教團體」，參見「對普世教會協進會（WCC）之研究」（1966年8月23日），〈宗教案件〉，《外交部檔案》，中央研究院近代史研究所檔案館藏，檔號：729.8/0003。

8　「對普世教會協進會（WCC）之研究」（1966年8月23日），〈宗教案件〉，《外交部檔案》，中央研究院近代史研究所檔案館藏，檔號：729.8/0003。

主義等意識形態的宣揚或不反對，亦難令中華民國接受，而將加以駁斥或打壓。不過，中華民國眞正注重之事是否當眞爲此意識形態相關者，仍有值得探討之處。

　　早在中華民國尚未撤至臺灣前，宗教便已與國共內戰的政治局勢產生關聯。例如國民黨所屬的《中央日報》，就曾在1948年2月中報導田耕莘（1890-1967）樞機對中共「摧殘宗教」的指控，但「摧殘宗教」僅係報導之標題，內文中卻僅有田耕莘「共匪佔領各地逃出之天主教教士23人以上，其中不少曾爲共匪捕押」，且「傳教工作雖已極爲困難，但教會方面從未考慮撤退計畫」等表示而已。[9]這顯示掌握中華民國政權的國民黨當局，試圖利用民眾對宗教的相對信賴感，影響其對政權向背的心態趨勢。而《中央日報》中更有一則簡短故事，或可生動地描繪出國民黨對宗教的看法。蓋該故事係假設一對母子在天主教徒、基督徒與猶太教徒處各買了一袋櫻桃，返家後將三袋櫻桃依果實好壞分成兩堆。

　　　「我們買了幾袋櫻桃？」

　　　「三袋！媽媽。」

　　　「我們現在有幾堆櫻桃？」

　　　「二堆，好的和壞的。」

　　　「我想，」她總結一句，「宗教也就是這樣的。」[10]

　　該文可能是篇譯文，故僅以歐洲的三大基督教系統舉例而已，但放在國

9　〈田耕莘證實 匪摧殘宗教〉，《中央日報》（南京），1948年2月15日，版4。有趣的是，田耕莘不久後便違背梵蒂岡的命令撤離教區，參見陳方中、江國雄，《中梵外交關係史》（臺北：臺灣商務印書館，2003），頁234。故不知田耕莘與國民黨政權之間，是否尚有其餘糾葛。

10　〈宗教正喻〉，《中央日報》（南京），1948年4月25日，版6。

民黨之《中央日報》之中，服務政治的目的應仍不言可喻。而宗教可分「好的和壞的」一語，或即體現中華民國當局理解宗教的知覺內涵，只是還需了解區分好壞的標準何來而已。

　　從戰後以來的兩岸中國歷史來看，宗教常是一種處境尷尬的存在，蓋其固然容易受到當權者的侵害，也著實常因自身有意的行為，主動與政治牽上關聯。但這種關聯在形式上實具有崇高理想，例如1949年12月在印度舉辦之「世界和平人士會議」（世界平和者會議），匯集百人左右之全球卅多國代表參加，而日本則有包括基督教、佛教與神道教等宗教團體與會，其中佛教界乃以「佛教讚仰會」之中山理理（1895-1981）為代表。對於受到政治力量——尤其是戰爭期間的日本——波及的國際社會，中山理理的感懷及其欲以日本佛教界力量協助各國的高昂意願，均有十分明確的表現。[11]於是這些日本佛教界人士的主張，也被宣稱無神論的中共政權援引運用，故其喉舌之一的《光明日報》，也曾報導日本各界「普遍要求全面媾和」的行動。[12]後來中山理理等日本佛教界人士，也積極從事諸如為中國之戰爭受難者奔走的活動，[13]因而與中共交流、往來日漸深入，成為政權得以利用宗教進行宣傳的實際事例。

　　可以略加關注的是，在前述《光明日報》有關日本宗教界要求媾和的區區二段文字之報導中，其足以一整個段落的文字，強調「宗教界人士也反對重新武裝日本，要求全面媾和」，也特別提及「日蓮宗（佛教）信徒」，「都積

11　森下徹，〈戰後宗教者平和運動の出發〉，《立命館大学人文科学研究所紀要（特集：近代日本社会の軍事動員と抵抗）》，82号（2003年12月），頁139-140。

12　〈日人民普遍要求全面媾和 全面和約簽名運動正逐漸展開〉，《光明日報》（北京），1951年2月16日，版1。

13　〈「中國人殉難者遺骨護送團」等一行到達北京〉，《光明日報》（北京），1953年7月9日，版1。

極要求全面媾和，反對重新武裝。」[14]雖然，這裡所提及的日蓮宗可能不是
13世紀時的大日蓮（1222-1282）所創之宗派，而係其支派「日蓮宗富士派」
第57代法主日正（1861-1923）改名而成之「日蓮正宗」，故也非所謂的「創
價學會」。因為創價學會雖在1930年便已創立，但當時組織性質大約只是信
仰日蓮正宗者的在家團體而已，聲勢猶不能與日蓮宗或日蓮正宗抗衡；尤其
1951年尚屬創價學會在第二任會長戶田城聖（1900-1958）主持下，力圖重建
創辦人牧口常三郎（1871-1944）所建學會的時期，而該年5月3日戶田繼任
會長時，「會員為數少過三千戶」。[15]因此，理應不是創價學會成員的反應。
但不管怎樣，這篇報導仍體現日蓮正宗一系——因創價學會脫胎自日蓮正
宗——的特質，同時也可看出，某些宗教本身所具的入世性質，也難免增加
其為政治捲入的機會。

　　正因當時宗教為政治所用的例子並不少見，尚未獲得外交勝利的中共，
亦屢屢運用宗教之力，試圖達成外交或宣傳目的，而透過宗教領袖獲取政
治利益。如1955年中共有意參與在廣島、東京舉行的原水爆禁止世界大會
時，便曾以代表宗教界的「中國佛教會副會長趙樸初」（1907-?），與中國總
工會副主席劉寧一（1905-?，勞）、東北師範大學校長成仿吾（1897-1984，
教）、作家謝冰心（1900-1999，文，女性）及中國政治法律協會理事陳體強
（學）等不同領域的代表，組成「民間團體」訪日。[16]雖然趙樸初的赴日，形

14　〈日人民普遍要求全面媾和 全面和約簽名運動正逐漸展開〉，《光明日報》（北京），1951年
　　2月16日，版1。

15　以上概見SOKAnet（創価学会 公式サイト）、「國際創價學會」等網站中之資訊整理。附
　　帶一提，日蓮正宗來臺傳教可能比創價學會更晚，蓋其原係透過創價教育學會代為傳
　　教，參見黃國清，〈日蓮正宗在台布教歷史及其重要宗教觀念〉，《世界宗教學刊》，第8
　　期（2006年12月），頁107-108。

16　「8月6日広島原爆紀念祭に中共代表の出席の件」（1955年7月21日），〈原水爆禁止世界
　　大会関係一件〉，《外務省紀錄公開》，外務省外交史料館藏，檔號：B'.6.1.0.40。按此
　　「謝冰心」在日文原件中係被書為「謝泳心」，然其中文實應係「謝冰心」，感謝審查人之
　　提醒。

式上確實是件民間活動，但其不但代表中國佛教協會贈送日本「觀音菩薩聖像一尊」予「全日本佛教會」副會長椎尾辯匡（1876-1971），[17]而帶動日後中（共）日佛教交流的契機之外。[18]另一方面，趙樸初更在同一旅程中，「在全日本佛教會的支持下，於18日下午在東京青松寺舉行了隆重的法會」，並在「法會結束後，趙樸初接著還出席了日中佛教交流懇談會主辦的座談會」，祭弔因二戰而在日身亡的華人。[19]這些行程，均顯示趙樸初透過中（共）日佛教乃至宗教交流，確有強化雙方關係的影響效果。尤有甚者，趙樸初日後的許多行動，更可發現其與中共操作對外關係的工作著實有關，例如日後不僅曾經多次代表中共，參與原水爆禁止大會（甚至位居副團長之高位），也有受邀參與中共國家總理周恩來（1898-1976），於1959年9月為日本前首相石橋湛山（1884-1973）所辦歡迎宴的經歷；同年11月時，又更當選中共與緬甸友好協會的副會長。這些經歷都可看出，趙樸初涉入政治的程度之高，尤其在其並不具有中共黨員身分的背景下，意義更為微妙。[20]由此可見，當時東亞的兩岸與日本間，確實不無利用宗教增進政治利益的狀況；而此得以迴避官方外交之限制、獲得有利官方外交的客觀實效，對逐漸陷入相對弱勢局面的中華民國，自然更需注意。

　　正因如此，可以推知在當時的時代背景下，所謂的宗教好壞之別，可

17　〈中國佛教協會副會長趙樸初出席日本佛教會歡迎會〉，《現代佛學》，1955年第9期（1955年9月），頁35。

18　參見「日中友好宗教者懇話會會長、日韓佛教交流協議會副會長、日中韓國際佛教交流協議會常任理事、日蓮宗本山藻原寺貫首」持田日勇的演講內容，〈繼承和發展《黃金紐帶》的和諧精神——追憶趙樸初先生〉，收入於「鳳凰網佛教：第十三次中韓日佛教友好交流會議」：http://fo.ifeng.com/special/zhonghanrihuiyi/jiaoliu/detail_2010_10/19/2827607_0.shtml。（2015年4月30日點閱）

19　〈東京舉行法會弔祭在日殉難的我國抗日烈士〉，《人民日報》（北京），1955年8月20日，版4。

20　「中共訪日代表団リスト」（1960年7月26日），〈原水爆禁止世界大会関係一件〉，《外務省紀錄公開》，外務省外交史料館藏，檔號：B'.6.1.0.40。

以「宗教」與「政權所需」之間的連結，做爲區分的依據——不符政權所需的宗教，便可能被視爲「壞的」宗教。故在中華民國方面，同樣也期待宗教界能夠具備「政治正確」的認識。例如就在趙樸初等人訪日的1955年，一場由「日本佛教會」贈送臺中寶覺寺「解夢觀音」佛像的活動中，臺灣方面的寶覺寺住持智性方丈，便曾在致詞時特別表示，期盼中華民國與日本能夠密切合作，「防止共黨分子侵入日本佛教，破壞佛教尊嚴。」只是尷尬的是，日方代表僅僅切合身分——或者意有所指——地期望雙方「佛教信徒能緊握起手來，爲維護佛教的眞義而共同努力」而已。[21] 雖然在此事例中，尚不能證實是否與數月前的「中國佛教會副會長」訪日之事有關，甚至極可能只是智性方丈個人的主觀表示，而非政權施壓之下的結果。但仍或可藉此小事，體會洋溢此間的政治正確氛圍。也就是說，在當時的情境下，宗教與政治的聯結已然相當明顯，宗教的政治趨向不只僅是政權本身的關切，也已在臺灣社會上形成意義明確的風氣。

四、創價學會的在臺傳布與官方的理解

就在政權本身對於宗教抱持戒心，社會中亦飄蕩著敏感氣氛的時刻下，創價學會的傳教工作進入臺灣。在中華民國官方的認識中，創價學會係屬1937年後由「日蓮教徒牧口常三郎」在日蓮教內所「加設」的「護法團體」，故不完全等於日蓮教本身。因爲官方對日蓮教的淵源是目以「七百年前，由日人日蓮上人所創設」，[22] 不過此所謂由日蓮所創之組織，實應爲日本之「日蓮宗」，但赴臺傳教的相關宗教團體，應較接近前述之「日蓮正宗」的信徒組

21　〈中日兩國佛教信徒加緊團結努力反共〉，《微信新聞報》（臺北），1955年12月2日，版3。
22　「日蓮教組織概況及查禁經過情形報告」（無日期），〈創價學會〉，《外交部檔案》，中央研究院近代史研究所檔案館藏，檔號：052.1/0008。

織。也就是說，中華民國當局對此時已有查禁準備的創價學會，了解程度並不深刻——當局在乎的不是教義如何，而是組織本身。

因此時至1960年2月，「由美軍顧問團通訊上士赫恩之日籍太太赫恩緋登美利用其特殊身分從事該傳教活動」，乃成為官方所認為的創價學會在臺傳教之始，惟官方仍是以「日蓮教」而非「創價學會」稱之。[23]然而，根據臺灣創價學會自己的介紹，該會的傳教則是自1962年開始。[24]此間落差很可能來自1961年時，日本創價學會積極對外擴張並建立了東南亞總支部，[25]而其中的臺北支部係於隔年9月方對內政部提出登記之故。[26]不過真正「合法」的創價學會組織「中華創價佛學會」，則是要到解嚴以後的1994年時，方才正式在臺成立。[27]亦即1962年後遭到政府查禁之事，並未被列入臺灣創價學會的自我介紹內容之中。

雖然警政單位所偵知的創價學會在臺淵源，是赫恩緋登美自1959年5月自日抵臺，並於隔年2月後開始傳教。[28]然而，不知是否因顧忌赫恩緋登美擁有美軍眷屬身分，或者警政單位起先並未掌握傳教訊息，官方原無主動壓抑創價學會傳教之舉，而是待1961年年中以後方才開始行動。該年8月29日，

23 「日蓮教查禁問題之研究摘要」（1962年12月20日），〈取締創價學會〉，《外交部檔案》，中央研究院近代史研究所檔案館藏，檔號：052.1/0007。

24 參見〈創立宗旨〉，收入於「臺灣創價學會網站」：http://www.twsgi.org.tw/intro.php?level1_id=2&level2_id=3。（2015年4月30日點閱）

25 陳進國，〈論日本創價學會在臺灣的早期布教活動——以臺灣警務檔案為中心的考察〉，《宗教學研究》，2001年第1期（2001年3月），頁124-133。

26 「亞東司簽呈：奉派出席取締日本『創價學會』在臺活動會議經過情形簽請鑒察由」（1962年12月24日），〈取締創價學會〉，《外交部檔案》，中央研究院近代史研究所檔案館藏，檔號：052.1/0007。

27 「中華創價佛學會是在1994年成立，在這之前，於1988年成立勤宣文教基金會，1990年成立中華民國日蓮正宗佛學會。創價學會發展上有這些不同的『階段』，實際上是創價學會在臺灣開始不受壓迫所造成的短暫變動」，參見瞿海源，《宗教、術數與社會變遷（一）》（臺北：桂冠出版社，2006），頁194。

28 何鳳嬌編，《臺灣省警務檔案彙編：民俗宗教篇》（臺北：國史館，1996），頁389。

創價學會東南亞總支部長森田一哉（1926-2007）將因事赴臺停留3日，已成為臺灣支部婦女部部長的赫恩緋登美似決定乘機「邀集教徒二百餘人集合，選舉臺灣支部負責人」，惟因警備總部先得情報，故已於事前壓迫集會場地拒絕接待而使其流會。此係目前資料中所見，中華民國官方對創價學會在臺之大型活動採取抵制手段的首次事例。由此也可看出，官方關切處可能在於大型集會所體現的組織力量，其中倘有些許反政府言論，更可能藉此渲染、傳布，打擊政府之統治與威信。尤其警總得悉該教某負責人陳振春，乃是「現役海軍技術人員」，更以其同僚關係廣招信眾，致使「軍中已顯露滲透跡象」，對當局而言自是更難放心。[29]

　　當局將軍人成為創價學會成員之事目為所謂的「滲透」，顯示當局並未視此「日蓮教」為單純的宗教。而官方就其對掌控情報的理解，以警總為主體，對創價學會在政治方面的影響做出了三項判斷。首先是認為創價學會「為一政教合一之非純粹宗教組織，其組織型態，既具政府機構雛形，亦富軍隊之編組，實已隱伏強烈之政治作用。」其次是評估創價學會在日本的傳教速度之快乃「史無前例」，而「近月在臺發展速度，亦至驚人」，所以需要及早遏阻，否則將有「燎原之虞」。第三則是認定創價學會「在日政治主張與左翼政黨甚為接近」，擔憂「隨時均有受共匪、偽臺獨、破壞分子之滲透，及受日人利用蒐集情報之可能。」[30]也就是說，官方的疑慮正是在創價學會似乎具有的「反政府」與「左傾」性質，而且還可能藉由極快的速度傳播。

　　對於官方視創價學會具有「政府機構雛形」及「軍隊之編組」，是因官方查知當時「日本之日蓮教組織至為龐大，且總會設有『涉外』、『連絡』、

29　「日蓮教查禁問題之研究摘要」（1962年12月20日），〈取締創價學會〉，《外交部檔案》，中央研究院近代史研究所檔案館藏，檔號：052.1/0007。

30　「日蓮教查禁問題之研究：（五）日蓮教在臺活動現況」（1962年12月22日），〈取締創價學會〉，《外交部檔案》，中央研究院近代史研究所檔案館藏，檔號：052.1/0007。

『文化』、『事務』等局，和若干委員會。比較特殊的是內部還有專管政治、經濟、教育、建設等部門，其組織系統有如軍隊，如中央總部下之青年部、婦女部區分為：部隊長、區隊長、組長和班長，這和一般宗教團體大異其趣。」[31]此一「大異其趣」的評價，含蓄表達出中華民國對創價學會潛在風險的認知，也說明了當局何以將對其取締的理由，正是在具體體現了該團體組織動員能力的依據基礎。此類團體一旦有何異心，或許便能在短時間內採取有效的行動。因此可說，在當時的情境下，創價學會原本就有難被中華民國當局接納的性質存在。

其實，對於創價學會的敏感性質，臺灣民眾或許並未體會，畢竟早在日治時期便已有學者發現，臺灣人的宗教信仰雖可區分成佛、道、儒等教派，實際上卻有相當高的混同性。[32]亦即官方雖向來會對宗教組織抱持疑慮，民眾可能卻當真只將其視為平撫心靈的依據而已，無論其教派為何、有無其他不涉信仰之目的等。此或許即能顯現當時由中華民國所控制的臺灣一地，上、下層的看法差異始終存在，但當局未必體會此一差異，故政策之執行仍以強制力量為主，間以宣揚「正宗」為輔，[33]即使「正宗」與否或許並不為民眾特別關切。不過從當局的角度來說，可能感到創價學會來臺傳教以後，真與日本方面有些連結，如前述森田一哉抵臺之事或許便是佐證。另瞿海源亦曾表示創價學會「大約在1960年初臺灣就開始有人參加。1968年被政府強迫解散，與日本那邊的接觸中斷了27年。到解嚴後，創價學會才得公開活

31　「日蓮教組織概況及查禁經過情形報告」（無日期），〈創價學會〉，《外交部檔案》，中央研究院近代史研究所檔案館藏，檔號：052.1/0008。

32　增田福太郎，《臺灣の宗教：農村を中心とする宗教研究》（東京：養賢堂，1939），頁1-4。

33　如警總在其所擬的查禁進行步驟中，便提及可「由中央委員會第五組協調中國佛教會，為文於報端闢斥日蓮教非佛教正宗」，參見「日蓮教查禁問題之研究」（1962年12月22日），〈取締創價學會〉，《外交部檔案》，中央研究院近代史研究所檔案館藏，檔號：052.1/0007。

動。」雖不清楚瞿之說法的依據，但至少提供一側面證據。[34]

創價學會與日本的連結，可能會在本身便已啓人疑寶的組織能力之外，亦觸動冷戰期間（中華民國）、日關係中的某種敏感神經。蓋隨著日本的經濟實力益升，中華民國與日本的國力自然益發不對等，也促使雙方的合作關係益難如同過去密切。例如，原在1956年有鑑於雙方交流應在政府協商以外、「爲政府間談判之議題先行鋪路」而籌組的「中日合作策進會」，[35]於1961年爲免「使會議流於形式」而將原本一年兩次的集會減縮爲一年一次；而在雙方往來的歷程中，也可見到中華民國不斷將「反共」概念融入會議內涵的斧鑿痕跡，與日本「政經分離」的國策與行動頗爲扞格。[36]這便可能暗示雙方關係的隱約裂痕，而使冷戰期間雖爲民主「盟友」卻未必信賴日本的中華民國，難免更容易感到不安。

不過客觀而言，上述背景可能並非中華民國最主要的關懷，蓋日本創價學會於1962年1月7日爲其參政組織「公明政治連盟」（簡稱公政連）提出基本政策和綱要之時，便已清楚表明其參與日本政治的決心。[37]但不久之後，中華民國決定拒絕臺灣創價學會合法申請的當下，卻似乎並未考慮此一狀況，主要仍以創價學會的組織引人疑寶爲考量依據。此間代表的意義或許很多，但至少能夠看出的是，當時無論宗教、經濟等各層面議題所能體現出的意義，應均爲中華民國政府的政治知覺。

34　瞿海源，《宗教、術數與社會變遷（一）》，頁194。

35　洪紹洋，〈中日合作策進會對臺灣經建計畫之促進與發展（1957-1972）〉，《臺灣文獻》，第63卷第3期（2012年9月），頁94。惟該組織正式名稱乃係「中日合作策進委員會」，必須注意，感謝審查人提醒。

36　洪紹洋，〈中日合作策進會對臺灣經建計畫之促進與發展（1957-1972）〉，頁99-101。

37　何勁松，《創價學會的理念與實踐》（北京：中國社會科學出版社，1995），頁151-152。

五、查禁的考量與取締情形

　　對創價學會「高度入世」的可能性質，配合其強大的組織力量，固是中華民國的疑慮所在，亦是日後查禁創價學會的重要理由，但這種理解其實未必是空穴來風。早在官方尚未決定查禁的1962年10月，一篇發自東京的海外航訊稿，「提醒」了當局對創價學會潛在風險的注意。該報導以「自稱能救日本的『創價學會』」為題，開門見山地將日本的「自衛隊」與「創價學會」相提並論，聲言前者係「非軍隊式的武裝『軍隊』」，後者則是「軍隊化但無武裝的『非軍隊』」；然而「做為國防軍，自衛隊的數目只有十餘萬人，創價學會的會員卻達三百餘萬，而且大部分是青年男子。」如此聳動的類比，很難不引起當局的關注。

　　該文接著以「亦唯心亦唯物」為標題，論及創價學會教義「顯然是一種唯物論」，且加以其「新理論中，最基礎的兩點」之一，便是「資本主義下一階段是社會主義，那是歷史的必然」等說明，不免更令人怵目。即使後文謂其「反對共產黨」，然其對該會的「傾向唯物論」且「以共產式的『說服』及『論理』為實踐武器」等定性，畢竟很難見容於中華民國。尤其該文繼續提及創價學會已在日本投入議員選舉，且逐步取得耀眼結果，「在參議院以『第三勢力』的姿態出現」，並漸成為自民黨「懷有戒心」的對象；又分析其勝選「理由很簡單」，蓋信徒會因創價學會「高度組織統制力和權威主義」而「完全投『創價學會』代表的票」，另並在各式場合對出身組織的候選人大加捧場、對非組織候選人退場抵制，使得「這種戰術……使人聯想到希特勒執政前的歷史。」這些刻意比附的文字，即使終以「為禍為福難知」的標題作結，也很難不令中華民國當局憂心。畢竟其中的「左傾性」（因為涉及「唯物」）、「反政府」（因為引起執政黨憂懼）、「組織力」（因為已有多次選戰結

果證明）等性質，已被該記者清楚地描繪出來。[38]因此，不到兩個月後，警總便即擬妥查禁的相關研究，並召開跨部會的會議加以討論。

1962年12月22日，由警總召集內政部、外交部、國安局等諸多單位進行的會議正式開始，而該會議也揭開中華民國查禁創價學會的序幕。若單由會議的時間觀之，這場明定其開會事由為「商討對日蓮教（創價學會）如何查禁取締」的會議，委實出現的「沒頭沒腦」。因為當時創價學會實無明確的反政府行為，而警總卻已然打定主意將予查禁。[39]然若將前述「海外航訊稿」寄回臺灣的時間對照之後，或許便能略窺原因之一二。也就是說，在黨國體制相對穩固的1960年代，除了由上自下、官方對媒體與宣傳所主動進行的操控之外，由下自上、媒體提供高層的報導資料，也可能使當局成為被動的接受者並造成其決策的出發點，只要這些訊息所涉及的內容，確實與當權者念茲在茲的事務有關。

在此會議之後，當局立刻開始進行取締，1963年4月3日，各主要報紙均報導「日蓮教」遭到取締之事，且報導之內容基本上一致，大抵即謂在臺之「日蓮教」曾以「創價學會」之名向內政部申請成立「全國性人民團體」，然內政部認其不符「非常時期人民團體組織法」之規定「故未予核准」。此一說法乃係來自警總發言人王超凡（1903-1965）中將之談話內容，各報僅僅引述，表示媒體對此事件的關心程度有限，只是配合政府政策而已。[40]值得

---

38 以上概見「〈自稱能救日本的『創價學會』〉」（1962年10月20日），〈取締創價學會〉，《外交部檔案》，中央研究院近代史研究所檔案館藏，檔號：052.1/0007。

39 甚至在警總發給各單位的開會通知單中，也將「創價學會」誤書為「創僑學會」。這可能表示警總人員的粗心大意，但也可能代表當時的警總對該組織的掌握，的確不夠深入。「臺灣警備總司令部開會通知單」（1962年12月18日），〈取締創價學會〉，《外交部檔案》，中央研究院近代史研究所檔案館藏，檔號：052.1/0007。

40 〈警總部依法查禁日蓮教〉，《中央日報》（臺北），1963年4月3日，版3；〈警總昨宣佈查禁日蓮教　曾以創價學會名義　企圖結社發展組織〉，《徵信新聞報》（臺北），1963年4月3日，版3。

注意的是，約莫一週左右，來自民間的《徵信新聞報》又報導官方查獲「規模很龐大」的「日蓮教組織」，[41] 黨營的《中央日報》反而沒有任何消息。直到隔天，報紙方才刊登創價學會臺灣總負責人朱萬里，以「體念大局、協助政府」的理由解散在臺組織。

　　客觀而言，朱萬里所領導的臺灣創價學會，當時實無發現任何重大的違法乃至顛覆情事，故即連政府亦只能以結社組織方面的法令「入罪」，且無法舉證具體罪行而以勸說解散方式因應。此可見臺灣當時的創價學會性質尚稱單純，與日本極具政治性質的成分不同，只是被當局的政治目標與政治知覺所需牽連，成為必須「體念大局」的一分子。故如《徵信新聞報》以「傳入臺灣後變質」為斗大標題，並做了較《中央日報》更大篇幅的報導，對朱萬里宣布解散時的過程有十分詳細的敘述等狀況，便能理解中華民國當時對民眾的宣傳內容所在，即其何以與「變質」、「大局」等概念有關之因。

　　原來，朱萬里在與會眾說明政府要求創價學會解散的理由時，提到「日蓮教的社團組織和活動」並不當真對政府構成威脅，當局查不查禁其實均可，而其所以決定取締，係因當局視創價學會為佛教團體之一，而當時「國內已有全國性的佛教人民團體組織，依法同一地區同一性質之人民團體只准設立一個」，是故先前申請之時遭內政部拒絕，也使日後之團體行動成為「違法」；此亦造成政府必須查禁創價學會，因為「我們隨時要反攻大陸，為了社會安定，自不能容許一點非法社團的組織和活動，否則，管理上發生困難。」[42] 由此推測，朱萬里很可能在受警總有關人士約談之時，獲得此類訊息，即當局係以對非法事務零容忍以求建立良好復興基地的說詞，要求朱萬

41　〈破獲日蓮教 規模很龐大 近將公佈案情〉，《徵信新聞報》（臺北），1963年4月9日，版3。
42　以上均見〈傳入台灣後變質　日蓮教自行解散　教主朱萬里親自宣布　含政治社團於法不合〉，《徵信新聞報》（臺北），1963年4月10日，版3。

里配合，而非以全然強制的手段，迫使朱萬里屈服。此一方面體現當局確實知道以「非常時期人民團體組織法之規定不合」的理由終究顯得空泛，因而有所節制；另方面或也代表其背後的日本創價學會，仍對當局造成投鼠忌器的限制效果。例如，與對此新聞使用超過千字報導的《徵信新聞報》相較，《中央日報》的篇幅反而甚短，僅僅百餘字而已。且《中央日報》的報導之中，還特別提及「治安機關對『日蓮教』自動停止其非法活動，表示讚許」等字樣，鼓勵意味甚濃。[43]然在《徵信新聞報》中，則並未見到類似此種官方鼓舞的報導。

六、查禁方式與官方真實態度的探析

　　中華民國當局突對創價學會的在臺傳教與發展抱持如此敵意，除前述報導引燃其動機之外，似乎也與一重要的因素有關，即所謂「反共」的考量。既然如此，似乎是種包含「冷戰」性質的決策內涵，畢竟「共產主義」與「民主反共」本即冷戰期間的重要意識型態。然而，中華民國此時的「反共」究是當真出於意識形態的全然對立，還是以「反共」二字包裝其餘知覺，仍是值得探討之處。蓋在中華民國所獲得的情報之中，有些內容確實涉及創價學會與中共接觸的可能性，如1962年7月6日《日本時報》曾經刊載某「讀者投書」，謂「目前盛行之創價學會曾獲中共之經濟支助」，此與官方原就擁有之「該教在日政治主張與左翼政黨甚為接近」理解頗近，因此「一拍即合」。不過整體而言，撇開此類讀者投書性質的情報可信度之外，中華民國其實早已得知「現東京大學教授高木（按：可能是指高木宏夫〔1921-2005〕，惟其應係東洋大學教授），評論日蓮教（創價學會），將極可能發展為極右派的法西斯，但也可能轉變為極左派的共產黨」，亦即當局實知其所定義的「左

43　以上概見〈荒謬日蓮教昨宣佈解散〉，《中央日報》（臺北），1963年4月10日，版3。

傾」，其實只是創價學會發展期間的其中一種形象而已，未必代表其眞正性質；即便創價學會當眞曾受中共支助，也並非必然同調。是故官方眞正的關懷，或許實與意識形態的定位關係較淡，而應與「明治大學藤原教授（按：可能是藤原弘達〔1921-1999〕，後於1969年出版《創価学会を斬る》一書）亦說該教勢將發展成爲一個極端的政治團體，宗教不過是它藉以奪取政權的外衣」等理解有關；同時，也與「在臺教徒，絕大部分爲臺籍及歸化日人，並經常祕密集會，隨時均有受共匪、僞臺獨分子之滲透，及受日人利用蒐集情報之可能」等疑慮有關。[44]也就是說，所謂的「左傾」只是中華民國對創價學會的一種主觀懷疑，但是否當眞左傾其實並不是官方的眞正關注。創價學會對中華民國在臺統治所可能帶來的潛在威脅，幾乎便已「注定」其將受到官方的抵制了。

　　查禁創價學會一事，當局在形式上看似是力求「合法」的。蓋自創價學會的申請合法組成之前，內政部便已以「其與非常時期人民團體組織法之規定不合」而「未予核准」，故在駁回申請之後，當局自能以「既未核准，如擅行結社，發展組織」的邏輯，認定其「顯已違反戒嚴時期有關法令規定」而「依法查禁」。[45]不過在1962年年底準備查禁之時，有關處理方式的考量，實另有其他可以選擇之路線。當時警總備有甲、乙兩案，前者「協調內政部公開宣布此一人民團體（創價學會）未經核准登記」，故發展組織自爲非法，可由警務處依「《刑法》第153條及《違警罰法》予以查察取締」；後者則直接「引用《戒嚴法》第11條第1款、第2款，硬性予以取締禁止。」因此即使朱萬

44　「日蓮教組織概況及查禁經過情形報告」（無日期），〈創價學會〉，《外交部檔案》，中央研究院近代史研究所檔案館藏，檔號：052.1/0008。

45　「內政部指示要旨」（1963年1月7日），〈創價學會〉，《外交部檔案》，中央研究院近代史研究所檔案館藏，檔號：052.1/0008；「內政部指示要旨」（1963年3月13日），〈取締創價學會〉，《外交部檔案》，中央研究院近代史研究所檔案館藏，檔號：052.1/0007。

里向教眾表示「政府可以查禁，也可以不查禁」，似乎其亦不完全認同傳教有違法之嫌，但官方仍盡量符合法律面的標準。

雖說如此，由警總的甲乙兩案也能看出，創價學會其實並未當眞造成統治方面的危機，可謂是在當局「防患未然」的心態下的「犧牲打」。因爲就《刑法》153條及《違警罰法》的條文來看，顯然當局若以其爲由加以查禁，反會造成「事態嚴重」卻效果有限的情況，蓋若要以《刑法》153條入罪，顯然將以第二款「煽惑他人違背法令，或抗拒合法之命令者」處理，但如此只能懲治領導之人，未必能夠遏抑其他信徒繼續信奉，且罰則也僅「二年以下有期徒刑、拘役或一千元以下罰金。」[46]以創價學會的實力而言，這等程度的處罰實在無甚威脅，卻可能因此顯得政府十分看重此事，徒增可能引發卻著實無謂的外交風險。而若以《違警罰法》因應，雖看似較《刑法》輕微，[47]但創價學會集會結社的行爲，或僅符合其55條第6款之「未經官署許可，聚眾開會或遊行，不遵解散命令者」之限制，然倘若一經發現立即解散，《違警罰法》便即失去開罰依據，因爲該法係需符合「違警行爲」之列舉內容方能作用，[48]效果自更低微。故而當局一則不想擴大事端、二又不願徒勞無功，乃選擇相對空泛的《戒嚴法》爲依據，以違反第11條1款、2款之「得停止集會結社及遊行請願，並取締言論講學新聞雜誌圖畫告白標語暨其他出版物之認爲與軍事有妨害者。上述集會結社及遊行請願，必要時並得解散之」、「得

46　因爲「中華民國法不認爲對『違警行爲』所科處的制裁是『刑罰』，故該等行爲並不構成犯罪」，參見王泰升、薛化元、黃世杰，《追尋臺灣法律的足跡：事件百選與法律史研究》（臺北：五南圖書出版股份有限公司，2006），頁255。

47　〈中華民國刑法第153條〉，收入於「全國法規資料庫」：http://law.moj.gov.tw/LawClass/LawSearchNo.aspx?PC=C0000001&DF=&SNo=153。（2015年4月30日點閱）

48　因爲《違警罰法》首條有規定：「違警行爲之處罰，以行爲時之法令有明文規定者爲限。」另該法之全文，請見〈違警罰法〉，收入於「全國法規資料庫」：http://law.moj.gov.tw/Law/LawSearchResult.aspx?p=A&t=A1A2E1F1&k1=%E9%81%95%E8%AD%A6%E7%BD%B0%E6%B3%95。（2015年4月30日點閱）

限制或禁止人民之宗教活動有礙治安者」等內容，直接解散創價學會——或勸告其自行解散，即日後的實際做法——顯然較甲案方便的多。然而即使如此，仍可推知當局係在創價學會並無具體違法行為的情況下預先出手的知覺與行動內涵。

　　除「依法行政」的行事外，官方亦對創價學會進行宣傳反制，此係由警總轄下的政治作戰部負責並「協調有關單位辦理」。警總在事後的《查禁日蓮教工作要報》中，說明自1963年4月1日以來，在政戰部主導的宣傳工作下，媒體的配合行動如何。其中僅列出4月12日《民族晚報》之〈日蓮教是什麼東西〉、13日蔡瑋「指出日蓮教政治陰謀，在琉球引起流血事件，支持我（按即中華民國政府）查禁政策、20日《聯合報》「揭發該教為政教合一團體，為日文化向外侵略之尖兵」，及27日由「正聲廣播公司舉辦查禁邪教問題座談會，提高民眾警覺」等等工作，看似分量有限。[49]不過民間媒體的報導確實有較警總之整理稍多，只是客觀而言，民間對此事的關注程度似也確實不高，只較官方發起的宣傳略多幾則而已，例如前述民間報章與官方《中央日報》等之差異。報導最符合當局期待者，可能是已經改組的《公論報》，蓋其中充分表現對「國家民族」的正面意識。[50]這一方面或與此時的《公論報》已非李萬居所主持、[51]較具異議特色的報紙有關，[52]一方面可能也顯現官方有意宣傳的做法，並未在媒體中發揮明顯的效果。反而只有確已受國民黨控制

49　均見「《查禁日蓮教工作要報》」（1963年10月26日），〈創價學會〉，《外交部檔案》，中央研究院近代史研究所檔案館藏，檔號：052.1/0008。

50　「《公論報》剪報：日蓮教昨正式解散 教徒即日停止活動 負責人朱萬里經勸導幡然覺悟 認宗教不能危害國家民族利益」，（1963年4月10日），〈取締創價學會〉，《外交部檔案》，中央研究院近代史研究所藏，檔號：052.1/0007；「《公論報》剪報：取締妖言惑眾的邪教——論日蓮教、一貫道之危害人心」，（1963年5月5日），〈取締創價學會〉，《外交部檔案》，中央研究院近代史研究所檔案館藏，檔號：052.1/0007。

51　邱家宜，〈戰後初期（1945-1960）臺灣報人類型比較研究——吳濁流、李萬居、雷震、曾虛白〉（臺北：世新大學傳播研究所博士論文，2011年7月），頁99。

52　鄭貞銘，《百年報人（2）：跨世紀的報人》（臺北：遠流出版公司，2001），頁51-52。

的《公論報》，站在既定的立場發出和過去並無二致的報導內容而已。

　　不過，雖然當局在宣傳方面的努力似乎並無明顯效果，但此行動仍與其欲建立「依法行政」形象的目標有所關聯，且此舉措可被分爲對內與對外兩個面向檢視。在對內方面，中華民國政府曾有「策動新聞記者訪問本部（按係指警備總部），將內政部對創價學會申請登記未經核准公諸各報，使軍民均知此爲不合法之組織」等工作，可見其十分在意是否具有「合法程序」，[53]此應與中華民國此時已然開始著重「生存」——即穩固在臺統治——的目標有關。而有關對外方面，當初在警總所邀各單位議定查禁創價學會的方式之後，外交部隨即電致駐日大使館，並令使館轉知各地領館，表示因內政部前已拒絕創價學會之申請，日後其任何在臺活動均屬非法而得取締。是故「如發現申請來臺簽證之日人中，有可能從事該教活動者，應予嚴加審查，必要時拒予簽證並報部。」由此對內、對外兩個面向觀之，中華民國似乎都著重在建立合法形象、穩定內部統治的方面，思考處理創價學會的方式。

　　然而外交部發給駐日大使館的電文之中，似乎有些值得注意的細節。外交部原本所擬的電稿，僅只言及上段之內容，但亞東司司長劉宗翰（1915-?）卻在其後加上「本案對外仍希嚴守祕密，對拒發簽證之日本人亦不必說明理由，併希知照。」[54]劉宗翰所特別加上的叮囑，可能表示中華民國理解到創價學會在日本的政治影響力，爲免引起額外牽連，因而採取迴避眞實原因的方式處理。

　　故從中華民國決定查禁創價學會傳教後的舉措，可以看出中華民國的因應態度。中華民國僅試圖透過內部作業（查禁）迴避國內政局的可能干擾

53　「查禁日蓮教作業程序表」（1963年2月26日），〈創價學會〉，《外交部檔案》，中央研究院近代史研究所檔案館藏，檔號：052.1/0008。

54　「關於取締創價學會在臺活動事」（1962年12月18日），〈取締創價學會〉，《外交部檔案》，中央研究院近代史研究所檔案館藏，檔號：052.1/0007。

（有風險的宗教組織），不願衍生問題至外交領域的態度，顯示主事者的謹慎小心。[55]而從警總的報告中，也可見到此一關注，故其工作報告亦特別羅列日本對查禁一事的反應。其中表示，雖然自日輸入的創價學會出版品確有減少跡象，且日本官方尚未對中華民國查禁創價學會之舉表達正式意見，但創價學會機關報《聖教新聞》已有批評文章，另並要求日本政府應就此事與中華民國交涉。[56]幸而來自日方的壓力並不大，中華民國也就不甚認真地面對，然而即使如此，與日本方面的說詞終究仍在強調自身查禁依據的合法性。而這種情況或也顯示，創價學會雖然來自日本，但因日本並未採取積極的因應態度，而使中華民國當局在處理創價學會問題時，可以類似面對一貫道等國內宗教組織時的態度因應，而不甚考慮外交層面的影響。然而不久之後，外交方面的影響便可能當真形成，蓋創價學會所擁有之公政連實力益強，對日本的政治影響力也日大，特別是在其正式組織「公明黨」以後。

七、公明黨組成與中華民國之因應

中華民國對創價學會的疑慮，除令其小心翼翼地維持合法性以外，創價學會的強大組織力，更是中華民國最為憂懼的因素之一。故在其遭到查禁以後，當局仍擔心臺獨支持者可能利用創價學會臺灣支部的解散，「煽惑」其支持者轉向臺獨運動，因此小心防範。[57]若在羽翼未豐的臺灣，創價學會都能有此極具號召力量的可能，在日信眾更多的創價學會，對日本的政局影

55 此係1966年駐泰劉馭萬（1897-1966）過世時的新聞報導內容，參見徐隆德，〈劉宗翰行不也孫碧奇驛馬星動〉，轉引自鄭貞銘，《新聞採訪的理論與實際》（臺北：臺灣商務印書館，1966），頁342。劉宗翰的見識應當不差，後來被認為「對亞洲情勢瞭如指掌」，一旦離任「亞東司司長的重任一時還找不到更適當的人來擔當」，此評價可以由小見大。

56 「《查禁日蓮教工作要報》」（1963年10月26日），〈創價學會〉，《外交部檔案》，中央研究院近代史研究所檔案館藏，檔號：052.1/0008。

57 「駐日大使館電外交部」（1963年5月31日），〈取締創價學會〉，《外交部檔案》，中央研究院近代史研究所檔案館藏，檔號：052.1/0007。

響更不能忽視。尤其創價學會在日本的參政基礎，已在戶田城聖於1951年以來的「折伏大進行後」，便已奠下良好的根基。「1956年參加政治活動，即有三人當選爲參議院議員。據1962年《時事年鑑》記載：該學會擬於五年間在其「折伏達成運動」中達到三百萬會員，[58]可見創價學會在日本之政治影響力。

　　1964年6月初，駐日使館致電外交部，謂創價學會於5月3日舉行第27次本部大會時，當時的會長池田大作（1928-）便曾發表演說，表示將於「參加明夏參議院半數議員改選之名單十五人（內四人係現任議員明年任期屆滿），又參加下屆眾議院議員大選之名單卅人（內一人係現任參議院議員），該學會參加眾議員選舉尚屬初次，根據過去經驗，凡屬該學會提名者什九可以當選，故自民、社會及民社等三黨深感威脅。現該學會之政治團體稱『公明政治連盟』，對內標榜『王佛冥合』，以實現社會福祉爲目的，目標至『廣宣流布』時不妨解散該學會，並無爭取政權，將創價學會作爲國教之意。對外倡『地球民族主義』，以實現世界聯邦爲最高目標，主張在聯合國中心主義範圍內與匪復交。該學會以中小企業及農村爲地盤，號稱有信徒四百萬戶，凡一千萬人，因採用所謂『折伏』方法勸人入會，膨脹甚速，但與傳統佛教處於對立地位，發展究有限界。公政連猶在幼年期政黨階段，目前色彩爲保守中立，尚難遽行斷言其爲右傾或左傾。」[59]

　　在駐日使館的提醒下，[60]到了7月，中華民國外交部方才有鑑於「創價學

58　「外交部便箋」（1962年12月24日），〈取締創價學會〉，《外交部檔案》，中央研究院近代史研究所檔案館藏，檔號：052.1/0007。

59　「駐日使館電外交部」（1964年6月6日），〈創價學會〉，《外交部檔案》，中央研究院近代史研究所檔案館藏，檔：052.1/0008。

60　時任常務次長的楊西崑（1912-2000）在駐日使館的電文中，批下「創價學會在日本政局內漸趨重要，請擬一簡明說帖備呈政院」等指示，因而才有後來的說帖。參見「駐日使館電外交部」（1964年6月6日），〈創價學會〉，《外交部檔案》，中央研究院近代史研究所檔案館藏，檔號：052.1/0008。

會在日本政局內漸趨重要」,「擬就該學會之創始與其展望之說帖一種」,上呈行政院長嚴家淦(1905-1993)。[61]這表示外交部此前並不特別重視創價學會在日本的影響力,即使創價學會早在1955年便已投入選戰、1961年亦已組織公政連,顯示其參與政治的高度入世性質,中華民國卻未當眞在意。這可能與創價學會先前均是參與地方及參議院選舉,對具有「衆議院優越」傳統的日本政壇而言,影響力相對有限;但在池田大作宣布即將組黨以後,當局方才感受到明顯的變化趨勢,從而轉較積極關切。反過來說,或許也可印證中華民國最爲關心者,可能不是創價學會的政治性質,而仍在其組織能力方面。

於是,在公明黨正式組成以後,[62]中華民國外交部便即擬定一〈日本創價學會之創始與其展望之說帖〉,主要聚焦於創價學會力量增長的歷程描述與原因分析,且大致上略爲偏向負面的評價,例如以「迎合」一詞做爲創價學會吸引「關心時局之工人貧民階層之心理」所採方式的形容用語,或如強調勝選關鍵在於「本身組織嚴密及特別重視婦女及青年等基層群衆工作」,而「日本國內輿論對其作爲,毀譽參半,然正面深刻之批判,尚不多見」等;[63]而駐日使館再向國內所作之有關創價學會宣布成立公明黨的報告中,也以「冗長」一詞形容公明黨的綱領全文等詞彙。[64]這些均可看出,中華民國對日本新興勢力「公明黨」不算特別友好的初衷,並推斷此與中華民國原就對於創價學會抱有一定程度負面態度的理解淵源。

61 「爲檢呈『創價學會說帖』事」(1964年7月23日),〈創價學會〉,《外交部檔案》,中央研究院近代史研究所檔案館藏,檔號:052.1/0008。

62 〈「公明党」、結成を内定　創価学会衆院進出を機会に〉,《産經新聞》(東京),1964年7月2日,版2。

63 「日本創價學會之創始與其展望之說帖」(未書日期,但應係1964年7月23日後),〈創價學會〉,《外交部檔案》,中央研究院近代史研究所檔案館藏,檔號:052.1/0008。

64 「創價學會舉行文化祭典與宣布公明黨之成立」(1964年11月20日),〈創價學會〉,《外交部檔案》,中央研究院近代史研究所檔案館藏,檔號:052.1/0008。

　　由於中華民國對創價學會疑慮實深，故在創價學會更明確地表露參政意圖之後，對其防範乃更加重。除國安局於1964年12月同意照辦各項「防止日蓮教在臺組織活動之措施」外，[65]警總也於隔年表示遵辦。[66]1965年1月中，外交部對日本創價學會幹部申請赴臺活動之事，也特別再度電告各駐日領館，該會日本幹部與「臺灣省有關人士聯繫」之事將會「傳播荒謬言論」，要求其「對已經註記婉拒其入境簽證之日蓮教幹部人員加強辦理」，並規定「以後對登記有案之該教幹部人員申請來華簽證時，希切實遵照前述本部代電辦理。」[67]這些行動，表示中華民國此時似未因為創價學會已組公明黨而有不同的待遇，仍舊維持過去取締創價學會的態度，採取的方式也是相對柔性的抵制方式，如過去「勸告」朱萬里自行解散一般。

　　然而，由於創價學會的主張實在不合中華民國的利益，創價學會與公明黨在中華民國境內便即益難生存。例如，池田於1968年時對該組織「學生部大會」的一次演講中，提及許多政治言論，其中關於對中共問題的看法，即被中華民國駐日大使館特別節錄整理呈交外交部。而池田的說詞，可謂與中華民國國策完全衝突，同時也造成中華民國對日本政局傾向中共的憂慮更為提高。

　　池田在演說中表示，有鑑於中共的實質影響力，故其主張必須承認中共政權、接受中共入聯並推動對中共的經濟及文化交流，而該三項不但與中華民國的政策完全背道而馳，且池田所謂能夠達成這些目標以使中共成為國際

65　「關於防止日蓮教在臺活動案復請查照」（1964年12月23日），〈創價學會〉，《外交部檔案》，中央研究院近代史研究所檔案館藏，檔號：052.1/0008。

66　「敬復亞太1字第021417號函」（1965年1月6日），〈創價學會〉，《外交部檔案》，中央研究院近代史研究所檔案館藏，檔號：052.1/0008。

67　「外交部電駐日各使領館」（1965年1月14日），〈創價學會〉，《外交部檔案》，中央研究院近代史研究所檔案館藏，檔號：052.1/0008。

正面力量的國家,「實捨日本莫屬」。[68]此意見既出於公明黨最大支持力量的
創價學會之口,自難不被視爲公明黨對華態度的明確表示,中華民國自然受
到震動。尤其約莫半年後,池田果然「向日本政府建議」承認中共,這便使
得中華民國不得不開始動作,因爲駐日使館即刻做出的分析乃是「創價學會
係公明黨母體,自1956年參加第四屆參院選以來,公明黨勢力膨脹甚速」,
而「七月參院選前公明黨曾透露」有意訪問中共,這在當時中共「已與日共
反目,社會黨內部紛爭未息」的情況下,很可能使得公明黨成爲中共政治工
作的重要目標。[69]因此中華民國黨政機構不能輕忽,如國民黨便欲以其「海外
對敵鬥爭統一指導委員會」,因應「日本創價學會之政治企圖與陰謀」,「設
法抵制其在海外的活動」。[70]

　　中華民國啓動反應後,在臺灣的「公明黨」便受到波及。10月24日,外
交部即在「有關機關函稱」之下,指出「在北投地區有『公明黨』之組織,勸
人參加並收繳黨費,足證該會在臺組織有籌備經費,陰謀從事政治活動之企
圖」,而必須加以取締外;並要求領務局針對與「日蓮教」相關者進行「不法
言行」、相關資料、「申請赴日情形」等事之蒐集與具報。[71]一時之間,中華民

---

68 「爲達此目的,必須做到下列三點:(一)對於中共政權之存在,正式予以承認,(二)在
　 聯合國爲中共安排正當席次,邀其參加國際討論場所,(三)推進對中共經濟及文化交
　 流」,參見「駐日本國大使館函」(〔未書年分但應是1968年〕3月19日),〈日本公明黨與
　 創價學會〉,《外交部檔案》,中央研究院近代史研究所檔案館藏,檔號:000.4/0001。

69 「又七月參院選前公明黨曾透露正計劃由委員長竹入義勝等組織代表團訪問匪共,公明黨
　 議員內雖乏與匪有特殊因緣之人物,但匪共既已與日共反目,社會黨內部紛爭未息,其
　 著眼於公明黨工作似屬可能之事」,參見「中華民國駐日本國大使館代電」(1968年9月11
　 日發),〈日本公明黨與創價學會〉,《外交部檔案》,中央研究院近代史研究所檔案館藏,
　 檔號:000.4/0001。

70 「於本年9月9日向日本政府建議:主張承認共匪政權並與之建交,其媚匪態度至爲明
　 顯」,參見「中國國民黨中央委員會第五組函」(1968年10月18日),〈日本公明黨與創價
　 學會〉,《外交部檔案》,中央研究院近代史研究所檔案館藏,檔號:000.4/0001。

71 「外交部函」(1968年10月24日),〈日本公明黨與創價學會〉,《外交部檔案》,中央研究院
　 近代史研究所檔案館藏,檔號:000.4/0001。

國對創價學會及公明黨的抵制力道開始加強，與過去相對柔性的方式產生差距。

　　其實就前提而言，池田對中共的看法與中華民國並無太大出入，蓋其亦視「中共問題實已成為實現和平之重大隘路」。但其與中華民國在「解決方式」上產生歧異，因中華民國認為必須「反攻大陸」才能「消滅」中共，池田則認為應該「設法使中共得與其他國家從事平等而公正的交際」，才有機會確保「亞洲以及整個世界的和平」。[72]換言之，池田乃係在承認中共實力的基礎上思考因應之道，中華民國則是基於政治需要而迴避實際的政治現況。就國際政治風向而論，堅持後者的知覺依據雖有「正統」與「生存」兩者，但成分比重很難明確區分；然而前者的比例如若提升，肯定便將不利中華民國的正統追求。因此按理來說，中華民國理應對此積極因應。然而中華民國似乎僅將此事列為資料收集層級的業務，並未積極處置。這種狀況，可能與以下兩種因素有關。

　　一是臺北其實早在1965年時，便已獲得公明黨對其自身性質的闡釋。蓋當時係由該黨「副委員長兼參議院法務常任委員長和泉覺（1911-）偕該黨參議院議員原田立」訪問公使陳澤華，期間先對臺北「不允創價學會在台傳教事表示不滿」，在陳澤華對以「此或係基於政治上考慮，且貴黨主張承認匪共，我方自不得不特予慎重」後，以「公明黨現係在野黨，立場雖與其他在野黨同樣反對日韓條約，但與社、共兩黨性質不同，今後日本國內能真正抵抗共產黨者，亦惟公明黨一黨」為辯解之語。雖然和泉並未詳述理由，但至少陳澤華已「表示對此語頗感興趣」，進而同意代其向暫定將於12月訪日的總統府秘書長張羣表達其黨首期盼會晤的意願，及同國內代轉「創價學會

72　「駐日本國大使館函」（〔未書年分但應是1968年〕3月19日），〈日本公明黨與創價學會〉，《外交部檔案》，中央研究院近代史研究所檔案館藏，檔號：000.4/0001。

暨公明黨有意非正式組織代表團來台觀光」等事。[73]由此可以看出，中華民國即使未必相信和泉之說詞，至少能夠感到公明黨不願交惡的態度。這對中華民國沒有大陣仗地駁斥池田等人之公開論述，可能有一定程度的影響。

　　其次是此刻既已邁入中華民國的知覺，開始由正統逐漸走向生存的歷程，故中華民國本身對此類「傾共」言論的反彈力量、乃至意願，均已大不如前。除中華民國已經明確放棄反攻大陸的軍事計畫外，甚至對其來說，維持其穩固的在臺統治，實較力不從心的正統之爭來得重要。於是池田即使言論不利中華民國，但在日本終究尚稱親近、公明黨也僅是反對黨之一的情勢下，「大事化小」的策略也是符合中華民國利益的選擇。可能便在此二因素的影響下，中華民國即使抵制力道較過去增強，卻未發動諸如宣傳對抗等積極的行動。而中華民國採取此類行動的意義，便可體現其當時的對外知覺狀況，以及1960年代中、後期以來的東亞冷戰局面中，中華民國雖有名義上的大國——聯合國安理會常任理事國——地位，實質權力位階卻未必高於日本的權力狀態。

八、結語

　　對中華民國而言，創價學會在臺其實並無具體危害社會的行動，甚至可能連如在日本一般積極參與政治的意識亦無，[74]然仍遭到當局的查禁。這表示創價學會原本的性質，或是在臺的實際狀況，均不影響中華民國當局對其如何看待，而是另有關切之處。這個關切之處，便在創價學會有無可能增加

73　「外交部收電」（1965年11月20日），〈創價學會〉，《外交部檔案》，中央研究院近代史研究所檔案館藏，檔號：052.1/0008。

74　創價學會在日本的崛起，與其經濟發展後致使社會貧富差距擴大，造成「城市的貧苦勞動者」渴求代言人的情況有關，也因此具有透過政治性質的組織結社擴大發言權的性質。參見王新生，〈戰後日本的宗教與政治——以創價學會與公明黨為例〉，《臨沂大學學報》，第33卷第3期（2011年6月），頁46-52。

當局的統治風險，一旦觸此紅線，即使對中華民國冷戰盟友的日本政局確有
影響的創價學會，中華民國亦敢於逕予查禁。不過這種「敢於」其實可能僅
係出自日本方面原就沒有積極抗議，方顯得中華民國有此勇氣；倘若日方採
取積極關切的態度，中華民國是否選擇查禁的決策過程便將可能轉為複雜。
尤其中華民國實知創價學會未必真正「左傾」，查禁的出發點實在創價學會
同情中共的立場，及其所擁有的組織力量而已。也就是說，中華民國雖是在
冷戰的局勢下，使用冷戰的語彙理解創價學會，實際上的思維並不是冷戰、
對外的，而是一種內部競爭（與中共之內戰）、內部管理（護持在臺統治）
的行為。

　　其實中華民國面對創價學會在臺傳教時的考量，即使確有其過分衍伸
的聯想、有罪推定的嫌疑，但基本上尚可稱之「依法行政」。尤其對照並無
宗教性質的「日本編物文化協會」欲來臺設立組織事時，當局同樣因「未依
照我國法令設立組織」，表示「自應予依法取締」，可見標準一致。[75]這自然
未必代表當時之官方已是成熟的法治政權，但仍能體現其在面對來自海外的
組織時，盡量以符合法律程序的方式避免爭議，減少潛在風險的態度。顯示
其實「明瞭」法治的意義，也有依法行事避免落人口實的體認，只是在操作
時仍不免囿於政權利益而犧牲法治而已。而法令的相對落後，至少也將要到
1989年《動員戡亂時期人民團體法》的制定、准許宗教團體以「社會團體一
般成立之規範申請許可」以後，才算有了初步的進步。[76]

75　然而，當局所以取締日本編物文化協會，主因可能仍在「此類組織均以通訊或利用投寄
　　書報刊物為其聯絡方式，經核與本部以往發現NHK放送協會之友會、日本國際筆友會、
　　日本日蓮教『創價學會』等組織，分別以宗教、廣播、文化交流、筆友通訊等方式，對我
　　國實施具有滲透性之各種活動同出一轍。又該NAC為現行流行編結技術研究之組織，以
　　婦女為其主要對象，日後發展，實堪注意，亟宜妥加防範。」參見「中央委員會第四組函
　　沈昌煥」（1963年12月2日），〈取締創價學會〉，《外交部檔案》，中央研究院近代史研究
　　所檔案館藏，檔案：052.1/0007。

76　瞿海源，〈臺灣的新興宗教〉，《二十一世紀》，第73期（2002年10月），頁105-106。

　　然若再與其他宗教團體的處置方式相較，又可看出當局的錯亂。例如隨中華民國遷臺的「中國回教協會」因白崇禧（1893-1966）係其理事長，而難在獲得當局信賴的程度上，與「忠黨愛國」的蕭永泰（1919-1990）相提並論。於是，黨政高層竟另外鼓動蕭永泰組織「中國回教青年會」與之競爭，並於1956年6月獲內政部之許可成立。[77]較之臺灣創價學會於1962年9月申請時，被以「國內已有全國性的佛教人民團體組織，依法同一地區同一性質之人民團體只准設立一個」之說否決的說法，可以看出政府的雙重標準。此種雙重標準不僅體現中華民國對特定宗教組織的利用或排斥所在，也能藉之理解當局對宗教團體所帶來的眞正知覺並非宗教本身，而是其對政權控制力量的影響。而這種影響所以造成實效，則是因其在歷史發展的過程中，對中華民國的政治目標有因時、因地不同而產生的變動。

　　因此本文透過政府對創價學會加以查禁時的討論內容，窺知其眞正關切的目標，並不是「冷戰」的；再藉民間報章與官方媒體之間的報導內容落差，體會當局並不當眞對具有政治意圖的創價學會抱持「敵意」，只是對其組織力量有所「疑慮」，是以報導上的落差並不引起當局的不滿，只要社會未見反彈、不致造成官方的統治危機即可。由是觀之，來自冷戰友邦且因其入世性質，因而確有可能影響中華民國與日本關係的創價學會，在尚未擁有足夠政治力量而沒有造成日本對中華民國的壓力之時，並不對中華民國造成眞正的困擾，直到成立公明黨而益發擁有影響日本政局之力以後。這一方面顯示在1960年代的東亞冷戰局勢之中，日本仍舊處在對於中華民國的權力高位，一方面則體現在中華民國的內部性質中，其關切所在已日漸內部化，

77　有關國民黨如何利用並期待蕭永泰對其政權之幫助，可參見平山光將於2014年的新研究，參見平山光將，〈蕭永泰與中國回教青年會——兼論其活動、思想與族群認同〉，「全球視野下的中國近代史研究國際學術研討會」，臺北：中央研究院近代史研究所，2014年8月11-13日。筆者感謝平山博士就其專業所提供筆者的指教，及其慨予論文並允引用的雅量，在此致上謝忱。

也使其外交知覺漸由「正統」追求轉向「生存」安定。是故即使創價學會或池田大作有些被中華民國「定義」為「左傾」的言論，也未被其特別處理。這種知覺的展現與筆者其他的研究結果類似，體現中華民國在1960年代以後，逐漸因其轉向生存知覺而走向「在地化」的發展歷程。

　　整體來說，中華民國在處理創價學會問題上的表現，是能夠體現當時東亞的冷戰權力位階狀態的。例如中華民國考量面對創價學會的態度時，對日本的可能反應不無重視，且日後對公明黨時更相對退縮。因此民間宗教組織創價學會，其來自日本的背景，已使其仍具壓迫中華民國官方的實力，從而能夠在其歷程中，察知因為冷戰局勢而形成的東亞權力位階，及其狀態與性質的狀況。即使雖就形式上來看，中華民國在查禁創價學會的政策上，實質關切已較偏向對內而非對外之需要。

東沙島氣象臺建置與南海主權的維護（1907-1928）

許峰源

國家發展委員會檔案管理局應用服務組研究員

天主教輔仁大學全人教育中心兼任助理教授

一、前言

　　南海諸島位於臺灣西南方海域，由東沙、西沙、中沙、南沙群島組成，這些群島位居太平洋與印度洋航線要衝，戰略地位重要，加上擁有豐富海洋與天然資源，已成為周邊國家競爭的焦點。目前，環南海海域周邊國家，如菲律賓、馬來西亞、越南、汶萊、越南、中華人民共和國（以下簡稱中共）以及中華民國等極力爭取這些島嶼主權，各種爭端接踵而至，各項外交衝突、軍事紛爭亦隨之而起。

　　中華民國與其他國家在南海的爭執由來已久，在面對各國強調擁有南海島嶼主權之際，須梳理歷史事實，突破僵局，化解衝突。這些歷史事實以晚清中國從日本收回東沙島主權，最耳熟能詳。1895年，日本依照《馬關條約》領有臺灣，繼續往南擴展勢力。1907年，日本商人西澤吉次（Nishizawa Yoshiz, 1872-1933）率領工人與漁民登上東沙島，拆毀原有華人建築物，建造新房舍，開設新工廠，開採磷礦與海人草，以及捕獲魚、蝦、貝類、海

產，將該島改名爲西澤島，塑造日本是最早發現東沙島的意象，符合國際法「先佔原則」。在此之後，清政府注意到日本人在東沙島捕獵漁獲，派員勘查、展開交涉，揭開捍衛南疆主權的序幕。最終，清政府透過外交管道收回東沙島主權，並趁中日交涉之際，派海軍勘查西沙群島，確立西沙群島主權之歸屬。

20世紀上半葉，除了前揭中日兩國東沙島主權爭議外，1930年代中日、中法競奪南海諸島主權，亦引起各界關注。中日爭執於日本商人與所轄臺灣漁民經常穿梭南海海域，在這些島嶼從事漁獲捕撈，開採海洋資源，攫取磷礦資源，汲取商業利益等，與中方互有摩擦。南京國民政府強調中國擁有南海諸島的主權，請日本政府規勸漁民勿再擅自前往該海域，從事非法行徑，甚至出動海軍軍艦巡示，施以武力威嚇，但仍難以杜絕日方攫取南海資源的行動。1937年9月，盧溝橋事變後，日本亦以武力佔領南海諸島，並將這些島嶼劃歸該國領土。1939年3月，臺灣總督府將東沙、西沙、南沙群島劃歸高雄州管轄，將南沙群島更名「新南群島」。換言之，20世紀上半葉，日本在南海競奪島嶼資源，中日雙方衝突日趨激烈。

另一方面，1930年代中國與法國亦掀起南海主權爭端。1932年，法國出兵佔領西沙群島的武德島；隔年，又出兵侵佔南海9小島，引起南京國民政府的抗爭，雙方衝突日起。1938年，中、法兩國又因日本出兵佔領南海諸島的舉動，論戰南海諸島主權歸屬。第二次世界大戰結束，日本戰敗被迫退出南海勢力，當中華民國海軍進駐南海諸島、重新命名島嶼之際，又與法國展開南海主權的爭奪。

20世紀下半葉，在兩岸分治、美蘇對抗、與新興國家獨立運動等錯綜複雜變數下，南海諸島主權的爭論更嚴重。當聯合國宣布南海海域蘊藏豐富石油資源，周邊國家大張旗鼓，展開軍事佔領，不惜以武力競奪石油，而南海

形勢已宛如亞洲火藥庫一般，戰爭可能一觸即發，對全球和平秩序構成嚴重的威脅。

南海主權競爭激烈，各國莫不從有利之處著手，或從歷史經典汲取事例，或引用國際法論理，強調其所擁有的主權、權利。中華民國亦試圖從歷史經典、海軍登島進駐、中外交涉的作為，梳理事證，宣示主權。但是，在這些面向外，似乎較少從實際經營管理的視角著手。究竟，中華民國中央與地方政府曾經在南海諸島從事哪些建設工作？經營何種產業活動？這些耕耘南海諸島的歷史事實，實為中華民國論證主權的有利證據。

筆者曾梳理國家發展委員會檔案管理局（以下簡稱檔案管理局）典藏的國家檔案，關注日本自晚清以降在東沙島從事海人草採集活動。海人草別名鷓鴣菜，是抑制蛔蟲、蟯蟲等寄生蟲病的良藥。日商西澤在東沙島的活動之一，即號召工人潛水開採海人草，經過曬製、捆裝後運回臺灣，提煉成驅蟲藥劑，再販售至臺灣南北各地，以及輸往日本與香港等地賺取錢財。茲以臺灣為例，當時各地衛生環境條件差，民眾十之八九苦於蛔蟲、蟯蟲侵擾，不但擾亂生活作息，病情嚴重者可能喪失生命，使得海人草藥劑受到高度重視。清政府透過外交管道，從日本收回東沙島後，卻沒有能力進行島嶼開發，致使日本與臺灣漁民常常冒險前往開採海人草。1930年代初期，日本擅自開採東沙島海人草之舉，引起南京國民政府的警戒，歷經外交聯繫仍難杜絕非法行徑，遂派遣海軍前往驅離，大小衝突不斷發生。盧溝橋事變後，日本出兵佔領南海諸島，賡續開發海人草並提煉藥物，供應各地官兵食用，以維繫戰鬥力。1945年，第二次世界大戰結束後，中華民國派遣海軍接收南海諸島，同時調查島嶼蘊藏的資源，準備進行開發，卻受阻於國共戰爭而付諸流水。20世紀下半葉，中華民國撤退至臺灣後，與日本簽訂《中日和平條約》，採行易貨貿易，將香蕉、鳳梨等農產品輸往日本，以換取民生物資

與工業器械。值得注意的是，海人草乃是日本指定與中華民國交換的物品之一；因此，臺灣設法提升海人草開採、提煉技術，將大量製品輸往日本，換取所需物資。[1]

　　圍繞晚清時期東沙島的開發議題，除了前揭同屬太平洋海域的日本之外，素有日不落國稱號的英國與清政府取得聯繫，希望能夠在東沙島架設燈塔，指引往來南海的船隻，降低海難事件。與此同時，英國亦研擬與清政府在東沙島架設無線電氣象臺，此構想主要是其殖民地香港鄰近南海海域，每逢夏、秋兩季常遭颱風襲擊，造成重大損傷。英國駐華使館多次聯繫外務部，表示香港殖民地政府願意出資設置東沙島氣象臺，透過無線電系統的發送，讓香港與往來南海海域的船隻能夠掌握氣象訊息，提早防範颱風侵襲，降減人員傷亡與財產損失。

　　氣象事業的作用甚廣，舉凡航運與空運事業、國防與軍事工程、農林漁牧產業發展，都必須依賴氣象事業的輔助。無線電電報日趨普及後，掌握氣象預報消息愈來愈便利，氣象預報效用愈來愈廣泛。今日，我們可以透過氣象預報，得知氣候變化，降低航海、航空遇險率。然而，無線電報、氣象觀測都是西方科技產物，20世紀之交的晚清政府對此專業事務尚不熟悉。是以，清政府對英國提議共同開發東沙島無線電電報事業，究竟如何應對？清政府從日方收回東沙島後未久，辛亥革命爆發，終結中國千年帝制；清政府覆滅後，隨即開啟民國紀元。有關民國時期南海諸島主權爭議，多聚焦1930年代中日、中法的紛爭與衝突，尚少關注1912-1928年北京政府對這些島嶼的經營。北京政府處於軍閥動盪時代，能否延續清政府維繫南海諸島主權的精神，抑或在清政府經營基礎之上，拓展電報、氣象事業？

1　許峰源，〈從海人草的開發考察我國東沙島主權之維護〉，「多元視角下的南海議題學術研討會」，臺北：國立臺灣師範大學政治學研究所、內政部、國史館、行政院海岸巡防署，2014年9月1-2日。

　　檔案管理局典藏豐富的國家檔案，記錄重要歷史發展，檔案中不乏中華民國經營南海諸島、開發島嶼資源的寶貴紀錄，可透過百年來經營氣象事業資料，了解東沙島氣象臺建置緣由及營運過程。[2]值得注意的是，民國時期的電信事業主要由政府負責經營、管理，可從這些素材觀察中央政府態度，剖析其對南海諸島秉持的態度與立場。本文以國家檔案爲主，相關資料爲輔，將東沙島無線電氣象臺架設作爲討論軸線，從氣象實務經營的小歷史，廓清政府管理南海事務，維護島嶼主權的作爲。日後，冀望能夠更上層樓，探研百年來中華民國在南海諸島經營的氣象事業，詮釋其鞏固南海諸島主權的大歷史。

二、晚清東沙島主權爭議

　　1895年，日本領有臺灣之後，計劃將基隆港建設成日本與臺灣的聯絡門戶。日本商人西澤吉次赴基隆代理進口淺野水泥，受惠於建設基隆港口，對水泥的需求量大增，業績蒸蒸日上。與此同時，西澤擴大事業版圖，跨足航運業，購買大型船隻，運輸水泥與其他貨物，後來其所屬的船隊頻繁往來基隆、橫濱、高雄、安平等港口，迅速累積財富，也成爲基隆地區重要的實業家。1902年，西澤所屬商船由神戶啓航，載運貨物前往基隆，卻在途中遭遇颱風襲擊而漂流到無人島，這個無島嶼就是東沙島。船員搬取土塊，增加船身重量，避免船隻在海上遭風浪劇烈搖晃，後來順利抵達基隆港。這些土塊顏色奇特，引起西澤的好奇，經過化驗後，竟發現富含磷質，成爲開發東沙島的濫觴。[3]

2　國家發展委員會檔案管理局典藏南海的檔案，可參見馬有成，〈中華民國對南海諸島的開發與經營──以檔案管理局管有之檔案爲主要史料〉，《檔案季刊》，第11卷第3期（2012年9月），頁72-92。

3　山下太郎，〈東沙島の沿革（上）〉，《臺灣時報》，昭和14年11月號，頁158-159。楊麗

1907年8月8日，西澤在基隆完成準備工作，帶領150名工人並組織船隊前往東沙島。西澤與工人們登上東沙島後，拆毀島上華籍漁民住所、漁船，重新興建房舍，擇地挖掘水井，豎立日本國旗，並命名該島為西澤島。接著下來，西澤經常號召工人前往該島，開採海洋資源，運回大量的磷礦、魚貝、玳瑁與海人草。一年後，東沙島上有400餘人從事各項產業開發活動，棧橋、輕便鐵道與電話線設施齊全，員工宿舍、廚房餐廳、儲物倉庫林立，由此可見西澤在東沙島所經營的產業已頗具規模。[4]

日本工人與漁民在東沙島大興土木，開發各類資源，引起清政府的注意。1907年10月，外務部以東沙島向來是中國漁民活動的場域，認為西澤私自佔據東沙島，攫取海洋資源，已經損害中國的權益，令兩廣總督張人駿（1846-1927）查明事情真相。惟外務部提供給張人駿之東沙島經緯度有偏差，加上廣東缺乏大型船艦，延宕事件的處理。1908年初，在亞洲擁有龐大船隊的英國，計畫在東沙島建造燈塔，指引船隻航行海域，避免觸礁事件，鑒於中國漁民長年在東沙島與南海海域捕獵漁獲，即向清政府探詢該島之所屬。值此之際，兩江總督端方（1861-1911）與日本駐南京領事館取得聯繫，確認西澤在東沙島經營產業活動，請張人駿密切注意。[5]這些消息，使張人駿關注東沙島主權歸屬，加上當時其負責處理中日「二辰丸事件」，[6]詳細調查

祝，〈領土主權及其開發經營——以中日東沙交涉為例（1907-1937）〉，《臺北工專學報》，第26卷第1期（1993年3月），頁394。該文亦收入於《高市文獻》，第6卷第1-2期（1993年10月），頁49-86。

4　楊麗祝，〈領土主權及其開發經營——以中日東沙交涉為例（1907-1937）〉，頁395-396。

5　〈日本強佔大東沙島之見端〉，《申報》（上海），1909年3月24日，版4、5。

6　1908年，廣東水師在葡屬澳門附近海域發現日本商船二辰丸欲行走私，經登船盤查後，發現挾帶大量軍火準備供革命黨勢力，立刻撤下日旗，扣押船隻軍火。日本以撤旗有辱國體、葡萄牙認為船隻非停泊在中國領海，向外務部抗議。張人駿展開調查，確認船隻停泊處確實屬中國領海，以杜葡萄牙口實；另一方面，外務部放低姿態歸還船隻、備款購買軍火，也讓日本保證不再走私軍火，以維繫中國社會秩序。「二辰丸事件」激發廣東民眾愛國心，東南諸省掀起強烈抵制日貨風潮。參見許峰源，〈1908年中日二辰丸案爭議始末〉，《東吳歷史學報》，第22期（2009年12月），頁131-167。

海域動態，隨即與日方展開東沙島歸屬權之交涉。

　　1909年2月，張人駿根據勘測資料，確認西澤島就是東沙島，在掌握實際狀況後便與日本直接交涉，以鞏固島嶼主權。[7]交涉過程中，中日雙方分別從歷史經典、國際法原理展開論證、攻防，歷經一年有餘，由繼任的兩廣總督袁樹勛（1847-1915）與日本駐廣州代理領事瀨川淺之進簽訂《交還東沙島條款》，內容為：第一，清政府以廣東毫銀16萬元購買西澤島上事業，包括2間洋樓、6間房屋、漁船8艘、運輸鐵道，各類器具，以及磷礦一批。第二，西澤先前在東沙島拆毀廟宇、民房、漁船，與歷年磷礦漏稅款項，定為廣東毫銀3萬元，必須如數賠償。該筆款項從中國預支付的16萬元中扣除。易言之，中國最後支付西澤13萬元。第三，中國將款項交付日本駐廣州領事館後，西澤得立刻將東沙島歸還中國，島上的工人必須全部撤離。[8]清政府依《交還東沙島條款》交付款項，廣東海軍派員前往東沙島，驅離日本屬民，收回東沙島，正式確立中國擁有的島嶼主權。

圖1　前清粵省特派接收東沙島官員

資料來源：「東西沙群島開發案」，《國軍檔案》，檔案管理局藏，
　　　　　檔號：0012/944/5090/1。

7　〈廣東東沙島紀實〉，《東方雜誌》，第6卷第4期（1909年），頁61-69。

8　鄭資約編，《南海諸島地理誌略》，收入鄭行順點校，《南海諸島三種》（海口：海南出版社，2004），頁195-198。中日東沙島主權交涉始末，參見湯熙勇，〈論1907-09年中國與日本對東沙島主權歸屬之交涉〉，《海洋文化學刊》，第12期（2012年6月），頁85-120。

　　清政府驅離日本工人與漁民後，設立「管理東沙島委員會」，任命候補知府蔡康擔任主任委員，加強調查與經營東沙島產業，同時增派海軍巡視，防止日方人士擅自登島。惟東沙島地處偏遠，糧食物資困乏，必須仰賴船運補給。因此，廣東省經常調派船艦前往東沙島，運載糧食與民生物資提供島上官兵生活需求。這些船艦往返東沙島，除了執行例行性的補給業務，亦兼具巡視任務，以實際行動捍衛主權。[9]

　　日商西澤佔有東沙島，外務部派張人駿與之斡旋。值得注意的是，張人駿和日方交涉之際，亦同時關注西沙群島的主權歸屬。該群島位居海南島東南方，依據中國史書記載早在漢朝已納入版圖，明朝鄭和下西洋經常通過此處，歷朝漁民在附近海域活動紀錄亦不絕如縷。張人駿為避免日後被驅離的日本人轉進西沙群島，命令副將吳敬榮偕同水師提督李準率艦前往勘查，調查島嶼實際分布狀況。這些島嶼星羅棋布，廣東海軍人員勘察實際位置，繪製分布地圖，並登島樹立碑石，舉行升旗和鳴砲典禮，宣示主權。在此之後，許多國家出版的航海書籍，清楚載明西沙群島屬於中國領土。清政府收回東沙島後，也開始規劃西沙群島建設事宜，希望藉實際經營杜絕外人侵佔野心。隨後，清政府成立西沙島事務處，勘查島嶼分布、各島物產，擬定《復勘西沙群島入手辦法大綱十條》，其中第二條規定勘定各島，並規劃在西沙群島安設無線電報、活動鐵軌，以及添加輪船巡視，藉此與海南島保持聯繫，暢達各項消息。由此可見，這些島嶼位居亞洲航線要衝位置，亦是南海重要門戶，清政府準備搭建無線電報系統，讓西沙群島與海南島能夠互通訊息，可隨時掌握這些島群的實際狀況。1909年5月20日（宣統元年4月1日），西沙島事務處規劃建設事宜，派員前往西沙群島實地考察，歷經20天調查之後，返回國內再汲取各方意見，擬定《西沙島事務處開辦辦法八

9　呂一燃主編，《中國近代邊界史》，下冊（成都：四川人民出版社，2007），頁1073。

條》，其中第五條明確規定將安設無線電以互通消息，並且清楚指出爲了讓
各項訊息能夠透過電報系統傳輸，計畫在西沙群島、榆林港、東沙島以及廣
東省城分別設立無線電機具，並且在各式輪船上裝置無線電，以建構相互聯
繫的網絡。[10]

　　由此可見，清政府正視東沙島與西沙群島的經營，擬定建設計畫，在
東沙島與西沙諸島架設無線電基地臺，藉此與海南島、廣東省形塑完整的電
報通訊網絡，精確掌握南海海域訊息。是年5月起，香港殖民地政府透過英
國駐華公使朱爾典（John Newell Jordan, 1852-1925），再提請清政府在東沙
島設置無線電氣象臺，傳輸各項氣候資料，保障海域活動船隻安全。[11]清政
府爲維繫南海諸島主權，決定辦理這項事務，令廣東方面籌辦。[12]惟無線電
通訊設備與電報機具，必須仰賴國外進口，隨即引起許多國家競爭。張人駿
請郵傳部協助比價，添購適宜機具。郵傳部多方詢價後，認爲建設南海無線
電通訊系統的整體費用龐大，而廣東省缺乏經費，決定暫緩實施建設。香港
殖民地政府獲知消息後，再請英國出面交涉，希望清政府能夠重視發展南海
航運，儘快啓動東沙島無線電氣象臺的架設作業。[13]之後，張人駿撤下兩廣
總督職務，繼任的袁樹勛爲節省經費支出，撤銷西沙島事務處，停止東沙島
與西沙群島電報架設工程。1910年10月，袁樹勛離職，張鳴岐（1875-1945）
繼任兩廣總督。1911年1月，清政府決定先落實東沙島無線電氣象臺的架設

10 〈清末設立西沙群島籌辦事務處之始末〉，收入韓振華主編，《我國南海諸島史料匯編》
　（北京：東方出版社，1988），頁138-141；中國國民黨中央委員會青年工作會編，《南海
　諸島問題》（臺北：中國國民黨中央委員會青年工作會，1974），頁6。
11 〈西報譯要〉，《申報》（上海），1909年5月15日，版6。〈英人請在東沙島設無線電〉，《申
　報》（上海），1909年5月23日，版11。
12 「東沙島擬設無線電事已咨粵省督迅速籌辦由」（1909年11月22日），〈東沙島無線電〉，
　《外務部檔案》，中央研究院近代史研究所檔案館藏，檔號：02/02/0006/04-002。
13 北洋官報局編，《北洋官報》，1911年，第2695冊，頁12。〈東沙島設立無線電之催迫〉，
　《申報》，（上海），1911年2月5日，版11。〈東沙島擬設無線電之陳請〉，《申報》（上海），
　1909年12月7日，版11。

事宜，張鳴岐在清政府指令下，協助郵傳部承辦東沙島的建置作業。其間，郵傳部接受英國的援助，派5名無線電電報員前往香港天文臺研習課程，規劃畢業後派駐東沙島從事氣象勘測工作。[14]然而，隨著辛亥革命的爆發，東沙島建設工作被迫擱置。直至1920年代，東沙島電報與氣象臺架設作業才付諸實現。

三、民初中日南海爭議再起

清政府接收東沙島後，規定各省漁民赴島嶼捕魚前，必須先徵得廣東省的許可令。廣東省示為此招睞大批工人，前進東沙島進行產業開發。其間，東沙島管理委員會主任委員蔡康招集工匠60餘人，搭乘廣海號軍艦赴東沙島，開採磷礦、玳瑁、螺殼，惟開採作業成效不彰，僅3個月即停工，解散工人。[15]民國肇建後，北京政府陷於南北分裂、軍閥割據狀態，難以集中全力開發島嶼資源。日本商人鑒於中國局勢動盪，又悄悄前往東沙島開採磷礦、海人草，攫取海洋資源。

民國初始，歐洲戰雲密布，情勢危急，至第一次世界大戰爆發後，英國傾全力投注歐戰中，無暇顧及東沙島電報、氣象臺建設事宜。待大戰結束後，中日兩國更因山東問題陷入緊張關係，直至華盛頓會議確立遠東情勢後，英國重新關注東沙島無線電電報事宜。1923年6月，香港總商會透過英國駐華使館參贊郝播德（Hubard G. H., 1885-?），向稅務處表示願意捐款襄助北京政府，在東沙島設置無線電氣象臺，並請其協助疏通。北京政府汲取各方意見，海道測量局局長許繼祥認為若由香港提供資金搭設，將來在無線

---

14 「派聲前往香港天文臺學習事，茲譯送港督來咨所稱各情形，並將抵港日期示知由」（1910年2月25日），〈東沙島無線電〉，《外務部檔案》，中央研究院近代史研究所檔案館藏，檔號：02/02/0006/04-007。

15 呂一燃主編，《中國近代邊界史》，下冊，頁1075。

電電報與氣象臺的產權，以及實際使用上則無法避免爭議，一旦遇到國際戰爭或雙方利益衝突時，雙方必會對電報系統的控管產生歧見，引發不可預期的爭議。許繼祥強調中、英兩國合作建設電報系統，權責問題難以釐清，建議北京政府儘管財政艱困、需款孔急，仍得設法獨自建設，並與國內、國外氣象觀測機構交換訊息，透過實際的經營與管理，向各國證明中國擁有南海諸島主權之事實。[16]北京政府汲取許繼祥的寶貴意見，衡量全局並避免日後爭端，決定獨自出資架設無線電氣象臺，委由海軍部及其所屬的海道測量局負責規劃，其他機關則提供協助。

　　海軍部向交通部取得聯繫，以庫存一批無線電電報器械擱置未用，立即徵用並準備展開架設作業。惟東沙島風力強勁，加上距離廣東陸地有百餘海浬，交通部提供的電報器械傳輸範圍過小，難以適用於此。海軍部令海道測量局添購新式器械，同時進行東沙島測繪工程。許繼祥根據前清勘查資料，顯示東沙島的汙水混濁不宜飲用，島上沙石含有劇毒，加上衛生環境惡劣，不適合居住，隨即派員前往東沙島採集沙土，再送往上海化學所勘驗，證實確有鳥糞等有毒物質夾雜其中。另一方面，透過外國洋行的協助，比較各式無線電傳輸器，添購最適宜的機具。東沙島無線電氣象臺的設立，主要在於測量氣候變化，提供準確氣象資料，以利商輪、貨船能夠安全航行於南海，而與廣東、福建、香港、菲律賓和臺灣等處氣象臺交換氣象訊息則屬於次要目的。因此，海道測量局審定機具時，以此項原則為標準，經探詢各國洋行後，以德國電器公司德律風根（Telefunken）的火花式之價格最低廉，立即進行採購。1924年11月21日，海道測量局與上海西門子洋行訂立合約，購買一副半啓羅華特（Kilowatt, KW）傳輸器，其功率為1/2千瓦，總價12,500

---

16 「海軍部收海道測量局呈：籌備建臺事」（1925年4月28日），〈東沙群島無線電觀象臺籌建案（一）〉，《國軍檔案》，檔案管理局藏，檔號：0013/927/5090/1。

元，以分期方式償付款項。值此之際，海道測量局觀察東沙島在每年9月至翌年2月，面臨東北季風強烈吹襲，海面掀起巨大風浪，不利船隻運載貨物及搭建氣象臺作業，決定至1925年3-4月間，趁風力稍微減弱時，再進行各項建置事宜。[17]

東沙島無線電氣象臺的建置作業，關乎中國內政事務，卻又因日本屬民頻繁在該島活動，而牽動中日外交關係。1924年10月，全國海岸巡防處派員巡視南海諸島時，發現東沙島岸邊停泊一艘日本漁船，有30餘名日本商人與臺灣漁民在島上從事漁獵活動，打撈各式海產。根據漁民的陳述，他們通常在11月間從臺灣搭乘船隻至東沙島，居住島上並從事漁撈作業，直至隔年6-7月再將滿載漁貨的船隻駛回臺灣。海軍部獲悉消息後，請外交部照會日本駐華使館，表示東沙島已由前清政府購回，強調中國擁有東沙島主權，嚴禁任何外國人士前往該島或附近海域從事非法活動。與此同時，外交部亦請日本政府飭告臺灣地方政府，轉令工人與漁民儘快撤出東沙島，嗣後嚴禁越界捕撈，避免產生糾紛而損害兩國邦誼。[18]

圖2　日人曬海花之情形及貨倉一間

資料來源：「東西沙群島開發案」，《國軍檔案》，檔案管理局藏，
檔號：0012/944/5090/01。

17　「海軍部收海道測量局呈：購定東沙島測候臺電機照鈔合同」（1924年12月11日），〈東沙群島無線電觀象臺籌建案（三）〉，《國軍檔案》，檔案管理局藏，檔號：0013/927/5090/3。

18　〈1924-1925年外交部與海軍部關於東沙島盜採海產事的往來公文〉，收入韓振華主編，《我國南海諸島史料匯編》，頁272-273。

圖3　海人草綑包待運情形
資料來源：「東西沙群島開發案」，《國軍檔案》，檔案管理局藏，
檔號：0012/944/5090/01。

　　1925年2月，海道測量局規劃無線電氣象臺建置作業，派遣測量船艦駛近東沙島時，又驚見日本與臺灣漁民在海域捕撈漁獵。5月24日，全國海岸巡防處兼任處長許繼祥派甘露艦長江寶容率員搭乘英國海軍炮艦赴東沙島勘測地勢，尋找搭建氣象臺的適宜地點。中、英海軍人員登上東沙島後，隨處可見日本與臺灣漁民曬製螺肉、海人草，補獵魚貝、玳瑁，以及備船裝運海產等情形。這些漁民大約在每年2-6月間停留東沙島攫取海洋資源，並將曬製成品運回臺灣加工、販售。[19]許繼祥掌握日人動態後，請海軍部聯繫外交部務必向日方提出嚴厲抗議，表示無論何國人士非經過政府允許，不得任意前往東沙島，並請日本政府立刻命令在東沙島活動的工人、漁民迅速撤離，嗣後嚴禁擅自越界補魚，避免侵犯中國主權而引發爭議。

　　1924年10月，外交部已照會日本外務省，規範日方漁民越界捕魚的踰矩行為；1925年5月，外交部再次照會日本駐華館，表示外國人士未經北京政府允許，不得任意前往東沙島，以尊重中國擁有東沙島的主權，並請轉達日本政府飭令臺灣地方官員勿擅放任漁民在東沙島行動。日本駐華公使館請

---

19 「東沙島日人捕漁業飭以後勿得再往請查照由」，〈禁止日人在東西沙島測驗捕魚並採集鳥糞案〉，《北洋政府外交部檔案》，中央研究院近代史研究所檔案館藏，檔號：03-33-075-05。

外務省飭告臺灣官廳與業者，禁止前往東沙島捕撈漁產。[20]然而，日本商人與臺灣漁民在東沙群島海域活動已久，儘管日本命令勿再前往東沙島採擷海產，始終無法杜絕非法行徑。

在此之後，海軍部陸續運送機具前往東沙島，並招睞工人建造無線電氣象臺。根據東沙島氣象臺工程監督許慶文的觀察，日本漁民仍有百餘人群聚該島，後來漁船因風向暫時駛回臺灣，難保隔年不再前來。對此，許繼祥認為東沙島向來為中國的領土，並未對外開放通商，除了船隻在附近海域遭遇海難，可駛入停泊給予特別救援外，其餘外國人士欲登臨東沙島，必須事先獲得北京政府核准，建議海軍部採行國際通例原則，一經查獲停泊該處之不明的船隻與貨物，立即扣押船隻、沒收船貨。[21]這項建議，國務院認為在此之前外交部已針對日人在東沙島活動照會日本駐華使館，請日本政府轉令這些漁民離開東沙島，後來日本駐華使館也向外交部回復辦理情形。國務院認為東沙島與西沙群島均屬中國領土，未來若再有類似外國人隨意入侵情形，將按照規定辦理。[22]

12月初，許慶文發現日人翎地方祥率領生島丸船艦至東沙島，準備擷取海產，因已侵害中國主權，請示海軍部如何處理此事。海軍部令許慶文依據《海軍軍用區域適用修正軍艦職員勤務》第16條，扣留日人海產並充公，及援引處置條例罰款船長松丸坂太郎、翎地方祥各250銀元後，相繼釋放其他

20 「海軍部收外交部公函：東沙島事准日使覆稱已轉知禁止」（1925年6月13日）、「海軍部致海道測量局訓令：東沙島事准日使覆稱已轉知禁止」（1925年6月20日），「東沙島日人遣離案」，《國軍檔案》，檔案管理局藏，檔號：0014/545.6/5090/1。

21 「海軍部收海岸巡防處呈：東沙西沙兩島對外辦法應按國際通例擬請提出閣議垂為法案」（1925年8月2日）、「海軍部致海岸巡防處指令：關於東西沙兩島對外辦法請提議等因經咨請照會再有侵入可依國際通例辦理」（1925年9月15日），〈東沙群島無線電觀象臺籌建案（二）〉，《國軍檔案》，檔案管理局藏，檔號：0013/927/5090/2。

22 「海軍部收外交部公函：東沙島事已得日使復照請轉行艦隊隨時查報」（1925年9月23日），〈東沙島日人遣離案〉，《國軍檔案》，檔案管理局藏，檔號：0014/545.6/5090/1。

船員。此次，北京政府扣押日方違法船隻，沒收船貨，嚴課罰金，以維繫中國海權。根據日方人員供詞，其特別喜歡東沙島螺貝、海人草，待他們繳完罰金後，被迫駛離東沙島。[23]

日本煉製海人草製成的驅蟲藥劑之效力甚佳，常常供不應求，除了在日本、臺灣熱銷外，在香港、德國也廣受歡迎，讓許多不法商人趨之若鶩。1927年1月，廣東志昌行向海軍部申請開發，獲准在東沙島開採海人草，為期5年。後來，日商松下嘉一郎勾結志昌行，透過共同經營模式，運送日本與臺灣漁民前往東沙島採集海人草。海軍部獲悉消息後，為杜絕日本侵犯東沙島主權，撤銷志昌行的開採執照，並且驅逐在東沙島活動的日本人，以維繫中國領土主權。[24]實際上，北京政府難以完全制止這些漁民的非法行動，甚至1930年代南京國民政府也經常觀察非法漁民擅自前往東沙島，進而與日本斡旋、交涉，[25]最終走上武力對抗以捍衛島嶼主權。

四、無線電氣象臺的搭建

1924年11月21日，海道測量局與上海西門子洋行訂立合約，向德律風根公司購買一副總價12,500元的半啓羅華特傳輸器，接續的工作，就是安排船艦從上海將器具運往東沙島搭建。然而，東沙島無線電氣象臺器具擇選，後來又有變動。原本的設計是希望能夠掌握南海氣象資訊，提供香港天文臺發送給往來該海域的船隻，方便掌握正確氣象資訊，躲避颱風與強烈風浪，

23　「海軍部收海岸巡防處代電：報明日人入侵東沙島偷攫海產並辦理情形」（1925年12月4日）、「海軍部收海道測量局呈：東沙島日船侵漁案經訊結路」（1925年12月26日），〈東沙島日人遣離案〉，《國軍檔案》，檔案管理局藏，檔號：0014/545.6/5090/1。

24　呂一燃，〈近代中國政府和人民維護南海諸島主權概論〉，《近代史研究》，1997年第3期（1997年9月），頁15。

25　〈日本竊東沙島海產〉，《中央日報》（南京），1930年5月26日，版5。〈日船擅入東沙島，海部請向日警告〉，《中央日報》（南京），1930年9月1日，版3。

減少船難與災害損失。當上海徐家匯天文臺與膠澳氣象臺獲悉消息後，極力
希望能夠與東沙島氣象臺交換每日氣象訊息，除了掌握南海氣象外，這些資
料的彙整也有利日後氣象學的研究。對此，海道測量局必須擴大東沙島無線
電電波傳送範圍，決定將火花機改爲眞空管式，並且添加一副求向器。[26]易
言之，東沙島氣象臺不僅可與香港氣象互通有無，保障船隻航路安全，亦可
與上海、膠澳、小呂宋等氣象臺交換氣象資訊，作爲氣象學研究的基礎。

　　西沙群島形勢比東沙島險峻，位於南海航線必經之處，島嶼若隱若現，
每當有風浪驟起，許多大型軍艦、商船經常傾覆其中。因此，徐家匯天文臺
臺長勞積勛向海道測量局指出，西沙群島地處南海要衝位置，應該在東沙島
無線電氣象臺建置後，繼續在西沙群島擇地建造無線電氣象臺，整合氣象資
訊，提供航行船隻參考資訊，減少海難事件。對此，許繼祥認爲西沙群島
距離東沙島有331海里，是英、美、法三國商輪航行經過之處，牽動國際航
運、中國對外關係，重要的是，透過實際管理氣象臺可向各國宣示中華民國
擁有東沙島、西沙群島的主權，杜絕其他國家的野心。勞積勛提到西沙群島
氣象臺的電力不必強大，只要能夠將資訊傳至東沙島，即可經由東沙島傳回
海南島或廣東省。海道測量局認爲建造東沙島、西沙群島氣象臺刻不容緩，
呈請海軍部擬定提案上呈臨時執政政府，與財政部溝通，撥款建造兩地無線
電電臺、氣象臺，[27]提供南海氣象資訊，藉此掌握各國船隻行蹤，進而維繫
中華民國在南海諸島的主權。

　　1925年5月14日，海道測量局與西門子洋行商議後，購買一副二啓羅華
特眞空管機，並將每根鐵桿加高至250尺，原先購買的火花機則移至西沙群

26 「修正東沙島觀象臺開辦預算書」，〈東沙群島無線電觀象臺籌建案（一）〉，《國軍檔案》，
　　檔案管理局藏，檔號：0013/927/5090/1。
27 「海軍部議案：東西沙兩島建築無線電臺估計經費請公決」（1925年6月），〈東沙群島無線
　　電觀象臺籌建案（一）〉，《國軍檔案》，檔案管理局藏，檔號：0013/927/5090/1。

島搭設，再由東沙島將各項訊息傳回中國。職是之故，西沙群島已具備無線電氣象臺機具，無須另外購買。東沙島無線電電報、氣象臺等機具與建築費用計173,500元（見表1），加上西沙群島氣象臺建築費，總計288,000元。最後，臨時執政政府以東沙島與西沙群島建築無線電觀象臺攸關中國主權，通過興建案，該筆款項28萬8千元則請財政部分期撥款。[28]

表1　東沙島氣象臺各項建築費用

項目	費用
二啓羅華特眞空管無線電收發機全副	48,000元
250尺鐵塔兩支及房屋工料運輸建築費	81,000元
另造鐵燈塔工料費	5,000元
無線電方向器	4,000元
航海電燈機件全份	10,000元
購置小汽油艇	6,000元
電燈機全副	1,500元
電機運輸裝置添配預備品等	6,000元
電臺應用傢具及其他設備費	4,000元
建造時辦事人員川旅費及臨時電臺維護費	5,000元
測候儀器全份	3,000元
總計	173,500元整

資料來源：「修正東沙島觀象臺開辦預算書」，〈東沙群島無線電觀象臺籌建案（一）〉，《國軍檔案》，檔案管理局藏，檔號：0013/927/5090/1。

　　1925年10月，東沙島無線電與氣象臺工程完竣，各項調查、研究亦次第展開，並與香港方面交換資訊，確保船隻安全。至1926年3月，財政部因

28　「海軍部收臨時執政府秘書廳公函」（1925年7月4日），〈東沙群島無線電觀象臺籌建案（一）〉，《國軍檔案》，檔案管理局藏，檔號：0013/927/5090/1。

國庫乏金而遲遲未撥付款項，有損國際信用形象，並引起洋行批評。海道測量局向財政部爭取應攤款項，弭平洋行的不滿聲浪，並爲維繫東沙島無線電氣象臺運作，擬以每個月支付人事費爲6,290元，與各項雜費2,855元，總計9,145元，請財政部提前撥付，俾利作業進行。（見表2、表3）

表2　東沙島氣象臺人員薪餉表

人員	薪資	計
臺長1員	400-600元	共600元
天象技正兼繪算1員	204-360元	共360元
天象技士2員	180-240元	共480元
電務技正兼工程師1員	240-360元	共360元
電務技士2員		
一兼副總工程師		
一兼報房領班	180-240元	共480元
航務技正兼護臺艇艇長1員	240-360元	共360元
航務技士2員		共480元
電務收發員3員	120-180元	共540元
氣象推測員3員	120-180元	共540元
醫官1員	240-360元	共360元
護臺艇副長1員	80-100元	共100元
護臺艇輪機副軍士長2員	80-100元	共200元
護臺艇帆纜副軍士長1員	60-80元	共 80元
小電輪帆纜中士1員	40元	共 40元
機匠4名		
無線電匠2人		
燈塔桅杆2人		

人員	薪資	計
180元		
140元	共320元	
衛兵20名	30元	共600元
廚役2名	45元	共 90元
雜役		
農圃洗衣剪髮匠及雜役6名	30元	共180元
總計		6,290元

資料來源：「東沙島無線電觀象臺經常費預算表」，〈東沙群島無線電觀象臺籌建案
　　　　（一）〉，《國軍檔案》，檔案管理局藏，檔號：0013/927/5090/1。

表3　東沙島氣象臺雜費支出一覽表

項目	費用
無線電油及護臺艇小電輪汽油費	500元
燈塔及各種機器消耗費	300元
桅杆修理費	50元
房屋修理費	50元
築路費	100元
醫藥費	100元
雜費	100元
膳費 官員21員每人30元 兵役35名每人15元	1,155元
總計	2,855元

資料來源：「東沙島無線電觀象臺經常費預算表」，〈東沙群島無線電觀象臺籌建案
　　　　（一）〉，《國軍檔案》，檔案管理局藏，檔號：0013/927/5090/1。

　　財政部無力支付人事費，只好請國務院出面解決。國務院認為羅列項目與查辦人員過眾，儘管無線電氣象臺能夠伸張國家主權，但是國家整體財政艱困，再請海軍部、海道測量局酌減少人員以撙節經費。許繼祥堅持東沙島孤懸海外，隱伏驚濤駭浪中，尤以熱帶性氣候遍布瘴癘之氣，在氣象臺建造期間已有60餘名工人身亡，堅持薪資條件必須優於內地，才能擇選優秀人才前往。但他體恤國庫艱困，認為西沙群島氣象臺未設置前，可暫時免去兩島之間航務與氣象聯繫作業，酌減航務技正1員、航務技士1員，裁減機匠2名、衛兵4名，並減去雜費1,155元，僅添加臺長公費200元，共減去1,855元，全數為7,290元。國務院核准許繼祥提案，請財政部每月支付7,290元，以維繫東沙島氣象臺運轉。[29]

　　1925年12月，海軍部認為東沙島已設立氣象臺，惟島上並無居民，應劃歸海軍軍事區域，歸由海軍部管轄。這項提議至1926年5月，經國務院通過後，正式確立東沙島歸為海軍部管轄。[30]在此之後，許繼祥仍籌畫西沙群島建設事宜，多次派員前往查勘，並以該群島與東沙島同屬南海區域，擬請委交海軍部管理。[31]之後，國務院將西沙群島劃歸海軍部管轄，此實出於國防安全考量，亦為節省經費開支，由海軍部負責管理島嶼事務。

　　1926年6月底，東沙島完成無線電氣象臺與燈塔建設，全國海岸巡防處為加強徐家匯、中央與膠澳等氣象機關的合作，請海軍部派遣海容軍艦於7

29　「海軍部收海道測量局呈：遵令核減東沙觀象臺經費預算表」（1926年5月25日）、「海軍部收財政部咨：東沙臺經費議決由稅務處撥付已咨行該處」（1926年8月16日），〈東沙群島無線電觀象臺籌建案（一）〉，《國軍檔案》，檔案管理局藏，檔號：0013/927/5090/1。

30　「海軍部收海道測量局呈：東沙島關係國際，現已設立觀象臺，應將該島隸屬海軍軍事區域，由海軍管轄」（1925年12月7日）、「海軍部收海道測量局：西沙島應援東沙島成案劃作海軍軍事區域」（1926年5月5日），〈東沙群島無線電觀象臺籌建案（二）〉，《國軍檔案》，檔案管理局藏，檔號：0013/927/5090/2。

31　「海軍部收國務院咨呈：西沙島請援東沙島成案作為海軍軍事區域」（1926年6月21日），〈東沙群島無線電觀象臺籌建案（二）〉，《國軍檔案》，檔案管理局藏，檔號：0013/927/5090/2，。

月10日以前，赴香港運送這些機關人員偕同外國人士前往東沙島參觀。惟海容軍艦正值修護保養，延遲抵達香港，又遭遇颱風而延後出發。25日，中外人員在海軍第一艦隊司令陳計良的帶領下，從香港搭乘海容軍艦前往東沙島，並於隔日抵達參加啓用典禮，驗收無線電臺、氣象臺、燈塔等，這些儀器完備，無線電收發機電力可達1,200海里，平時可與吳淞、膠澳等天文臺交換氣象消息，燈塔爲（AGA）五百枝光係鋼格子製成，高出地面120公尺，每3秒鐘閃光1次，光力可達17海里，可清楚指引船隻航行。[32]

圖4　無線電觀象臺與鐵塔
資料來源：〈東沙島燈塔接收案〉，《國軍檔案》，檔案管理局藏，
檔號：0018/946.3/5090/2。

32 「海軍部收海岸巡防處公函：下月十日以前請飭令容艦赴港，並附搭中外人員參觀東沙
　　島電臺」（1926年6月23日）、「海軍部收陳司令呈：呈報驗收東沙島電臺各項造冊備案」
　　（1926年8月9日），〈東沙群島無線電觀象臺籌建案（四）〉，《國軍檔案》，檔案管理局藏，
　　檔號：0013/927/5090/4。

圖5　東沙島無線電觀象臺
資料來源：〈東沙島燈塔接收案〉，《國軍檔案》，檔案管理局藏，
檔號：0018/946.3/5090/2。

圖6　東沙島航海燈鐵塔
資料來源：〈東沙群島無線電觀象臺籌建案（一）〉，《國軍檔案》，檔案管理局藏，
檔號：0013/927/5090/003。

　　自1926年起，東沙島氣象臺開始運作，提供各種氣象資訊。從1926年4月至1928年12月止，33個月發生於太平洋與南海地區而有影響的颱風計25次，其中1926年6次、1927年12次、1928年7次（見表4）。這些氣象資訊提供船隻針對颱風來襲與巨大風浪預先防範，降低災害損失。其間，東沙島氣

象臺統計颱風軌道、颱風發生區、颱風次數、颱風速率、颱風時期、颱風徵召與氣壓、雨量、雲量、風向、氣溫、濕度變化等資訊，提供給國內重要氣象臺作為研究參考。後來，東沙島氣象臺也與菲律賓交換每日氣象資訊，精確掌握太平洋與南海氣候變化。[33]

表4　1926-1928年東沙島勘測颱風一覽表

年度	太平洋	南海
1926年	6	0
1927年	10	2
1928年	6	1

資料來源：黃琇，〈東沙島近三年來颱風之經驗（民國十五年至十八年止）〉，《海軍期刊》，第2卷第3期（1929年3月），頁53-54。

　　由前述可知，北京政府加強東沙島氣象臺與國內各氣象臺交換資訊外，也注意國際氣象合作，除了與菲律賓交換氣象資訊，也嘗試和日本進行合作。從日本外務省外交史料館的檔案中，可管窺北京政府在東沙島無線電氣象臺完工之際，立即尋求與日本交換氣象資訊。1926年5月3日，許繼祥聯繫日本駐上海領事矢田七太郎，表示欲與臺灣氣象臺互相交換氣象資訊。外務省認為中日兩國交換氣象資訊是有必要的，但因牽扯到中、美、日三方無線電壟斷權，力持態度保守。6月10日，許繼祥再度聯繫矢田七太郎，希望日本神戶海岸氣象臺能夠提供東沙島氣象臺氣象資訊，一切費用可以由中方支付。日方考量兩地距離遙遠，雙方所屬電臺的電力過小，在技術上難以克服而作罷。除了交換氣象資訊外，東沙島氣象臺又於12月向日方表示，希

<hr>

33　黃琇，〈東沙島近三年來颱風之經驗（民國十五年至十八年）〉，《海軍期刊》，第2卷第3期（1929年3月），頁53-61。黃琇，〈東沙島近三年來颱風之經驗（民國十五年至十八年）（續）〉，《海軍期刊》，第2卷第4期（1929年4月），頁45-49。

望能夠收取臺灣鵝鑾鼻無線電臺發送的電報，亦遭到拒絕。[34]儘管北京政府
與日本未能建立氣象資訊與無線電報交換的機制，亦見證其尋求雙方合作的
嘗試。

　　東沙島氣象臺工程完竣後，海道測量局展開西沙群島建設作業。是年6
月，海道測量局為擇選西沙群島能夠建造氣象臺的合適處所，派員搭乘海清
艦前往勘查，以位於東經112度21分、北緯16度50分的茂林島（即伍德島）
最適宜。勘察過程中，發現日本人在西沙群島採取鳥糞。事後，海軍部援引
前述處理東沙島的案例，請外交部協助。外交部照會日本駐華使館，轉請日
本政府飭令所屬漁民勿擅自在西沙群島採取鳥糞、磷礦，嗣後不得繼續任何
行動，以捍衛島嶼主權。[35]值此之際，海軍部探查西沙群島等十餘座島嶼，
已於前清宣示為中國主權管轄範圍，為避免將來中日雙方叢生事端，即令海
道測量局展開建設工程，透過實際的經營與管理，以彰示主權所屬。[36]惟北
京政府財政艱困，被迫擱置西沙群島氣象臺建置作業，也延宕茂林島開發工
程，但是這些調查資料與開發藍圖，卻成為南京國民政府維繫南海主權、開
闢南海諸島的重要參考。[37]

五、結論

　　20世紀初期，清政府與日本斡旋東沙島主權之際，英國希望能夠在東沙

34　〈本邦各国間無線電信連絡利用雑件／日、支ノ部〉（2-2-2-3-8），JACAR（アジア歴史資
　　料センター）藏，Ref.B1007749426000（外務省外交史料館）。

35　「請日使查照東沙島成案嚴禁日人在茂民島採集鳥糞事」，〈禁止日人在東西沙島測驗捕魚
　　並採集鳥糞案〉，《北洋政府外交部檔案》，中央研究院近代史研究所檔案館藏，檔號：
　　03-33-075-05。

36　「海軍部收國務案議案：關於西沙建設觀象臺案」（1926年8月20日），〈東沙群島無線電
　　觀象臺籌建案（二）〉，《國軍檔案》，檔案管理局藏，檔號：0013/927/5090/2。

37　「海岸巡防處致海軍部海政司函：建築茂林島計畫說明書」（1932年4月11日），〈西沙茂林
　　島建築計劃書〉，《國軍檔案》，檔案管理局藏，檔號：0021/944/1060.2/1。

島架設無線電臺，提供氣象資訊，維繫船隻航海安全，保障香港經貿發展。其實，這還隱含列強在華電報事業版圖的競爭。[38]

近代以降，有線電報技術傳入中國，應用於政治、軍事與社會層面，發揮功效。20世紀之交，無線電電報愈來愈發達，傳入中國後即引起清政府高度關切。清政府不諳無線電電報、氣象觀測等事業，更苦於專業人才困乏，被迫採取守勢。例如，1906年德國召開第一屆萬國無線電報會議，清政府放棄舉派人才赴會，被迫只能蒐集會議資料。職是之故，清政府未能夠在東沙島開設無線電氣象臺，除了考量中央與地方的財政狀況外，實與技術人員短缺，缺乏專業氣象管理人才等密切相關。

1920年代，英國與列強在華展開無線電電報的競爭，設法拓展該事業版圖。因此，1923年英國希望協助北京政府在東沙島開設無線電氣象臺，除了維繫南海船隻航行安全、保障香港及早防範颱風之目的，也隱含與列強競爭的意味。在初始過程，英國不斷提供船艦，載運海軍部人員前往東沙島繪製地圖、勘測地形，即可觀察英國積極將無線電事業版圖跨足至東沙島。最終，海軍部、海道測量局採用德國西門子德律風根公司所生產的無線電電報機具，這在前揭提及該公司機具市場價格最便宜外，其實，海軍部早已於1910年代與該公司合作，聘請該公司技術人員擔任教習，培養海軍無線電的人才，而許多船艦也都配置了德律風式無線電臺。[39]由此觀之，海軍部選擇和德律風根公司合作，是適切的。1924年11月，北京政府向上海西門子公

---

38 1910年代列強在華無線電電報競爭，可參見薛軼群，〈民國初期的無線電合同糾紛與對外通信權——論20世紀10年代列強在華籌設大無線電臺的交涉〉，收於金光耀、欒景河主編，《民族主義與近代外交》（上海：上海古籍出版社，2014），頁326-355。1920年代列強在華的競爭，可參見吳翎君，《美國大企業與近代中國國際化》（臺北：聯經出版事業公司，2012），頁217-258。

39 薛軼群，〈民國初期的無線電合同糾紛與對外通信權——論20世紀10年代列強在華籌設大無線電臺的交涉〉，頁331。

司購買無線電電報機具前，曾派員偕同香港無線電電報工程師前往東沙島，繪製無線電電臺建置圖，因與英國的規劃有所出入，致使英國企圖阻撓而延宕工程進度。後來，海岸巡防處令許慶文重新繪圖才成定局，並由許氏負責監管建造工程。[40]經由這些敘述，即透露出英、德兩國在華掀起無線電電報事業的激烈競爭。

北京政府決定搭建東沙島無線電氣象臺後，海軍部積極展開探測與建設工程，並由全國海岸巡防處設立無線電報警傳習所，培育無線電電報、氣象學的專業人才，這些人員在專業訓練外，也被派往吳淞、上海、香港、青島等無線觀測站、氣象臺，接受實習課程。[41]北京政府延續清政府培育專才的理念，而這些專業人才後來相繼服務各氣象觀測機構，並且協助裝設東沙島氣象臺之各種測候儀器，使得氣象臺能夠順利運轉，提供正確資訊。東沙島氣象臺啟用後，不假外國人士之手，實由國人負責氣象觀察與資訊統計，並將這些資料與周邊氣象臺互通有無，在很大的程度上減少各國船隻與船員的損傷。[42]東沙島氣象臺亦與各國氣象臺進行資訊交流，開啟南海國際氣象的合作。

東沙島氣象臺建造、經營之際，北京政府面臨棘手的外交問題，即如何杜絕日本與臺灣漁民在東沙島的非法採集活動。晚清以降，常有日本所屬漁民在東沙島活動，儘管中國擁有島嶼主權，始終無法抑制越界捕撈行動。之後，縱使北京政府尋求外交管道，抑或透過強制扣押船隻、沒收船貨、明定罰款等方式，仍無法遏止爭議。1928年，南京國民政府完成北伐，統一

40 〈1925年東沙島建設氣象臺、無線電、燈塔之前後情形〉，收入韓振華主編，《我國南海諸島史料匯編》，頁287-289。
41 「海軍部收海岸巡防處呈：擬定無線電報警傳習所章程並擴充學額以資選用」（1924年8月17日）、「海軍部收海岸巡防處呈：呈報遴員實習觀象學術」（1925年5月18日），〈無線電報警傳習所章程〉，《國軍檔案》，檔案管理局藏，檔號：0013/400.3/8033/1。
42 黃琇，〈東沙島近三年來颱風之經驗（民國十五年至十八年）〉，頁53。

全國，並於1930年代著手經營東沙島產業；然而，日方漁船不斷前進東沙島，雙方一旦擦槍走火，即爆發海上喋血衝突。

　　除了東沙島，清政府與北京政府早已擬定西沙群島開發計畫，甚至擇選適當處所，準備設立無線電氣象臺，經由實際經營以對外宣示主權。然而，苦於國家財政艱困，建設經費無著，延宕工程建設。日方漁民雖長年在西沙群島活動，但日方並未出兵佔領，整體情勢尚未險峻。至南京國民政府時期，中、法兩國常因西沙群島之主權歸屬掀起爭端，此亦與氣象臺的經營相關。1930年，香港舉行遠東國際氣象會議，與會人員稱譽東沙島氣象臺維繫南海航運至為重要，建議南京國民政府在西沙群島關建氣象機關，提供氣象資訊，杜絕海上災難。南京國民政府開始重視國際氣象合作，令廣東省政府籌設西沙群島無線電氣象臺作業，[43]卻激起法國同樣以建造無線電氣象觀測站、降低颱風直撲越南災害為由，出兵佔領西沙島嶼。法國之舉，逼使南京國民政府積極開設無線電氣象臺，藉由實際經營，以確保主權。[44]自此之後，中法兩國在西沙群島的主權爭端愈趨激烈。

43　「海軍部收行政院秘書處函：奉交粵省府呈據建設廳建議籌設西沙島氣象臺及無線電臺」（1930年6月3日），〈東沙群島無線電觀象臺籌建案（五）〉，《國軍檔案》，檔案管理局藏，檔號：0013/927/5090/5。沈克勤，《南海諸島主權爭議述評》（臺北：臺灣學生書局，2009），頁62-63。

44　許峰源，〈南海氣象建設與主權爭議（1928-1937）〉，「南海諸島之歷史與主權爭議學術研討會」，臺北：中央研究院人文社會科學研究中心亞太區域研究專題中心，2015年12月10-11日。

日俄戰後中日奉天警務交涉（1906-1908）*

林亨芬

國立政治大學歷史學系博士生

一、前言

日俄戰後，日本先後透過《樸資茅斯條約》（1905）、《東三省事宜條約》（1905）取得旅大租借權（關東州）、隙地（中立區）的優先權以及東清鐵路長春至旅順支線所屬的一切權利，儘管條約載明此後中日兩國於東三省的租借等管轄事項，惟當地糾紛仍不絕如縷。筆者曾就日俄戰爭期間，日軍欲於中立地帶——復州——成立民務公所一事，引發之爭議及中日交涉進行探討。[1] 以爲日本於戰時對奉天實行之軍事統治，實對日後該地局勢造成深遠影響。即，日本欲透過軍政及民政措施獲取對佔領區之控制，延伸至戰後對旅大租借地及鐵道附屬地的經營，爲其日後掌控、擴大勢力範圍暨獨佔中國東三省利權、成立滿洲國奠定一定基礎。

就日俄戰後中日於東三省的經營與交涉而言，論者多將焦點置於日本

---

* 本文承蒙川島眞教授提出寶貴意見及匿名審查人審閱，在此特致謝忱。

1　林亨芬，〈日俄戰爭期間復州民務公所成立爭議〉，《近代中國的中外衝突與肆應》（臺北：政大出版社，2014），頁1-22。

如何透過談判獲取利權與對該地之經營，以及清政府的改革方針。[2]既有研究
對於理解中日對策與該地大勢，固然提供較爲清晰的圖像，然在釐清實際治
理引發的管轄爭議上，除間島問題外，相關探討並不多見。[3]學界關於清末奉
天警務問題的探討，則多以警察制度的建立爲範疇，如金澤璟指出，清政
府企圖通過警察制度達到鞏固政權之目的。奉天警察局最早由盛京將軍增祺
（1851-1919）於1902年創辦，然有名無實；在趙爾巽（1844-1927）的改革以
及歷任東三省總督的施政下，漸形成一定規模。[4]李皓則以趙爾巽於日俄戰後
對奉天的治理進行梳理，指出趙氏在參與戰後善後工作、維護地方權益、交
涉楊尊三案及日警署撤廢問題上，如何以事實證據、國際公法及日本法律，
迫使日本與中國交涉。[5]惟其主要著眼於趙爾巽之作爲，單從中方之資料論

2　戰後日本對中國東北的經營與日俄關係的探討如，鹿島守之助，《第二回日英同盟とそ
　　の時代：滿州問題、日露協商、日仏協商、日米協商、第二回日露協商、日韓併合》（東
　　京：鹿島研究所出版会，1970）。馬場明，《日露戰爭後の滿州問題》（東京：原書房，
　　2003）。千葉功，《旧外交の形成：日本外交一九〇〇～一九一九》（東京：勁草書房，
　　2008）。大山梓，〈日露戰爭と軍政撤廢〉，《政経論叢》，第37卷3号（1969年7月），頁
　　236-274。陳豊祥，〈日俄戰爭後日本的對「滿」政策〉，《國立臺灣師範大學歷史學報》，
　　第16期（1988年6月），頁155-220。林明德，〈日俄戰爭後日本勢力在東北的擴張〉，《中
　　央研究院近代史研究所集刊》，第21期（1992年6月），頁491-520。清政府對東三省的
　　改革與治理，可參考趙中孚，〈清末東三省改制的背景〉，《中央研究院近代史研究所集
　　刊》，第5期（1976年6月），頁313-335。李澤昊，〈徐世昌與清末東北新政研究〉（濟南：
　　山東師範大學碩士論文，2006）。Des Forges, Roger V., *Hsi-liang and the Chinese National
　　Revolution* (New Haven : Yale University Press, 1973).

3　白榮勳，〈間島「商埠地」における中日交涉〉，《東アジア研究》，第29期（2000年8月），
　　頁17-33。小林玲子，〈「韓國併合」前後の間島問題：「間島協約（1909）」の適用をめぐ
　　って〉（東京：一橋大學博士論文，2004）。白榮勳，《東アジア政治・外交史研究：「間
　　島協約」と裁判管轄權》（八尾：大阪経済法科大學出版部，2005）。姜龍範，〈「滿州事
　　變」以前の間島朝鮮人管轄權をめぐる中日間の紛爭〉，《東アジア研究》，第47号（2007
　　年），頁27-43。白榮勳，《東アジア政治・外交史研究：「間島協約」と裁判管轄權》（八
　　尾：大阪経済法科大學出版部，2005）。

4　金澤璟，〈清末奉天警察制度的建立與地方行政〉，《清史研究》，2013年第3期（2013年8
　　月），頁97-109。亦可參見澁谷由里，〈清末の奉天における軍隊・警察と辛亥革命：張
　　作霖政權成立の背景〉，《史林》，第38期（1997年11月），頁235-237。

5　李皓，〈盛京將軍趙爾巽與日俄戰爭後的奉天政局〉（長春：東北師範大學博士論文，
　　2009），頁137-152。

證，並未將中日在行政管轄權上的爭論、交涉及影響作有系統的探討。

　　本文以日俄戰後東三省租借利權的轉移爲背景，試圖從奉天警務交涉爲切入點，進一步探討戰後日本軍警機構的撤廢、演變以及中日民務管轄糾紛。透過當地官員對日本設置警察派出所引發之抗議、中日對於該地住民之管轄裁判爭端等事例，觀看兩國於日俄戰後對奉天的治理軌跡及其意義。警務雖是內政問題，然因各國在華擁有治外法權、租界、租借地等權利，一旦民務涉及外交，問題更趨複雜。當紛爭發生時，條約即成基礎法理，雙方若對條約認定與解釋產生歧異，爲解決問題勢必產生新的協調機制。

二、日俄戰後東三省租借利權的轉移

　　1904年日俄開戰後，隨著日本在海陸戰事的勝利，日本外相小村壽太郎（1855-1911）於是年7月，即就戰後和局方針與滿韓政策向首相桂太郎（1848-1913）提出意見書。以此作爲旅順及遼陽會戰勝利後，對中俄兩國提出之要求。對俄方面，除賠償軍費、撤兵外，欲其承認日本在朝鮮半島的自由行動權及優越地位、讓渡東清鐵路南支線（哈爾濱到旅順）及旅大租借地一切特權。對中國則提出，不得將東三省割讓於他國、承認日俄間特權之轉移、開埠及讓予航行、礦產等。[6]待奉天會戰結束後（1905年3月），小村復向首相提出媾和意見，該內容與前年7月之意見書大抵相仿，上述原則與要求即成爲日本對俄媾和之底本。

　　對於日俄開戰與媾和問題，清政府儘管守局外中立，卻始終保持高度關心，於開戰後不久，即諭令各省總督、巡撫及駐外使節「著密籌東三省事宜」。駐俄公使胡惟德（1863-1933）指出，戰爭使東三省受禍甚深，以爲必

6　「日露講和條件ニ關スル外相意見書」(1904年7月)，收入外務省編，《日本外交文書》，第37-38卷別冊5（東京：日本国際連合協会，1960），頁61-62。

須設法從事調停、恢復中國主權；又於1904年10月致書日俄政府，勸請停戰，同時要求各國協力促進和平交涉。[7]此時日本因戰局尚未明朗，認為提示講和條件為時尚早，並堅持講和須由日俄直接折衝，遂對清政府施壓，勸其放棄調停構想。至1905年1月攻克旅順後，日方漸有媾和之意，乃向美國提出斡旋停戰事宜。

美國於1905年5月正式勸告兩國媾和，日俄則於6月中旬相繼允諾談和。中國則在徵詢各方意見後，決定派遣全權代表參與。日本對此則橫加阻撓，稱此談判屬日俄之事，「不容第三國置喙或干預」；媾和談判中有關中國利害者，則於事後再與清政府協議。[8]在日本的強烈態度下，中國參加和談之議雖未果，卻仍嘗試對交戰國提出賠償問題；惟遭日本以中方事實上允許東三省為交戰地為由，斷然拒絕。[9]日俄則於7月間派遣全權委員赴美，8月9日進行預備會議，確認談判事宜。

（一）媾和談判與《樸資茅斯條約》的締結

日俄媾和正式談判始於1905年8月10日，經歷十次會議，8月29日完成各項條文之確立。其後經雙方全權委員進行四次會談，對條約做最終確認，9月5日完成和約簽署。

十次會議中，與東三省利權相關者為第三至五次會議，分別就撤兵、行政歸還、開放東三省、旅大租借權與東清鐵路南支線的讓渡問題進行商議。雙方的爭執，主要著眼於鐵道經營與讓渡問題，尤其針對日俄戰前，俄國將哈爾濱日僑納入其管轄一事，是否侵害、違反機會均等主義，提出質疑。對

7　林明德，〈日俄戰爭後日本勢力在東北的擴張〉，頁495。

8　「日露講和會議ニ清國ノ參加拒否ニ關スル件」（1905年7月3日），收入外務省編，《日本外交文書》，第37-38卷別冊5，頁159-161。

9　「滿洲ニ於ケル清國ノ賠償要求ニ關シ回訓ノ件」（1905年8月5日），收入外務省編，《日本外交文書》，第37-38卷別冊5，頁168。

此，俄國全權代表維特（СергейЮльевичВитте, 1849-1915）聲稱，因鐵道經營而佔有之地，是特許而非特權。再者，為保護鐵道經營建築兵營、因清政府無能力而自設警察保護鐵道安全等舉措，並不違背中國特許。其後雙方達成協議，是以鐵道之敷設及經營特許並不違反門戶開放主義。[10]此一認知，可謂埋下日後中、日、俄對於鐵道附屬地管轄權之爭議。

在鐵路的讓渡問題上，俄方對於提議將哈爾濱至旅順間的鐵路利權全數轉讓日本一事，悍然反對。日本全權代表小村壽太郎認為，哈爾濱至旅順之鐵路與旅大租借地密不可分，以哈爾濱為分界甚為適宜，並以1898年中俄旅大租地條約第八條為證。維特則言鐵路與租借地乃各自獨立之事項，不能混為一談；而哈爾濱並非最適合區分點，先後提出以公主嶺、長春為分界之議。[11]幾經折衝，雙方允將長春至旅順口間鐵路利權讓於日本，惟應取得中國政府之承認。

俟上述問題確立後，雙方即就賠償、庫頁島割讓、軍備等內容進行商討；然因賠償及割讓問題之條件差距甚大，幾讓談判破裂。經過五次會商（8月17日至8月29日）以及美國的斡旋，最終得以締約。1905年9月5日正式簽署《樸資茅斯條約》，含正約15條、追加約款2條。主要的內容：一、關於朝鮮，俄國承認日本對朝鮮政治軍事經濟上均享有卓絕的利益，凡是日本認為必要的措置，俄國不得阻礙干涉。二、關於中國東三省：1.撤兵方面，日俄於條約實施後的十八個月內，應同時自該地區（旅大租借地除外）撤兵。惟為保護鐵路，得保留守備兵設置權。2.行政歸還上，雙方均承認中國政府對於中國東三省的完全管轄權，但指定租借地點除外。3.租借地與鐵

---

10 「講和談判筆記第三回本會議」（1905年8月14日），收入外務省編，《日本外交文書》，第37-38卷別冊5，頁424-428、430-431。

11 「講和談判筆記第五回本會議」（1905年8月16日），收入外務省編，《日本外交文書》，第37-38卷別冊5，頁448-461。

路權的轉移，俄國將自中國攫取的旅大租借地及其附屬的一切權益、中東鐵路長春至旅順支線（以下簡稱南滿鐵路）及其所屬的一切權利、財產，包括煤礦均移讓給日本，惟應取得中國政府承認。4.俄國宣布取消在東三省一切有違機會均等主義的權益。三、俄國將北緯五十度以南的庫頁島及其附近一切島嶼與公共營造物、財產之主權，永遠讓與日本。[12]10月14日完成批准手續，同日日本即將條約全文轉告中國。

（二）中日交涉與《東三省事宜條約》的簽訂

　　日俄開戰與媾和，牽動著東三省的命運與局勢；然因交戰國的態度與堅持，中國始終被屏除在外，毫無置喙餘地。惟其對賠償問題甚為堅持，慶親王奕劻（1838-1911）、外務部會辦大臣那桐（1857-1925）、外務部尚書瞿鴻禨（1850-1918）於日俄媾和後，亦分別與兩國復議該事，惜未獲兩國應允。從戰時調停到戰後議和，清政府之行動與訴求雖屢遭日本拒絕，仍可見維護主權之努力與決心。

　　9月下旬，清政府先就撤兵及鐵路守備兵問題照會日本。稱1902年中俄議定交還東三省條約，即因撤退時間長達18個月而未能實踐釀成大變；又按中俄《東清鐵路公司合同》第五條及《交還東三省條約》第二條，該鐵路皆由中國設法保護。故對兩國撤兵期限及鐵路守備兵設置問題，提出抗議。[13]對此，日本首相桂太郎表示，條約中涉及中國利害關係者，將於適當時機與清政府商議。[14]清政府於10月14日收到日俄和約內容後，屢次照會日

---

12 「講和條約」（1905年9月5日），收入外務省編，《日本外交文書》，第37-38卷別冊5，頁535-538。

13 「滿洲撤兵問題其他ニ關シ照會ノ件」（1905年9月22日），收入外務省編，《日本外交文書》，第38卷冊1（東京：日本国際連合協会，1958），頁407。

14 「清國政府ノ照會ニ於スル回答振ニ關スル件」（1905年9月25日）、〈滿洲撤兵問題其他ニ關シ回答ノ件〉（1905年9月25日），收入外務省編，《日本外交文書》，第38卷冊1，頁102、409。

本，要求縮短撤兵期限、由中國擔任保護鐵路之責，以及歸還因戰時強制徵發而佔據之中國公私權利產業。[15]

面對中方的異議與要求，日方除訓令駐華公使內田康哉（1865-1936）將相關問題留待中日交涉時再議外，亦對交涉事項進行討論。10月27日閣議即決定交涉條件及原則，大體根據小村於是年3月擬定之《對清國要求條件》，主要內容包含：務使清政府承認日俄間旅大租借權及南滿鐵路的讓渡、撤兵後的行政歸還問題、允諾非得日本同意不得將東三省出讓他國、開埠、鐵路支線之經營、中韓邊境貿易等。又，旅大租借權及南滿鐵路的利權為交涉之絕對必要條件，若清政府不願承認，將中止談判進而佔據該地。[16]

11月初，日方以小村壽太郎為全權代表，清政府乃派遣慶親王奕劻、外部尚書瞿鴻禨、北洋大臣袁世凱為全權，雙方始就東三省問題進行會談。在第一次會談中，日本依閣議決定提出十一項要求。五天後，中方乃就日方提案表示意見。對於第三條為陣亡日兵的設墳立碑及第十一條滿韓交界通商問題，原案接受；第一、二、四、十條中有關行政機關的設置、領土割讓、漁業讓利問題，因侵涉中國內政及主權，即要求刪除；第五至九條各項，則提出修正案以對。

在涉及租借地及鐵路利權之條款，中方代表除同意將旅順口、大連灣一帶原借予俄國者，均移借日本外，對於租借地以北之隙地（中立區）則要求歸中國管理。長春至旅順之鐵路及其附屬利權亦同意移交日本，惟租借年限應將俄人已享之年限扣除，按所餘年限計算。第五條開埠辦法，由中國另訂

---

15 「滿洲撤兵時期並公私ノ權利財產返還ニ關シ照會ノ件」（1905年10月24日）、「滿洲撤兵時期及鐵道保護兵ニ關シ清國政府ヨリ申出ノ件‧附屬書」（1905年11月8日），收入外務省編，《日本外交文書》，第38卷冊1，頁412、421。

16 「滿洲ニ關スル事項ニ付清國ト條約締結ノ件」（1905年10月27日），收入外務省編，《日本外交文書》，第38卷冊1，頁105-107。

章程。安東縣至奉天省城所築造之行軍鐵路，允日本政府接續經管，改為專
運各國工商貨物，並准由中國政府運送兵丁餉械，可按東清鐵路章程辦理。
奉天省城至新民屯之鐵路，經公平議價售與中國，另由中國改造。長春展造
至吉林省城之路，應由中國自行籌辦。此外，又提出七項追加條款，包含：
撤兵時程縮至12個月、鐵路守備兵按條約應由中國分段駐紮巡護、交還強
佔擅管中國之公私產業、日俄未全數撤兵前中國得酌派軍隊彈壓地方等。[17]

　　從第一次會談前後提出的條件可見，雙方差距甚大。日本對俄國轉讓之
租借利權勢在必得外，亦試圖染指其他利權。中方則極力維護本國利權，除
要求將干涉內政及侵犯主權之條款予以刪除外，對於已租借或開放者，或限
制租期、或要求交由中國辦理。日本對於中國之提案，尤其是關乎租借地及
南滿鐵路權利，則絲毫不肯退讓。在行政機關之設置、開埠辦法及其他鐵路
問題上，亦提出有利於己的修正及追加款項。至於撤兵、鐵路守備兵以及中
國駐兵問題則虛與委蛇，或不予以回應、或有條件地限制中方要求。經過數
十次的交涉、會談，雙方最終達成協議，於12月22日簽訂《東三省事宜條
約》，翌年1月9日交換批准書。

　　《東三省事宜條約》含正約三款和附約十二款，關於承認《樸資茅斯條
約》中旅大租借地及東清鐵路南支線的利權讓渡（圖1），規定如下：

　　　第一款、中國政府將俄國按照日俄和約第五款及第六款，允讓日本國之一切
　　　　　　概行承諾。
　　　第二款、日本國政府允按照中俄兩國所所訂借地及造路原約實力遵行，嗣後
　　　　　　遇事隨時與中國政府妥商釐定。

17　「滿洲二關スル清日交涉會議錄第貳號」（1905年11月23日），《外務部檔案》，中央研究
　　院近代史研究所檔案館藏，檔號：02-10-004-01-002；「中日全權大臣會議東三省事宜節
　　錄第貳號」（1905年11月23日），收入外務省編，《日本外交文書》，第38卷冊1，頁384-
　　386。

附約第二款、因中國政府聲明極盼日俄兩國將駐紮東三省軍隊暨護路兵從速撤
退，日本國政府願副中國期望。如俄國允經護路兵撤退或中俄兩國另
有商訂妥善辦法，日本國政府允即一律照辦。又如滿洲地方平靖，外
國人命產業中國均能保護周密，日本國亦可與俄國將護路兵同時撤退。[18]

圖1　中立地帶要區

資料來源：南滿洲鐵道株式會社庶務部調查課編，《滿洲の中立地帶に關する條
約に就て》（大連：南滿洲鐵道，1929），摺頁。

關於撤兵則載明：軍隊一經撤退，應隨即知會中國；撤兵期限依日俄和
約所訂條款，軍隊撤畢之地中國得酌派軍隊以資地方治安，未撤地方若有土

---

18 「中日會議東三省事宜條約」（1905年12月22日），《北洋政府外交部檔案》，中央研究院
近代史研究所檔案館藏，檔號：03-23-135-02-024。

匪擾害，中國地方官亦得派遣相當兵隊前往勦捕，惟不得進距日本駐兵界限二十華里以內。遭佔用之公私產業，則在撤兵時悉還中國。其餘各款涉及安奉、吉長、新奉鐵路之經營、造築，或由日本獨攬、或採中日合辦之形式，使日本得以進一步控制南滿交通命脈。[19]由是，日本透過《東三省事宜條約》不僅成功確保《樸資茅斯條約》中俄國轉讓之利權，繼而擴大其在東三省的權益。

從日俄開戰、媾和到中日交涉東三省事宜，約莫一年半的時間，實決定該地未來局勢與命運。日俄戰爭不只影響戰後滿韓勢力範圍的重新分配，由戰後日俄與中日交涉過程更可見，中、俄、日三方對租借地、鐵路及其附屬地的管轄權限認知，實有模糊地帶。緣於三方對於條約解釋的差異以及實際管轄的衝突，致使日後發生爭議時，條約無法完全成為維護中國主權的利器，管轄權爭端遂陷入各執一詞的情境，未有徹底解決之方。

三、日本軍警機關的撤廢設置爭議

據《樸資茅斯條約》規定，日俄兩國應於條約實施後十八個月內完全自東三省撤兵（旅大租借地除外）。與此同時，日本亦將戰時軍政組織進行改組，成立關東總督府統轄租借地、鐵道附屬地及各地軍政署；因其不脫軍事管理性質，後在中、美、英等國抗議下，將總督府改為都督府，並漸次廢除各軍政署。此做法看似結束軍政統治，然就人事及統御方式而言，實延續戰時軍民合一、以軍治民體制。

（一）軍政體制的延伸與改制

日本於奉天的軍政制度，始於1904年4月發布滿洲軍政委員派遣要領、

19　陳豐祥，〈日俄戰爭後日本的對「滿」政策〉，頁168。

細則，主要負責戰時地方軍需、勞力調度及民心撫慰等業務。設立大本營後
不久，爲因應作戰需求則於同年6月設置滿洲軍總司令部，先後於安東縣、鳳
凰城、大孤山、金州、青泥窪、復州、岫巖、蓋平、營口、海城、遼陽，設
置十一個軍政官。1904年9月，總司令部下設遼東守備軍編制，將遼陽以南各
軍所屬之軍政署逐次編入守備軍管轄（圖2），其餘則直屬滿洲軍總司令部。
1905年5月滿洲軍總兵站監部成立後，以遼東兵站監部取代遼東守備軍，並於
總兵站監部下設關東州民政署，統轄關東州一般民政。[20]戰時各軍政署於日俄
媾和後雖相繼廢除，然從日人復於租借地外之安東縣、復州、蓋平、海城、
營口、遼陽、煙臺改設新的兵站司令部，並由前任軍政委員充任司令官，以
及奉天、鐵嶺及新民府軍政署之存在，可見日本軍政治理之一貫性。

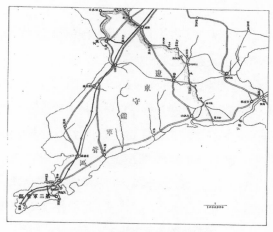

圖2　遼東守備軍管區
資料來源：〈日露戰爭ノ際遼東守備軍司令部編成一件〉，JACAR（アジア歷史資
　　　　料センター）藏，B07090619500（外務省外交史料館）。

20　外務省条約局法規課編，《関東州租借地と南滿洲鉄道付属地》（東京：外務省条約局法
　　規課，1966），頁34-35。

1905年11月關東總督府於遼陽成立，以陸軍大將大島義昌（1850-1926）
為總督，隸屬滿洲軍總司令部，負責撤兵後租借地與鐵道守備、統轄各地軍
政及兵站業務等。待滿洲軍司令部撤除後，日人將奉天、吉林各地軍政機關
與一切業務全數納入總督府管轄，總督府遂成為日本在滿治理的最高機關。
1906年2月，關東總督府又於瓦房店（蓋平、復州）、營口、遼陽（遼陽、海
城）、安東縣（岫巖、安東、鳳凰城、寬甸、懷仁、興京）開設軍政署，其
域內民務則歸關東州民政署管轄。兩個月後，頒訂軍政實施要領，以為軍政
署之任務除管理軍政、保護居住民外，亦負責中日官民間的交涉；為達保護
日人利權與發展，亦採行有益於軍事、教育、經濟等手段。[21] 可以說，關東
總督府的軍政規模，是自戰爭以來日本在滿治理設置最廣泛、管轄業務最急
速擴增的時期。

何以日本於戰爭結束後，得在奉天、吉林繼續維持軍政統治？其法理依
據為何？清政府的態度及處置又如何？從中日交涉的過程及日方史料看來，
雙方似就此一問題達成協議。1905年12月17日中日第十九次會議錄及條約
之附屬協定第十一條指出，和平成立後為保該地免於戰爭，「撤退以前的日
本軍隊依然具有佔領權」。[22] 中方方面，除條約內容不見此規定外，甚至有否
定此一協議之說。[23] 然而，不論軍政設置的法理爭議為何，從日人的實際佔
領及管轄，可見其如何利用軍政機關擴大對佔領地的控制。戰爭期間日本在
復州、新民屯等侵犯中立、干預內政之作為，即引發中國強烈抗議；戰爭結
束後，仍故技重施利用軍政設置干預吏治，奉天將軍趙爾巽為此抗議道：

21　外務省条約局法規課編，《関東州租借地と南滿洲鉄道付属地》，頁37-39。

22　「滿洲ニ關スル清日交涉會議錄第十九號」（1905年12月17日）、「日清交涉第二十二回
　　會見、條約及附屬協約調印濟ノ件」（1905年12月22日），收入外務省編，《日本外交文
　　書》，第38卷冊1，頁197、161。

23　林明德，〈日俄戰爭後日本勢力在東北的擴張〉，頁503。

日人在營口、大東溝等處，強買民地，率至數里十數里。木植公司尚未亦合辦章程，鴨綠江一帶，已嘵設木材廠，迫令入山伐木之華人向其領票。復州鹽灘，強搶運鹽，不可納捐。昌圖軍政官於昌圖府、小塔子、通江口、棉花街等處，抽收車捐……營口擅攬裁判權，甚至往他處關提據證。而海城、蓋平本管之地方官，反不能傳人審訊。各處軍政憲兵，或拘人判禁，或凌逼委員。似此涉及商務捐款民事，段非軍權所應有，日人均不應干預。……日本軍政官各項舉動，實與現定條約，及全權議約時聲明勿致再有干預中國吏治，損壞人民產業等語宗旨，多相刺謬。遼東總督名目，亦與旅大原約不合。以上各節，既大礙中國主權，且有傷日本名譽。[24]

此外，日人與當地中國居民亦頗生齟齬，如日員搜刮民財、毀屋、傷人等情，層出不窮。除當地官員，學生、地方議會、工會亦相繼表示憤慨，要求對日進行處置與交涉。[25]鑑於中國輿情及清政府態度，內田公使建議「似應對趙爾巽抗議之事儘可能加以解釋為佳」，[26]日本在奉天書記官荻原守一（1868-1911）亦認為，若因軍事行政招致內外非難，可能危及日本對華政策以及列國對日本之態度。[27]

清政府之舉措實與當時英美對日本態度——抗議總督府違反門戶開放原則——相呼應。1906年1、2月間，在英國商人的抗議及英國駐日大使竇納樂（Claude Maxwell MacDonald, 1852-1915）的照會下，日本外相加藤高明

24 「滿洲ニ於ケル日本軍憲ノ行為ニ關シ抗議ノ件」（1906年3月2日），收入外務省編，《日本外交文書》，第39卷冊1（東京：日本國際連合協会，1959），頁837-838。
25 相關事件與抗議，可參見「在滿軍政官ノ措置振ニ対シ清国官民苦情ノ件」，收入外務省編，《日本外交文書》，第39卷冊1，頁836-866。
26 「在滿我軍憲ノ行動施設ニ付清国ノ不滿報告ノ件」（1906年3月2日），收入外務省編，《日本外交文書》，第39卷冊1，頁837。
27 「木材廠設置等ノ諸問題ニ關シ將軍趙爾巽ト會見ノ情況報告ノ件」（1906年5月15日），收入外務省編，《日本外交文書》，第39卷冊1，頁689-690。

（1860-1926）曾就東三省商業開放問題，函請陸相寺內正毅（1852-1919）說明答覆。美國駐日代理公使亦抗議日本違背機會均等原則。[28]直至4月初，日本才做出5月起陸續開放安東縣大東溝及大連的決定，奉天的開放則待1907年4月俄軍完全撤退後施行。[29]

　　從中、英、美的抗議與日本的處置可見，關東總督府的經營方針不僅遭受他國批判，即便是日本駐華官員也有異議。先是，陸軍反對開放門戶的做法與外務省形成尖銳的對立，致使外相加藤憤而辭職。[30]加藤辭職後，由首相西園寺公望（1849-1940）兼任外相，並於1906年4月15日赴中國東北進行視察。西園寺訪華期間，曾與奉天將軍趙爾巽會晤，對於趙氏提出交還營口、撤銷新民軍政署等要求，僅交代日員予以折衝，未有正面回應。[31]西園寺返國後不久，即就相關問題舉行「滿洲問題協議會」，以便調整對滿經營方針。時任韓國總監的伊藤博文（1852-1919）於會中強調，對滿政策須「遵照國際條約及帝國之累次聲明，否則將失與國同情，傷及帝國威信。」故提出更改關東總督名稱、撤兵終了之軍政廢止、與中國速訂相關協議等方案。[32]從伊藤的提案可知，其原始構想旨在將軍政權限轉移至領事管轄，以符平時統治原則。然軍政廢止涉及軍方權益，因其不願讓步，仍主張維持軍政署機構，並明確劃分與領事館之權限。經過一番論爭後，初步同意將關東

28　「鴨綠江下流ニ於ケル英人ノ貿易業ニ關スル件」（1906年1月31日）、「滿洲ガ英國貿易ノ爲ニ開放セラレルヘキ時期付キ問合ノ件」（1906年2月14日）、「滿洲ニ於ケル米國ノ商業ニ對スル差別待遇ニ關シ取調方依賴情ノ件」（1906年2月23日），收入外務省編，《日本外交文書》，第39卷冊1，頁194-198。

29　「滿洲開放及奉天安東縣領事ト軍政官トノ關係ニ關シ回答ノ件」（1906年4月5日），收入外務省編，《日本外交文書》，第39卷冊1，頁216-217。

30　陳豐祥，〈日俄戰爭後日本的對「滿」政策〉，頁174-175。

31　林明德，〈日俄戰爭後日本勢力在東北的擴張〉，頁508。

32　「滿洲問題ニ關スル協議會議事錄」（1906年5月22日），收入外務省編，《日本外交文書》，第39卷冊1，頁237-245。

總督府改爲平時組織，並漸次廢除軍政署，惟已有領事之處則立即裁撤。

關於領事與軍政官管轄權限問題，戰時遼東守備軍司令部公使館書記官川上俊彥，曾就此提出疑義。按「遼東守備軍行政規則案」第六條規定：軍政委員爲維持該地方安寧秩序、日本軍隊的安全與方便，執行必要之行政及司法事務，重大事件應承軍司令官指揮執行之。然因軍司令部陸軍理事對「執行司法事務」條文有異議，遂提出修正案以軍法會議管轄在留日人（以下簡稱日僑）之犯案者爲原則。川上認爲，由軍法會議審判一般犯罪與該會議性質不合，而軍法會議更非憲法上所謂的裁判所，故無法完全贊同佔領地內日僑之司法審判權委由軍法會議負責。繼而建議守備軍管轄區域內司法權，應由軍政官及領事分別掌理，凡涉及中國人爲被告之案件，皆由軍政官管轄；日人爲被告及犯罪者，則交領事裁判。[33] 修正後之「遼東守備軍行政規則」規定，管內軍人軍屬以外之日僑由軍政委員取締，犯罪者則移交陸軍檢察官。從川上報告營口日僑之裁判權，移轉至領事負責一事，可見其建議似被採用。[34] 惟在軍政機關廢止前，領事與軍政官之關係與權限劃分並不十分明確。

日本政府於1906年8月公布關東都督府官制，前總督大島義昌接任都督，統轄關東州及鐵道附屬地內民政與軍政。據關東都督府官制，都督統率軍隊「承外務大臣之監督」，都督依特別委任「掌理與清國地方官憲之交涉事務」。[35] 民政方面，租借地內由關東州民政署轄理，關東總督府時期的民

---

33 「遼東守備軍管轄区域内ニ於ケル軍政官憲ノ裁判権ニ関スル件」（1904年12月1日），收入外務省編，《日本外交文書》，第37-38卷別冊3（東京：日本国際連合協会，1959），頁252-259。

34 「遼東守備軍行政規則進達ノ件」（1904年12月25日）、「営口在留民ノ犯罪者ニ対スル裁判権等領事移転方ノ件」（1904年12月25日），收入外務省編，《日本外交文書》，第37-38卷別冊3，頁263-265。

35 〈御署名原本・明治三十九年・勅令第百九十六号・関東都督府官制〉，JACAR（アジア歴史資料センター）藏，Ref.A03020679800（国立公文書館）。

政署及旅順、金州兩支署分別由警務部長、支署長充當警視，在法院（1906年）成立前警視掌有裁判及司獄權；巡查方面，則擇以有戰事及警察經驗之陸軍下士卒擔任，並延續軍政署配置中國人巡捕之策略。關東都督府成立後，則分設三大（旅順、大連、金州）民政署、兩支署及一出張所，警務行政仍交由民政署長、支署長負責。[36]租借地外的軍政機關，昌圖、奉天、鐵嶺、瓦房店、遼陽、安東縣、新民屯、營口八大軍政署於是年年底陸續關閉，相關業務轉付當地領事及總領事辦理；一旦涉及緊急軍事問題時，則由駐紮當地之高級將校負責。至於鐵道附屬地，除原派遣之守備隊外，都督府又於附屬地內添設警察組織以便管理區域內日人。

（二）警署設置爭議

日本在中國設置領事、署理日僑，始自1871年《中日修好條規》的簽訂。該條規允許雙方於通商口岸設理事官，凡交涉財產詞訟案件，各按己國律例核辦，即互相承認有限制的領事裁判權。[37]中日甲午戰後，又透過《中日通商行船條約》（1896），得於開埠居留地設置警察機關以為地方管轄。惟在奉天廣設領事館，則待1906年關東都督府將租借地及鐵道附屬地以外的日人管轄業務回歸領事之後。[38]

在都督府於1908年將領事館及鐵道附屬地之警署進行部分整合前，日本外務省先後於牛莊、安東、奉天領事館下設置三大領事警察署及20多個

---

36 「軍政署撤去實施要領」，〈日露戰役二依儿占領地施政一件／安東縣、大道溝ノ部（安東縣官有財產管理規則二関スル件）〉，JACAR（アジア歷史資料センター）藏，Ref. B07090730900（外務省外交史料館）。

37 「中日修好條規暨通商章程」（1871年9月13日），《總理各國事務衙門檔案》，中央研究院近代史研究所檔案館藏，檔號：01-21-063-04-001。

38 奉天日本領事館之設置，始於1876年牛莊領事館之開設；然1897年以前，牛莊領事館只設名譽領事。按日本外務省設置法規定，名譽領事之任命係於未設置公使館之地域，為保護本國國民之利益、促進與外國之文化交流為目的。其職務不同於正式領事，無簽審證件等權力。至1897年正式派遣專任領事任職牛莊領事館。

派出所（表1）；其後，為保護鐵道線路，都督府則在公主嶺、大石橋、奉天等鐵道附屬地及車站設置警察署及支署（表2、表3、圖3）。因鐵道附屬地多與開埠地相鄰，為管理方便起見，附屬地與領事館警署多有同設一地之型態。[39]由於日人在租借地、開埠地及鐵道附屬地諸多設置，似有干預中國主權之嫌，再加上條約規範及詮釋上差異，遂引發一連串爭端。

表1　奉天日本領事館警察署、派出所設置（1906-1907）

名稱	開設時間	位置	管轄區域	職官配置
牛莊領事館警察署	1897年6月30日設置專任領事，1904年8月4日再開館		1904年以前管轄盛京省、吉林省、黑龍江省；1906-1907年管轄復州、營口、蓋平、海城、錦州府	署長警部、巡查
牛莊領事館海城派出所	1906年12月2日	海城大街附屬地		警部、巡查、巡捕
牛莊領事館熊岳城派出所	1906年12月2日	熊岳城附屬地車站南		警部、巡查、巡捕
牛莊領事館蓋平派出所	1906年12月3日	蓋平車站附近附屬地		巡查、巡捕
牛莊領事館萬家嶺派出所	1906年12月4日	熊岳城附屬地車站東北		巡查
牛莊領事館牛家屯派出所	1906年12月27日	牛家屯鐵道附屬地		巡查
牛莊領事館得利寺派出所	1907年4月5日	得利寺附屬地車站南		巡查
牛莊領事館湯崗子派出所	1907年8月16日	湯崗子車前附屬地		巡查

39　關東廳編，《關東廳施政二十年史》（大連：關東廳，1926），頁267-269；外務省条約局法規課編，《関東州租借地と南満洲鉄道付属地》，頁39-41。

名稱	開設時間	位置	管轄區域	職官配置
安東領事館警察署	1906年5月1日		鳳凰、興京、安東、岫巖、寬甸、通化、懷仁、臨江、輯安	署長警部、巡查
安東領事館三番通派出所	1906年10月1日	安東縣三番通七丁目		巡查、巡捕
安東領事館鳳凰城分遣所	1906年10月1日	鳳凰城		警部、巡查、巡捕
安東領事館大東溝派出所	1906年10月15日	安東大東溝中重興街		巡查
安東領事館此花橋派出所	1907年1月24日	安東堀割北通八丁目		巡查
安東領事館市場通派出所	1907年2月12日	安東市場通七丁目		巡查
安東領事館舊市街派出所	1907年4月10日	安東舊市街右堂前街		警部、巡查、巡捕
奉天總領事館警察署	1906年6月1日		安東、牛莊領事館、長春，哈爾濱總領事館管轄外地區	署長警部、巡查
奉天總領事館十間房派出所	1906年7月1日			巡查
奉天總領事館城內南派出所	1906年9月1日			巡查
奉天總領事館遼陽出張所	1906年8月3日	遼陽西門外		警部、巡查
奉天總領事館昌圖派出所	1906年8月6日	昌圖城南街		警部、巡查
奉天總領事館開原出張所	1906年8月6日	開原城內東街路北		警部、巡查
奉天總領事館通江口出張所	1906年8月10日	昌圖通江口北街		警部、巡查

名稱	開設時間	位置	管轄區域	職官配置
奉天總領事館法庫門出張所	1906年8月10日	法庫門西大街		巡查
奉天總領事館公主嶺出張所	1907年4月20日			警部、巡查
奉天總領事館鐵嶺分館警察署	1906年9月21日			警部、巡查
奉天總領事館新民府分館警察署	1906年10月15日			警部、巡查

資料來源：外務省編，《外務省警察史》，第4卷（東京：不二出版，1996），頁149-155；第7卷，頁155-159、183-185。

表2　南滿鐵路附屬地警察署、派出所設置

名稱	位置	開設時間	管權區域
公主嶺警務署	公主嶺鐵道附屬地	1906年10月31日	滿鐵本線──鐵嶺北馬仲河至寬城子
大石橋警務署	大石橋附屬地	1906年12月1日	滿鐵本線──海城至關東州界，營口支線
奉天警務署	奉天鐵道附屬地	1906年12月11日	海城至鐵嶺之滿鐵本線、安奉線、撫順煙臺兩支線、新民府輕便鐵道線
奉天警務署遼陽支署	遼陽鐵道附屬地	1906年12月11日	沙河至海城之滿鐵本線及煙臺支線
奉天警務署鐵嶺支署	鐵嶺鐵道附屬地	1906年12月11日	滿鐵本線──新臺子至鐵嶺

資料來源：關東廳編，《關東廳施政二十年史》（大連：關東廳，1926），頁266-267。

表3　南滿鐵路及支線主要車站警力設置（1906）

鐵路	車站	人口數	職官配置
滿鐵本線	瓦房店	81	警部1、巡查7
滿鐵本線	熊岳城	26	巡查3
滿鐵本線	蓋平	19	巡查3
滿鐵本線	大石橋	130	巡查8
滿鐵本線	海城	26	巡查3
滿鐵本線	遼陽	1070	警部2、巡查35
滿鐵本線	奉天	1800	警部2、巡查20
滿鐵本線	鐵嶺	1201	警部2、巡查35
滿鐵本線	開原	74	警部1、巡查8
滿鐵本線	昌圖	127	警部1、巡查10
滿鐵本線	法庫門	103	警部1、巡查10
撫順線	撫順	289	警部1、巡查25
安奉線	鳳凰城	116	警部1、巡查8
安奉線	本溪湖	26	巡查3

資料來源：外務省編，《外務省警察史》，第7卷，頁41。

　　日本政府於開埠地及鐵道附屬地設立警察機關之舉動，引發奉天將軍趙爾巽強烈抗議，以其違反條約、恐有侵害中國主權之虞，照會要求撤除。日方除言及派出所存在利益，並強調設置權限係依據條約而來，故不願妥協。因鐵道附屬地警務署與領事館警察署在地理及業務上之重合性，致使在交涉過程中，駐奉天總領事頻頻利用治外法權進行抗辯，以為保護日人而設，遂將爭議置於更複雜之境地。

　　先是，1906年8月昌圖、鐵嶺軍政署廢止後，日方以奉天總領事荻原守一（以下簡稱荻原）為監督，派遣警部及巡查於昌圖、開原、通江口、法庫門開設領事館派出所，管理取締日僑。繼之，交涉總局發現奉天城內外日本警察派出所的設置，以及日人於大石橋擅設警察署等情事。

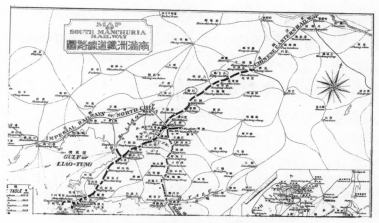

圖3　南滿鐵道附屬地內警務署分布情形

資料來源：庶務部調查課編，《南滿洲鉄道案內》（出版地不詳，南滿洲鐵道株式
會社，1909），插頁。

對此，趙爾巽認為日本既已撤兵，地方警察權當屬中國，日人派遣警
察顯然違反條約；尤其，作為開埠的通江口及法庫門應視日後開市之相關規
則而定。荻原則答以，依條約撤兵後雖不得有守備隊駐屯，但「目前我守備
隊仍駐屯該地、加以隨之居留之日人，在此派遣警察監視並取締，使其無不
法行為是極為適當且必要之處置」且此舉「不只對我方必要，對貴方亦極便
利有益之方」，強調設置派出所只為取締及監督日本臣民，並不涉及中國主
權。[40]趙氏聲稱，領事館在奉天城內及小西邊門外二處設立警察派出所，是
以妨害中國治權，故要求立即拆除。惟荻原以設置警察派出所，「係管束散
居城內外日人及法權執行上最適要之措置」，並無侵害中國治權，且中日警
察權各異，「雖兩國警察同在一處設立，亦不致有所妨碍」，此外「或須再為

40 「昌圖外三箇所二我警察官派遣二關シ趙將軍ヨリ抗議ノ件」（1906年8月16日），收入外
務省編，《外務省警察史》，第7卷（東京：不二出版，1996），頁47-48。

添設，茲特先行聲請接洽。」[41]奉天交涉事務總局（以下簡稱交涉總局）儘管一再要求日本總領事館遵守條約、早日撤廢警務機關，惟荻原不僅拒絕，甚至以「貴局素知本警察署之存在，今仍要求撤去派出所，實為顛倒本末之議論」駁詰。至於大石橋警署，趙爾巽亦基於條約及維護主權立場，指責日人利用軍政時期「在東營一帶購買民地，力圖擴充鐵道」，今「日人於東營一帶新闢市街擅設巡警，殊屬不合。」[42]

　　因交涉陷入僵局，趙爾巽乃咨請外務部處置。日本駐華公使林權助（1860-1939）在得知情況後，更是措辭強硬地表示，領事安排警察官適宜之職務區域以管束本國臣民，亦屬當然之事，絕無侵設中國主權。對於中方聲稱「警官派出所與地方行政權不免觸混」及以中日通商行船續約（1903年10月）第十條指稱不能於商埠自設警察一事，亦不能接受。為避免事態擴大，遂建議地方官直接與日本駐奉天總領事交涉，以維持兩國友誼。[43]林權助之立論與荻原並無二致，其回應可謂反映日本不願針對此事進行開議的心態。然此一警署設置爭議，待林權助表示意見時，已逾半年多。期間中國地方官員屢屢以條約為據提起抗議、要求裁撤，卻一再遭拒。林權助建議由地方直接交涉，不啻是將問題回歸原點，對於化解爭端並無任何助益。

　　就在林權助表示意見後不久，奉天清查房地總局又於鐵路附近發現日人佔用土地、鐵道附屬地內建築警務署之事。交涉總局旋即照會駐奉天代理

41　「日總領事照覆交涉局文」（1906年9月30日），〈請照日使轉飭撤廢警察派出所又護路兵隊日後對於沿鐵道事務亦應明定限希早日議結見復由〉，《外務部檔案》，中央研究院近代史研究所檔案館藏，檔號：02-10-010-01-006。「警察官派出所ニ對スル支那側ノ抗議ノ件」（1907年2月10日），收入外務省編，《外務省警察史》，第7卷，頁55-57。

42　「日本在青堆子地方取名新市街並設警署與約章不符請向日使結阻並示復由」（1907年2月19日），《外務部檔案》，中央研究院近代史研究所檔案館藏，檔號：02-13-054-01-014。

43　「奉天城內及小西門外二處所設之警察署及派遣所係為管束散住城內之日人於中國行政權無涉」（1907年5月2日）、「奉天所設警官派出所專為管束日本臣民撤廢之請礙難照辦」（1907年5月10日），《外務部檔案》，中央研究院近代史研究所檔案館藏，檔號：02-19-006-02-028、02-19-006-02-030。

總領事吉田茂（1878-1967）「迅飭警察署停止建築」，否則「無怪本局之以相
當手段對付」。[44]儘管如此，日方仍不願妥協，此後又爲安奉鐵路及安東等地
鐵道守備及警察設置問題再起爭端。據吉田茂的說辭，安奉鐵路在性質上爲
南滿鐵路支線，清政府於條約既已承認該鐵道屬日本鐵道，配置守備隊與警
察以爲保護、取締係當然之行爲。故對中方已承認南滿鐵路，「特對安奉鐵
道端起異議，藉區區之理由致兩國間開無益之爭端」表示遺憾外，亦不承認
中國將派遣軍警一事。[45]問題在於，就中國立場而言無論南滿鐵路或安奉鐵
路，依條約日本皆無權於鐵道內設置警察，而非特對安奉鐵道起異議。

此外，在安東商埠局和日本駐安東領事官的交涉中，雙方固然維持一
貫立場進行論辯，也未有出人意表的結果。然安東商埠局總辦對於條約特權
的回應，可謂切中問題核心，頗值得注意。首先，在論及治外法權問題上指
出：

> 夫所謂治外法權者，不過指國家主權之代表軍艦軍隊而言，此乃萬國之通義
> 而定。今貴國人民在當地享有之權，乃因特別條約而定之領事裁判權。夫
> 何得與治外法權同日語耶。既曰領事裁判權，則各國人民與我國人民刑事
> 民事上之檢視驗証，我警察皆得直接執行，且可爲臨時之假豫審。並捕拿現
> 行犯，錄口供。惟治罪一層，應交其本國領事接辦。此乃以我國刑法與各
> 國不同，各國爲保護其本國人之身命財產，訂此特約。決非全脫我主權範圍
> 也。……再對等一說。本道辦理交涉，惟有遵守約章行事。約章所不許者，

---

44 「清查商埠房地總務局爲呈請事」（1907年5月17日）、「奏辦奉天交涉事務總局爲照會事」
（1907年5月18日），〈咨請與日使交涉撤廢警署及交還佔地並將各案與日領交涉情形呈
覽〉，《外務部檔案》，中央研究院近代史研究所檔案館藏，檔號：02-19-006-02-038。

45 「安奉鐵道警察事據日本總領事照復各節咨請核辦由」（1907年6月13日），《外務部檔
案》，中央研究院近代史研究所檔案館藏，檔號：02-03-014-02-001。

即無論如何強大之國，本道即不能承認。[46]

當日方再度以《東省鐵路公司合同》、俄方制定的鐵道警察規則，稱鐵道警署設置於日俄戰前業已實施，中國並無異議；蓋今日之爭，係中方蔑視此顯然之規則與成例。中方則回以：

> 新市街作爲鐵道附屬地，無非援照俄讓於日本之東清鐵道之例。此說亦有誤解。夫東清鐵路，貴國以戰勝得之，則一切權利自能斷續執行。我國固不承認。若安奉鐵路用地，須俟改良時我國與貴國派員商定，決不能以無理之強俄爲比例。何則。以俄之藐視公法，爲公論所不容。[47]

儘管中國一再以條約爲據，指陳日本無須設立派出所，然日方仍依循上述模式與理由，於開埠地及鐵道附屬地內開設警務署及出張所。在中日對條約詮釋互異且互不妥協的情形下，日本於奉天設置警署一事成爲既定事實。惟從取締及交涉的過程可知，所謂領事館及鐵道附屬地兩者警務間的界線往往存在著模糊地帶。當中國官員以日人無權於中國設置警署時，日方多以設置警署乃爲管轄、取締日僑起見，此乃條約賦予日人享有領事裁判權或治外法權，中國無權干涉。再者，當中方質疑領事設警保護本國國民，亦無外國於中國本土設置警署之例，日人則又援引條約及俄國舊例，聲稱於鐵道附屬地內設置警察保安是爲條約所允，中國亦不得異議。

此一警署設置爭議，後因附屬地及領事館警署之重合性，以及清政府的抗議，爲求附屬地內外警務行政統一，都督府遂於1908年將部分附屬地

---

46 「覆日本領事」（1907年7月27日），〈日人在奉天安東設警佔地請併案與日使力爭令其撤廢〉，《外務部檔案》，中央研究院近代史研究所檔案館藏，檔號：02-19-007-01-012。

47 「日本領事來函」（1907年7月14日）、「覆日本領事」（1907年8月14日），〈日人在奉天安東設警佔地請併案與日使力爭令其撤廢〉，《外務部檔案》，中央研究院近代史研究所檔案館藏，檔號：02-19-007-01-012。

警署事務移交領事館警察兼任。[48]隨著領事管轄區域的變動以及附屬地內外
警署的併合，日人在奉天與吉林共設置營口（下轄大石橋、瓦房店支署）、
奉天（下轄遼陽、撫順、鐵嶺支署）、安東、長春（下轄公主嶺支署）四大
警察署。[49]對中國而言，針對警署設置提出異議與抗辯的目的在維護主權，
勿使他國干涉內政。日方雖屢以設置警署乃爲管轄日人起見，且中日警察權
各異，絕不踰越條約、阻礙中國治權。然實務上，雙方爲了取締管轄問題屢
生爭端；不僅有日本警察逮捕、槍斃中國人事件，亦有中國巡警與日僑衝突
者。[50]其中又以楊尊三、高景賢事件，最爲趙爾巽關切。

四、人身管轄問題交涉

日俄戰爭期間，日人於奉天佔領地的民務管轄，據1905年1月「遼東守
備軍行政規則」，明令管內住民犯罪或遇民事爭係時，軍政委員得依地方慣
例並參酌本國法令進行論處與審判。[51]同年5月關東州民政署成立後，則以
「民事刑事處分令」管理旅大租借地內中國人的民刑事務；其後又頒布「關東
州審理條例」、「民事刑事審理規則」、設置審理所裁判租借地內中日住民的
司法事務。至於鐵道附屬地內的民務管轄，在軍政署廢止、鐵道警察署開設
前，仍歸軍政署管轄。

48　關東廳編，《關東廳施政二十年史》，頁267-269。「南滿洲警察制度ノ沿革」，收入外務省
　　編，《外務省警察史》，第7卷，頁283-284。

49　關東廳編，《關東廳施政二十年史》，頁269-270。

50　相關事件可參見「清國巡警ノ暴行事件始末二關スル件」（1907年1月31日）、「巡警暴行
　　事件及在留民大會陳情ノ件」（1907年9月13日）、「山城子二於ケル清國官兵ノ本邦人二
　　對スル暴行ノ件」（1908年3月19日），收入外務省編，《外務省警察史》，第7卷，頁27-
　　32、59-61、66-69。

51　「滿密大日記明治38年1月2月」，〈遼東守備軍行政規則進達の件〉，JACAR（アジア歴史
　　資料センター）藏，Ref.C03020250400（防衛省防衛研究所）。

（一）租借地及鐵道附屬地內華民管轄法理

　　關東都督府成立後，清政府以該設置違反中俄租借原約，對「都督」、
「關東州」等名稱用語亦難承認，要求日方聲明其行政、法令與租借地內之
中國人無涉。日本以該作法實參考俄國前例，且經過深思考察，是無變更餘
地；至於歸還金州一事，則堅稱「各國人在該地之過犯，統歸日本處治」，
希望清政府「勿以曾經默許俄國者，對日本故事駁詰。」[52]

　　租借地內中國人的管轄問題，於中日交涉東三省問題時並無太多琢磨，
雙方僅原則上同意沿襲中俄舊規。然中日所認知的舊規並不相同，致使橫生
端由。蓋中方乃據1898年《旅大租地條約》規定，界內華民若犯案，就近送
交並按中國律法治罪。[53]日方所謂「參考俄國前例」，是以俄國統治旅大租借
地期間，發布關於審理、裁判華民間之民事及刑事等規則，明令中國人犯罪
事務由當地區長、民政委員進行調查與判決。[54]曾任日本滿洲佔領地行政事
務官的信夫淳平（1871-1962），更以此認為，日本既承襲俄國利權，租借地
內對中國人之管轄裁判權，無論民事刑事皆屬關東州司法官憲所有。[55]1908
年關東都督府頒布「關東州裁判令」、「關東州裁判事務取扱令」等法律規
定，雖遭清政府以不承認日本於該地之法權提出抗議，日方仍堅稱對租借地

52　外務省条約局法規課編，《関東州租借地と南満洲鉄道付属地》，頁128-129。〈日本聲稱
　　設置關東都督府事既經政府決定已無可更改餘地〉（1906年10月7日）、〈與日外部聲言日
　　本於租借地已有權利萬難退讓並希中國政府勿以曾默許俄國者對日本故事駁詰以全友誼〉
　　（1906年10月12日），《外務部檔案》，中央研究院近代史研究所檔案館藏，檔號：02-19-
　　005-03-067、02-19-005-03-070。

53　〈中俄旅大租地條約暨旅大租地續約〉（1898年5月7日），《總理各國事務衙門檔案》，中
　　央研究院近代史研究所檔案館藏，檔號：01-21-065-05-003。

54　「支那人間ニ生シタル民刑事件処分臨時規則」（1904年11月7日）、「満州ニ於ケル地方
　　行政ニ関スル件」（1905年12月9日），收入外務省編，《日本外交文書》，第37-38卷別冊
　　3，頁524-529、396-398。「6諸規則翻訳抄／2」（1907年9月20日），〈關東都督府政況報
　　告並雜報 第一卷〉，JACAR（アジア歴史資料センター）藏，B-1-5-3-013（外務省外交史
　　料館）。

55　信夫淳平，《滿蒙特殊權益論》（東京：日本評論社，1932），頁167-168。

內中國人犯罪事件行使裁判權乃俄國慣例，而清政府默認已久，故對其抗議置若罔聞。[56]

鐵道及其附屬地行政權法源，源自《東省鐵路公司合同》第五條「凡該鐵路及鐵路所用之人皆由中國政府設法保護，……所有鐵路地段命盜詞訟等事由地方官照約辦理」，及第六條「凡該公司之地段一概不納地稅，由該公司一手經理。准其建造各種房屋工程並設立電線自行經理，專爲鐵路之用。」[57]惟中俄對於條約第六條之解釋，頗有歧異。係法文版條約原文爲「東省鐵路公司於鐵道附屬地上有絕對且排他之行政權」，中文則載「凡該公司之地段一概不納地稅，由該公司一手經理」；[58]再加上俄人以清政府無力保護爲由，自訂《東省鐵路會社條例》（1896年12月），設立警察機關保護鐵道安全，[59]且不允中國警吏介入，一手掌握鐵道警備權。其後又與吉林、黑龍江及奉天將軍，締結關於鐵道附屬地的管轄協定，並據此設置鐵道交涉總局，負責管轄與鐵道相關事務。名義上，鐵路交涉總局人事由東三省將軍任命，然俄人卻掌有官員任免及統轄實權，從而完全掌握東省鐵道附屬地法權。1902年中俄《交收東三省條約》第三條「東三省安設巡捕及綏靖地方等事，除指給中國東省鐵路公司各地段外，各省將軍教練專用中國馬步捕隊以充巡捕之職」，[60]更給予俄人於鐵道附屬地設置警備之正當藉口。

日俄戰爭期間，俄國以中國守局外中立爲由，要求清軍撤至鐵路兩旁六十俄里之外，六十俄里以內之縣城僅能駐紮警察隊二百名，作爲緝捕盜賊

---

56 外務省条約局法規課編，《関東州租借地と南満洲鉄道付属地》，頁129。

57 「東省鐵路公司合同」（1896年9月8日），《外務部檔案》，中央研究院近代史研究所檔案館藏，檔號：02-03-006-02-002。

58 外務省条約局法規課編，《関東州租借地と南満洲鉄道付属地》，頁302、361。

59 「露国絕東行政一班」（1904年12月26日），《日本外交文書》，第37-38卷別冊5，頁305。

60 「中俄交收東三省及交還關外鐵路約條」（1902年4月8日），《總理各國事務衙門檔案》，中央研究院近代史研究所檔案館藏，檔號：01-21-066-01-001。

之用。未經允許之地，則應自行退去。[61]維特對日聲稱，爲保護鐵道經營建築兵營，及因清政府無力保護而自設警察等舉措，並不違背中國特許之說，儘管與原約內容不符，然俄國實質管轄事實，給予日本向中國要求鐵路守備之權宜。故有附約第二款，有條件地——在俄國同意下或中國能周密保護該地治安與外國人安全，同意與俄國共同撤出護路兵。

　　該爭議隨著俄國將南滿鐵路的利權轉嫁日本後，則形成三國互議的狀態。從日俄媾和談判的過程中，日本就可能引發爭議問題與俄國進行確認，即可見其爲確保權益欲將附屬地之行政管轄收歸己手。故在面臨清政府抗議時，一再堅稱其做法完全依循條約，不願妥協。因鐵道附屬地歸關東都督府管轄，故都督府令及關東州民政署令完全適用於該地。隨著日軍逐漸撤離，鐵道守備界限問題亦成爲中日爭執點之一。1906年7月，趙爾巽據約要求昌圖撤兵區域內之鐵道守備兵不得擅出鐵路界限外，遭大島義昌以「鐵道守備界限尚未規定」、「昌圖之位置爲鐵道守備隊必需之處」爲拒。[62]大島的態度，可謂加深日後中日對於鐵道守備、管轄的爭執。

　　蓋中日間對於管轄裁判的爭執自日俄撤兵後即愈演愈烈，尤其是租借地外的人身管轄及鐵道附屬地的警備設置，一直是中日間懸案。當爭端發生時，中國屢以紛爭皆係日本違反條約、侵犯中國主權而起，要求裁撤不法機關；日方則以條約既賦予租借、鐵道等權利，設置機關乃爲管理必要。再加上，日本將地方民事糾紛責成領事處理，不願擴大交涉層級，以致雙方僅能就個案解決，未能從根本上對管轄裁判問題做徹底的檢討及確立規範。

---

61 「關於俄武廓米薩爾照會中國軍隊撤至鐵路兩旁六十俄里之外的文件」，收入遼寧省檔案館編，《日俄戰爭檔案史料》(瀋陽：遼寧古籍出版社，1995)，頁100-106。

62 「關於與日交涉禁阻日本駐守鐵路軍隊擅出界路的文件」，收入遼寧省檔案館編，《日俄戰爭檔案史料》，頁279。

（二）楊尊三・高景賢事件

日俄戰爭期間，日兵擾亂、槍傷華民之事層出不窮。據寬甸知縣榮禧稟報，1905年1、2月間，該縣發生日兵槍殺潘國震、于泳法、戰財案件。潘案因罪證確實，經磋商後撤去兇手軍裝衣飾，罪刑交仁川裁判所定奪。[63]于泳法、戰財案則似因語言不通、民人聚集受日兵疑竇而致，除命與日員商議辦理外，爲避免再有類似情事，交涉局諭令轉告兵丁，「嗣後遇有可疑之爭，務當加愼，不得任意開槍，以重民命。」並「傳諭鄉約人等，凡日兵所至之地，即不必聞聲趕視，聚集多人，亦不可心慌逃跑或登高了望，致多誤會。」軍督部堂以「中日交涉尚無定章，此等命案將來各城皆所不免」，若不預定章程，將無法適從。故飭令交涉局查照華洋交涉歷辦成案，與駐省日員公平妥擬章程。[64]然因中日交涉之定章遲遲未有結果，以致日後紛爭不斷。

中日《東三省事宜條約》簽訂後不久，趙爾巽及驛巡陶大均（1858-1910）即曾就日本軍政官擅攬裁判權、傷及民人、干涉地方行政等事提起抗議，而日方係以誤會、無根據之事予以駁斥。依照條約，日俄應於媾和條約簽訂後十八個月內（即1907年4月前）完成撤兵，並將地方行政權交還中國政府。日本以撤兵前軍隊依然具有佔領權爲由，於各佔領區續行軍政統治；期間，馬賊嫌疑者楊尊三及關東州水產組合漁業團事務員高景賢遭殺害事件，不僅引發趙爾巽極大關切，更涉及租借地及鐵道附屬地管轄裁判問題。

據日方記載，1906年12月18日楊尊三於奉天停車場內持有六連發槍，日本巡查以其舉止可疑遂行逮捕、審問。是夜，楊氏企圖逃走遭夜行巡查發現，極力抵抗之際欲奪巡查配劍，該巡查於正當防衛下不得已拔劍而殺

---

63 「榮禧爲日兵乘醉槍斃民命、燒毀房屋財產事給增祺稟」，收入遼寧省檔案館編，《日俄戰爭檔案史料》，頁380-383。

64 「關於日兵槍殺于泳法等二命的文件」，收入遼寧省檔案館編，《日俄戰爭檔案史料》，頁387-390。

之。[65]對此，趙爾巽以日方於停車場發現可疑者逮捕後，非但不引渡，反擅自訊問，是於法不合。又以正當防衛而殺害之理由亦不完全：蓋楊氏奪劍不過是正當防衛，並無加害之舉，該巡查則逾越防衛必要範圍予以殺害，實屬不法處置。[66]故除訴請對該巡查加以重懲及賠償外，亦要求日方就屍首引渡時限予以回覆。在接獲日總領事荻原的通告後，中方即飭令巡警總局會同承德縣官員前往勘驗，斷定死者楊尊三係被人強殺並非因拒捕革殺。趙爾巽在得知消息後即照會荻原，認爲此乃源於日人擅設警察侵害中國行政權所致，同時要求應速引渡該案另外三位嫌疑者，以交中國地方官審問，並指責道：

> 前因貴國設立警察派出所，本軍督屢次照請撤廢，即早有鑒於此。現復以鐵路警察爲名，竟設署於奉天，究本於何種條約似此妄捕我國人民傷其生命，即爲干預我國吏治之一端。非將警察署速即撤廢，不足以防範未然。至該民人無故被害，該巡查有意故殺，亦應由貴總領事處以適當之罪以爲抵償。[67]

最初，奉天警務署署長以無論日本人或中國人，凡鐵道附屬地內犯罪行爲皆爲其職責，縱令附屬地外不得執行警察職務，然「於開放地外之內地亦得隨意搜查逮捕犯人」且「於開放地外之內地執行搜查，警務署應可隨意而爲，無須與中國官憲協議或經其允諾。」拒絕引渡。[68]對此，荻原則認爲奉天

<hr/>

65 「関東都督府奉天警務署ノ清国人犯人取扱方二付報告並請訓ノ件」（1907年2月18日），收入外務省編，《日本外交文書》，第40卷冊1（東京：日本国際連合協会，1960），頁408。「2 明治四十年一月以降関東都督府渉外事務概要」（1907年6月11日），〈関東都督府政況報告並雜報 第一卷〉，JACAR（アジア歴史資料センター）藏，B-1-5-3-013（外務省外交史料館）。

66 「関東都督府奉天警務署ノ清国人犯人取扱方二付報告並請訓ノ件」（1907年2月18日），收入外務省編，《日本外交文書》，第40卷冊1，頁408-409。

67 「関東都督府奉天警務署ノ清国人犯人取扱方二付報告並請訓ノ件」（1907年2月18日），收入外務省編，《日本外交文書》，第40卷冊1，頁411-412。

68 「関東都督府奉天警務署ノ清国人犯人取扱方二付報告並請訓ノ件」（1907年2月18日），收入外務省編，《日本外交文書》，第40卷冊1，頁410。

警務署的見解及其遲不引渡之作法，將使警察權之執行產生更多紛議。故面對趙爾巽的強烈要求，荻原乃頻頻就楊尊三事件及警署權限問題電詢外相林董（1850-1913）。林董對奉天警務署聲稱附屬地外之權限雖亦表不甚妥當，惟對中方要求遲不回覆，頗有將其視爲懸案意味。其後，高景賢事件更使雙方爭端持續擴大。不同的是，儘管高景賢是中國人，然因其身分特殊（旅順住民、關東水產組合漁業團事務員），日總領事欲爲其代爲求償。趙爾巽除對日方作法提出異議外，同時也藉此一機會，要求針對楊案予以回覆。

1907年4月7日夜間，蓋平漁業公司內發生高景賢遇害事件，高氏從人郭岐山被捕、同行日人本間錠吉則被護送至奉天後交付日總領事館處置。關於高案之經過，據本間給總領事館之稟稿稱：黃家傑爲海上保險局設立，兩次（1907年3月20日及3月31日）致函高景賢，希望他前往蓋平漁業總局面商。在大連警務課暗查巡捕長橡玉丹的勸告下，高氏決定赴蓋平，本間也在其邀請下一同前往。本間與高氏及其從人郭岐山於4月5日赴漁業總局，時黃家傑因公赴營口及省城，後在委員徐樹勳以及譯員張元佐的勸告、慰留下，移居漁業總局。4月7日晚間，本間於睡夢中驚醒，遭八名兵勇縛綁，並聞室外劍戟聲。後有巡弁入屋，本間問其縛綁原因並要求解縛；巡弁稱高景賢爲匪徒，本間與之同來故遭此禍。隔日，本間對張元佐表示，昨日事變全不與聞；張氏則告以，昨夜黃家傑與高景賢因意見衝突起口角，高氏盛怒下開槍不中，隨即拔劍斬殺黃氏。適有人從中阻止，將其捕縛。因本間與高氏同來，慮及本間恐帶有軍械，故派兵勇捕縛以備不虞。對此，本間表示如有此事必聞槍聲，因只聞劍戟聲，故不能不有所疑；繼之，表示希望能速回旅順，要求請解交大石橋警務署或營口領事館。後黃家傑前與本間談話，本間問其爲何縛綁他，是否對他有殺害之意。黃氏答稱無害意，然昨夜高氏因口角行兇遭縛，本間與高同來，恐其聞知高氏遭縛而激憤行兇，故按中國律

例派人縛之。黃氏並解釋道，依中國律例無論大小官員，凡有罪跡可疑者必須捕縛；漁業總局捕縛本間亦是照清律辦理，日內當解交奉天日本總領事館。解交前，黃家傑告訴本間，日前曾至省城謁見荻原總領事，荻原亦知本間非無賴之徒，但高某非良民也。待本間抵達省城赴督署後，面對陶知縣的詢問亦據實答覆；至於高景賢是否持有槍械，本間表示不知情並以其諒高氏不持刀械。其後，又拿一張文憑問本間是否曾交給高景賢。本間看過後，認為此乃去年清利公司保護熊岳城漁業時，允認役夫高得勝攜帶手槍之文憑，與高景賢無涉。陶知縣則據蓋平稟文告以本間，高景賢持有此文憑所以敢持槍兇。本間當下對此頗感可疑，不久之後被送交總領事館。[69]

　　對此，日本駐奉天代理總領事吉田茂則於4月14日照會趙爾巽稱：

　　本月七日夜，貴國人高景賢及本邦人本間錠吉至蓋平之貴國漁業公司內持槍暴行，高景賢當場格殺。……昨日接都督府石塚民政長官電覆，謂高景賢係旅順住民，為關東洲水產組合漁業團之事務員。蓋平漁業公司事實上豫有敵視之關係，……故用計將高景賢招去有謀殺之形跡。……查此案緣黃總辦兩次函招謂有商議事件，故高景賢及本間遂前往。……雖黃總辦稱高景賢與伊爭議後放槍拔刀亂砍故而格殺。然查本間及高景賢同宿並不聞有槍聲。……無論如何查察，無可認為高景賢暴行之處。黃總辦之辯稱不過欲以正當防衛之詞藉可推卸，至用詐謀招來謀殺早已無可疑也。……且本人及漁業團之事業所有損害必須要求相當之處置。至黃總辦以下於此事之暴行有關係者即從嚴處罰，並對高景賢之遺族與以相當之賠償金及吊慰金。本間及漁業團亦當酌與相當之賠償金。至高景賢之從人郭岐山亦請即速釋放。[70]

69 〈本間某上日本總領事署稟稿（為高某被戕事）〉，《盛京時報》（瀋陽），1907年4月18日，版2；1907年4月20日，版2；1907年4月21日，版2。

70 「蓋平二於ケル漁業團員被害事件二關シ趙將軍宛公文寫送付ノ件」（1907年4月15日），

趙爾巽則以高景賢與本間前去漁業公司時，適黃家傑有事外出，得局電後始回傳見，可見毫無預謀之意；於晚間詢問高景賢「括收漁利即擅自出示緣由」時，高氏「未陳顛末，驟持手槍行兇。幸得未中，復欲利用佩刀加害。」後經局巡弁救護，而殺死高景賢。加以「高景賢之持槍現有搜出之帶槍証書爲憑」，其放槍「則有局屋之彈子痕迹可証」，故高景賢之死是出於黃氏之正當抵禦。至於縛送本間一事，則鑒於其與高氏同來，即是有嫌疑之人；唯恐言語不通，「不得已爲保護起見，特暫行束縛，以免不測。」且本間之自白書中亦有「欵待甚周之語」。遂對吉田稱，中國官員謀殺高景賢、虐待本間一事，加以駁斥。對於日本代爲求償及要求引渡之作法，趙氏則言：「查租借地內之住民照約仍歸我國官吏管理」，斷無引渡他國官署之理；高氏雖爲水產組合事務員，然其「行兇被殺故無撫卹之例，即爲貴國人之僱用人，因犯罪處死亦無索償之理。」至於損害漁業團事業，則以該組合「非因條約上結果由我國允諾設立之事」，故不得藉詞索償。[71]

對日本而言，趙爾巽一貫的強硬態度，著實難以應付。尤其趙氏屢以條約抗議日人設置警署、侵害主權、殘害華民，更令不勝煩擾。當楊尊三及高景賢事件談判陷入僵局之際，東三省改制及新任東三省督撫上任，讓事態始有轉圜。因趙爾巽希望在離任前，能將過去交涉未了案件做一處置，故願對楊、高兩案做有限度的讓步，以期雙方和平了結。對於楊案，除要求對該巡查求以相當處分，並要警務署保證將來不再有類似行爲。至於高案，則主張此係正當防衛，惟黃總辦未得將軍許可函招高景賢實屬違反官命，故將重

《日本外交文書》，第40卷冊2，頁423-425。「爲照會事」（1907年4月14日），〈希將黃家傑殺高景賢及日遠洋漁業團勒收漁戶捐費二事劃清嚴與日使交涉以固漁利以保海權〉，《外務部檔案》，中央研究院近代史研究所檔案館藏，檔號：02-19-006-02-034。

71　「爲照覆事」（1907年4月17日），〈希將黃家傑殺高景賢及日遠洋漁業團勒收漁戶捐費二事劃清嚴與日使交涉以固漁利以保海權〉，《外務部檔案》，中央研究院近代史研究所檔案館藏，檔號：02-19-006-02-034。

罪處分以示讓步。又對本間之事甚爲遺憾，願給予相當賠償。[72]吉田茂則以爲，高景賢究係正當防衛或謀殺致死是本案關鍵，確信高氏是遭殺害才能代爲求償。至於引渡高氏屍首及郭氏一事，涉及租借地內中國人管轄權問題，且郭氏究屬關東州住民或鐵嶺住民尚有疑義。如雙方對上述問題繼續爭論，短期內甚難解決。倘待新任督撫上任後重啓交涉，恐另生波折，尤其唐紹儀（1862-1938）爲有名辯論家，將令問題更爲難解。提議不如趁趙爾巽離任前，儘快妥協了結。[73]

吉田茂雖有妥協之意，然因雙方對於楊尊三及高景賢是否是正當防衛致死，以及租借地內中國人管轄問題仍爭執不休，以致談判陷入僵局。中方以勘驗屍體即爲論斷正當防衛致死或謀殺之根本方法，日方則經多方查報得出有力證言，證明高氏爲被縛後遭押至西門下斬殺，可知乃故意誘殺。[74]至於引渡及租借地內管轄權問題，日本外務省則稱此爲都督府爲保護「州內人民不得不之必要非常手段」。[75]

此外，該事件亦引發不少奉天日僑的憤怒及議論，如營口《滿洲日報》嚴詰黃家傑誘殺高景賢、捕縛本間之行徑，以爲日本要求賠款及嚴究當事者之作爲甚當。對於中國有頑冥之吏爲利權回收主義所激，而有暴行橫生、阻梗邦交之事，深感可悲。大連《遼東新報》稱此係謀殺案，綁縛身無寸鐵之本間及派勇警護檻車將其解送至省城不僅不法，更是對日本國民之蹂躪。

72 「蓋平漁業公司事件其他ノ懸案二關シ妥協方將軍ヨリ交涉ノ件」（1907年4月23日），收入外務省編，《日本外交文書》，第40卷冊2（東京：日本国際連合協会，1961），頁427-429。

73 「蓋平漁業公司事件其他ノ懸案二關シ妥協方將軍ヨリ交涉ノ件」（1907年4月23日），收入外務省編，《日本外交文書》，第40卷冊2，頁429-430。

74 「蓋平漁業公司事件二關シ堺副領事報告ノ件」（1907年5月6日），收入外務省編，《日本外交文書》，第40卷冊2，頁440-441。

75 「蓋平漁業公司事件二關シ声明見合方訓令ノ件」（1907年4月27日），收入外務省編，《日本外交文書》，第40卷冊2，頁433。

認爲關東州之中國人所以安居樂業，乃日本保護所致，保護關東州之中國人亦爲日本權利。[76]《盛京時報》論說則直言，當務之急是賠償款項。按中國律例，犯謀殺罪、誣殺人命者皆立斬決，殺高景賢之首犯，必應科以死罪。至於本間無故遭人縛綁且以兇犯押解至省城，洵屬野蠻。故賠償本間損害，無所容疑。[77]當地日僑雖多表不滿之情，然無不希望此事能和平了結。

因雙方交涉日久，日本外相林董在給駐華公使林權助的訓令中亦表示：

> 查帝國政府並非主張關東都督管轄地域以外華民歸都督府保護，惟當經派遣總領事館員前往該處調查。明知黃總辦將高景賢故意誘出租界外謀殺情事，若置之不問，誠恐將來保護界內華民諸多礙難之處。本大臣即電訓奉天署總領事仍以前開各要求反覆交涉迅速結案爲要等語。乃趙將軍向黃總辦應行之司法處置迄今未辦，殊屬失當，速即交涉中國政府。請電致奉天將軍允認我國要求，妥爲辦理爲盼。[78]

在外務部的勸告下，林權助於5月25日提出解決懸案意見。關於高景賢案，鑒於加害者及被害者身分之複雜，認爲吉田所提出之折衷案——依清政府之律例將黃總辦革職處分，較易貫徹。並以該事件使日本地位大受打擊，既然中方希望妥協，建議政府應抓緊機會，同時就本溪湖炭坑問題與中國商談，以便獲取實質利益。[79]外相林董則於28日訓令吉田，趁趙爾巽離職前了結以下懸案：一、關於高案，將黃總辦直接免職，且將來不得再於奉天省內

---

76 〈東報議論蓋平案〉，《盛京時報》（瀋陽），1907年4月21日，版2。

77 〈論蓋平命案〉，《盛京時報》（瀋陽），1907年5月10日，版2。

78 「漁業公司事件ニ關シ我要求受諾ヲ趙将軍ニ訓令スル樣清国政府ニ交渉方ノ件」（1907年5月16日），收入外務省編，《日本外交文書》，第40卷冊2，頁446-447。「希速行知奉天將軍和平了結高景賢被殺案」（1907年5月20日），《外務部檔案》，中央研究院近代史研究所檔案館藏，檔號：02-19-006-02-033。

79 「滿洲諸懸案解決方ニ關シ意見稟申ノ件」（1907年5月25日），收入外務省編，《日本外交文書》，第40卷冊2，頁478-479。

任公務。對於高氏遺族則可向將軍或加害者求取相當賠償或救恤。二、楊尊
三事件則照中方先前要求，對該警官給予適當之處分。三、本溪湖炭山爲中
日合同事業，應速妥協交涉。[80]

　　至此，歧異甚深且交涉多時的楊尊三及高景賢案，終露解決之機，惟雙
方仍就賠償問題爭執不已。先是，中方對楊案要求五千元賠償，而日方不願
認賠。繼之，日方對於高案索償十八萬元；後經中方再三駁阻，最終減爲一
萬，其中五千作爲楊案賠償。後交涉總局以關東州漁業組合「帶兵乘輪越境
強行收捐」一事，本間實爲戎首，故不應再給賠償；即使認賠，本間此舉已
使中國蒙受損失甚大，故應令其先行認明不法為要。[81]因雙方對於賠償金額
頗有爭議，再加上越境收捐一事尙待調查，致使楊、高二案無法於趙爾巽任
內了結；只得將相關交涉情資做一整理，以便移交新任督撫酌核辦理。

　　日總領事荻原則於1907年9月5日，與東三省總督徐世昌（1855-1939）
及巡撫唐紹儀就漁業問題進行商議。針對高景賢案賠償問題，荻原以先前商
談條件未果，賠償問題究係如何解決提出疑問。中方答以，「因黃家傑無財
產在奉，現擬令其出洋一千元，由公家再出一千元，共兩千元，給高景賢家
屬。」荻原則稱，「以本總領事調查，黃家傑實有萬金之財產。」其後雙方又
就黃家傑財產問題及賠償金額加以辯論，惟在各執一詞下，不歡而散。[82]楊
尊三案在日方將巡查鈴木忠五郎免職以及堅不賠償的情形下，於是年10月
正式了結。[83]至於高景賢及關東州漁業組合等案，則在東三省總督復令交涉

80　「滿洲諸懸案解決方ニ關シ訓令ノ件」（1907年5月28日），收入外務省編，《日本外交文
　　書》，第40卷冊2，頁482。

81　「高案談判雖有端倪而日人不欲提及懼魚園案以致屢議屢罷移交後可由新任嚴詞詰責」
　　（1907年6月14日），《外務部檔案》，中央研究院近代史研究所檔案館藏，檔號：02-19-
　　006-03-011。

82　徐世昌等編，《東三省政略》，第3卷（長春：吉林文史出版社，1989），頁622。

83　「楊尊三事件ノ解決ニ關シ訓令ノ件」（1907年10月15日）、「楊尊三斬殺ノ都督府巡查
　　分ニ關スル件」（1907年10月25日），收入外務省編，《日本外交文書》，第40卷冊2，頁

司陶大均合併磋商下，於1908年4月始議結。[84]由此可見，雙方在人員的懲處上頗有共識，惟在賠償金額上爭議日久。

經過一年多的交涉，楊尊三及高景賢事件爭端雖告落幕，然中日對於警察權及租借地、鐵道附屬地管轄權爭端並未因此解決。在日本強硬的態度及中國無力阻止下，日本在奉天之警署設置即成既定事實。而租借地及鐵道附屬地內華民管轄問題，同樣囿於中日的態度與實力，只得依個案解決。交涉過程中日方容或有讓步之處，然其目的仍是欲藉由某部分妥協以獲取更大利益，此點從楊、高二案的交涉過程即可知一二。

與此同時，日本對於東清鐵道附屬地警察權及管轄裁判問題亦十分關切。日俄媾和談判時，即以俄國將哈爾濱日僑納入其管轄一事，是否侵害、違反機會均等主義，提出質疑；日俄相繼撤兵後，外務大臣林董給駐哈爾濱總領事之訓令為，該鐵道附屬地內之日人應遵奉俄國警察規則、地方團體法規以及東清鐵道會社規則，然違反規則者之制裁則應以日本法規為準。[85]在東清鐵道附屬地行政權的爭議中，中方抗議起初獲得美國、德國等駐哈爾濱領事及住民同情，俄國駐京公使則將相關鐵路條約通牒各國駐華公使，同時取得日本支持。[86]日本恐其在滿施政以及日俄協約遭歐美抨擊違反門戶開放原則，除聲明鐵道附屬地內警察權力之法源，對於司法權則稱該地屬中國領土，故外國人於此得享有領事裁判權；至於鐵道敷設與經營特許，則重申日俄媾和談判時共識，言其並不違反門戶開放主義。[87]

420-421。

84 徐世昌等編，《東三省政略》，第3卷，頁597。

85 「林外務大臣發信在哈爾賓總領事宛回訓」(1907年7月1日)，收入外務省編，《外務省警察史》，第4卷 (東京：不二出版，1996)，頁215-216。

86 「鐵道附屬地ノ行政權二付日露間申合ノ件」(1909年4月6日)，收入外務省編，《日本外交文書》，第41卷冊1 (東京：日本国際連合協会，1960)，頁729。

87 「鐵道附屬地行政權二關スル日本政府ノ所見ヲ米國務長官二説明ノ件」(1909年4月17

五、結語

從日俄開戰、議和到撤兵，可見日本如何透過軍政、警務與民政逐步控制並擴大其在滿勢力。所依循之法理，係源於俄國自1896年以來利用各種合同、條約向中國取得的諸多權益，以及因條約解釋互異或藉口中國無力保護而造成的俄例舊法。儘管日本以戰勝國之姿從俄國手中奪取旅大租借地及南滿鐵路的諸多權利，惟在經營、治理的過程中，遭受中國地方官莫大阻擋。然因中日（俄）間之條約規範與實際執行存在模糊地帶，致使發生爭議時，條約無法完全成為維護中國主權的利器。雙方對於條約的認定及解釋差異，更使得管轄權爭端陷入各執一詞的情境；再加上，日本將地方民事糾紛責成領事處理，不願擴大交涉層級，以致雙方僅能就個案解決，未能從根本上對裁判管轄問題做徹底的檢討及確立規範。

理論上，租借地的主權仍屬被租借國所有，租借國僅有治權且應尊重被租借國之主權。故在俄國轉讓利權給日本之際，仍須獲得清政府之同意與確認。日本在取得清政府同意後，誠然得到租借權利，惟雙方對於治權之認知與界定問題，實造成日後爭執的要因。此一始自日俄戰後的認知歧異，未因持續發生的爭端而有解決之方，反倒隨著日本在滿勢力的擴展懸而未決。日本在東三省之設警，誠然有其法理依據；然中方唯恐日人侵犯主權之疑慮，亦非空穴來風。在日本屢以治外法權進行抗辯並迫使中國承認的情況下，奉天設警爭議於1917年告一段落。然而，隨著1920年代利權回收運動以及外人在華治外法權撤廢問題的浪潮，中國對中東鐵路護衛權的回收及其對在「北滿」日人的強硬態度，更加深中日衝突。滿洲國成立後，在日滿不可分的國策下，召開治外法權撤廢幹事會、決定《治外法權撤廢要綱》，並於

日），收入外務省編，《日本外交文書》，第41卷冊1，頁733-734。

1937年11月5日締結《關於滿洲國治外法權的撤廢及南滿洲鐵道附屬地行政權的移讓之日滿條約》，惟仍保留旅大租借及鐵道經營權。直至1952年舊金山和約的簽署，日本才正式放棄在中國一切特權。

愛仁輪事件與國民政府外交部的處置對策*

應俊豪

國立臺灣海洋大學海洋文化研究所教授

一、前言

　　1927年10月19日，輪船招商局所屬的愛仁輪從上海出發，船上載運258名華洋乘客以及貨物，準備經廈門前往香港。然而，就在上海至廈門的公海上，遭到偽裝乘客的海盜暴力攻擊，並將輪船劫往廣東大亞灣。當愛仁輪駛近廣東大亞灣水域時，英國海軍*L4*潛艦正在大亞灣口執行例行巡邏防盜任務。由於大型輪船吃水較重，一般而言不太可能駛近大亞灣，故*L4*潛艦立刻懷疑形跡可疑的愛仁輪應是遭海盜劫持，遂以燈號要求愛仁輪停船受檢。但由於劫持輪船的海盜拒絕接受停船受檢的命令，並加速轉向逃離，故*L4*潛艦在多次示警、威嚇無效後，乃決定開砲轟擊愛仁輪，試圖讓其失去動力。但炸裂的砲彈碎片卻不幸因此引起全船大火，導致愛仁輪失火沉沒。*L4*潛艦雖然立即駛近援救愛仁輪乘客，但因發生大火與輪船進水傾斜，船上出

---

*　本文為筆者科技部專題研究計畫「愛仁輪劫案與中英海盜究責問題之爭（1927-29）」（MOST 103-2410-H-019-002-）部分研究成果。由衷感謝匿名審查人的修改建議，讓筆者注意到愛仁輪事件前後國民政府內部的權力爭奪與不穩定狀態。

現極大的恐慌與動亂，援救不易，部分爲躲避大火的乘客乃紛紛跳海逃生。
L4潛艦官兵雖然緊急救起超過兩百多名的乘客與6名船員，但最終還是有24
名華籍乘客淪爲波臣。愛仁輪船上倖存的海盜成員，稍後則被英國海軍拘
捕，送交香港司法當局調查審理，並追究其刑責。[1]

輪船招商局愛仁輪　　　　　　　英國海軍潛艦L4

圖1　愛仁輪事件相關船艦圖像

資料來源：〈海盜劫船實錄〉，收入於「中國軍艦史月刊」，http://60-250-180-26.
　　　　hinet-ip.hinet.net/theme/theme-85/85-index4.html。（2013年12月4日
　　　　點閱）

　　由於死傷慘重，故愛仁輪事件發生後，震驚中外，引起軒然大波，而英
艦的開砲行動，更是備受質疑。首先，愛仁輪並非英國輪船，而是隸屬於中
國官方的輪船招商局。[2]其次，英艦開砲時的位置疑似並非位於公海，而在大
亞灣口，故應屬中國領海水域內。換言之，從某個角度來說，愛仁輪事件就
是英國軍艦在中國領海內將一艘中國籍輪船擊沉，嚴重侵害到中國主權。也

1　關於愛仁輪事件過程，可詳見以下資料："Report of Proceedings of H. Submarine from
　18th to 21st October, 1927, by Lieutenant N.J.C. Halahan," First Cruiser Squadron's Letter,
　No. 297/005, 28 October 1927, CO129/515/1. 參見Naval Intelligence Division, Naval Staff,
　Admiralty, *Confidential Admiralty Monthly Intelligence Report*, No. 106 (15 March 1928),
　p41, CO129/507/3；〈西報紀愛仁輪之遭劫沉海〉，《申報》（上海），1927年10月28日，版
　7；〈愛仁輪船被劫紀詳〉，《申報》（上海），1927年10月29日，版9-10。溺斃的24人中，
　其中8人爲愛仁輪船員，其餘16人則爲乘客，均爲華籍。不過，在16名死亡的乘客中，
　無法確定是否有海盜成員。

2　輪船招商局此時正準備進行改組，改隸於國民政府交通部，1927年11月國民政府正式
　公布交通部《監督招商局章程》。參見〈水運法令制定（一）〉，《國民政府檔案》，國史館
　藏，典藏號：001-012760-0001，入藏登錄號：001000001828A。

因此國民政府外交部提出強烈抗議，質疑英國海軍用武過當，不但抵觸國際法，也違反人道原則，故要求英國政府應嚴懲海軍失職人員，同時賠償愛仁輪損失並撫卹死傷者。[3]然而另外一方面，英國政府雖對於愛仁輪事件的重大死傷表示遺憾，但卻強調*L4*潛艦所有行動均合乎英國海軍部的相關訓令，也沒有違背國際法與人道救援精神；所以，真正該為此案重大死傷情況負責的，不應是執行援救行動的英國海軍，而是縱容海盜肆虐的中國政府。即是之故，中、英雙方政府在此之後，多次為愛仁輪劫案相互角力，除各自援引國際法慣例闡述己方立場外，同時也痛責對方的不當之處。

直言之，本文試圖從國民政府外交部如何處理愛仁輪事件（小歷史），來看北伐期間國民政府「革命外交」模式的調整與轉向（大歷史）。本文將根據中、英雙方資料，特別是《國民政府外交部檔案》，[4]以及英國政府相關部門的檔案，[5]深入探討愛仁輪事件後中英雙方互動的過程，藉此剖析北伐期間國民政府在對英外交施為上的特性與轉向。此外，除了中英雙方當事者之外，美國方面也非常關注此案的發展，故本文也將利用美國國務院「中國國內事務檔案」，從旁觀第三者的角度，分析美國如何看待此次中英爭執。[6]

3　愛仁輪事件發生在1927年10月，此時北京政府雖仍是列強政府所正式承認的中國中央政府，但因國民政府事實上已控有長江南岸等東南各省，輪船招商局（愛仁輪船東）即將改隸於國民政府交通部，加上招案的海盜人犯籍隸廣東，且事發地點又位於廣東水域，所以國民政府外交部自始即對於愛仁輪案善後交涉問題介入甚深。而北京政府外交部則似乎並未介入處理此案，一來現存北京政府外交檔案中，並未有愛仁輪交涉紀錄，二來英國外交、殖民檔案所存的中英往來照會記錄，也是以國民政府外交部為交涉對象，未有北京政府介入的相關資料。

4　《國民政府外交部檔案》，中央研究院近代史研究所檔案館藏。

5　Colonial Office (Great Britain), *Original Correspondence: Hong Kong* (CO 129)，香港公共圖書館藏英文微捲檔案。

6　Department of State (United States), *Records of the Department of State Relating to the Internal Affairs of China, 1910-1929* (Washington, D.C.: The National Archives, 1960) (M 329) (Microfilms, hereafter referred to as RIAC).

二、事件前後的中英互動

　　1926-1928年國民革命軍北伐，終結了北洋政府統治，建立了國民政府的新政權。愛仁輪劫案發生的1927年，即是屬於北伐期間，當時國民革命軍兵鋒席捲東南各省，國民政府統轄範圍從原先的兩廣地區，擴及富庶精華的半壁江山。於此中國政局重大變化之際，英國外交部不得不重新檢討其既有的對華政策，正視並斟酌與國民政府發展新的外交關係。[7]不過，英國在香港的殖民與軍事當局，卻因殖民地飽受中國政局動盪、內政失序所造成的廣東海盜肆虐之苦，而亟思以武力報復行動來反制。外交、殖民、軍方等不同部會間的重大歧見，導致英國政府在調整對華政策時處於相關詭謫不明的情況，既謀思改善與國民政府的關係，卻又不放棄以武力政策來迫使廣州當局積極處理廣東海盜問題。[8]

　　另外一方面，國民政府在北伐期間，為了助長軍事行動聲勢，積極運作反帝宣傳，喊出「打倒列強、除軍閥」的口號；[9]反映在實際外交作為上，就是所謂的「革命外交」路線，利用輿論宣傳利器，動員群眾力量以抗衡帝國主義列強。[10]而其具體操縱輿論的標準做法，乃是刻意凸顯近代以來不平等條約對中國主權的侵害，反覆歷數1920年代列強對華干涉行為所造成的諸

7　關於國民革命軍北伐期間英國調整對華新政策，可參見Edmund S. K Fung, *The Diplomacy of Imperial Retreat: Britain's South China Policy, 1924-1931* (Hong Kong; New York: Oxford University Press, 1991)；Chi-hua Tang, *Britain and the Peking Government, 1926-1928* (London School of Economics and Political Science PhD Dissertation, 1991).

8　應俊豪，〈亟思反制：1920年代後期英國處理廣東海盜政策之轉向〉，收入周惠民主編，《國際秩序與中國外交的形塑》（臺北：政大出版社，2014），頁109-161。

9　例如1927年2月《廣州民國日報》一篇社論，即主張以「打倒張作霖」、「擴大及發展民眾力量」以及「暴露英帝國主義及其他帝國主義的罪狀」為未來奮鬥的三大目標。參見趙慕儒，〈列強帝國主義最近對華政策之互異與吾人應有的努力〉，《廣州民國日報》（廣州），1927年2月9日，版2。

10　李恩涵，《北伐前後的「革命外交」（1925-1931）》（臺北：中央研究院近代史研究所，1993）。

多「慘案」，將其一律渲染爲「屠殺」，並擴大解釋爲是列強故意阻礙中國統一、干擾北伐的例證，藉此激發群衆的同仇憤慨之心。而在輿論宣傳過程中所產生的強大民族興情，對外可以牽制列強，進而衝撞條約特權體制，調整中外互動模式，對內則可以大幅提高北伐軍事行動的正當性與士氣，並以強大民意後盾，協助北伐情勢。[11]

　　換言之，一邊是正思考調整對華政策，但卻掙扎於協調妥協還是武力干涉之間的英國，一邊則是以中國的新主人自居，開始著手處理外交事務，但卻又善用輿論宣傳手法，高喊打倒列強的國民政府。當雙方必須面對英國軍艦擊沉中國輪船並造成百姓重大死傷的愛仁輪事件時，究竟該如何自處與過招？英國是否會採取隱忍退讓的態度來處理愛仁輪案交涉，以屈就新架構下中英關係？抑或是英國會堅持武力路線的正當性，攻擊國民政府與廣州當局的縱容海盜爲禍。而國民政府方面，是否會延續先前反英風潮與「革命外交」的精神，利用愛仁輪事件，操作爲「慘案化」，藉此鼓動群衆力抗英國帝國主義，同時爲後續的北伐軍事行動蓄積民氣？還是國民政府會承繼北京政

11　以對英宣傳爲例，茲舉北伐期間《廣州民國日報》上的一則評論，來說明當時國民政府慣常的輿論宣傳口吻：「（英國）架設機關槍，擬向我國民眾掃射。同胞們，這是什麼一回事？我中國並未亡國，我中國不是牛、不是狗，爲什麼英帝國主義者可以隨便派兵登在我中華國土？國民政府所在地的廣州，他簡直當我中國人是他的殖民地……沙基慘案死難烈士的碧血未乾，烈士的家屬血淚尤在，而英帝國主義者，又欲來重新來屠殺我中國人民。唉，這是何等痛恨的事、何等恥辱的事……我們不是亡國奴。」參見〈海軍告民眾書〉，《廣州民國日報》（廣州），1926年9月9日，版7。究其實際，北伐期間反帝口吻的輿論宣傳報導，實在是屢見不鮮。1927年初，爲了替收回漢口、九江英租界行動張勢，《廣州民國日報》又密集宣傳漢口九江英兵屠殺華人情事，以鼓動民氣，例如「上海之五卅、廣州之六二二、萬縣及最近之漢、潯等案，乃英帝國主義屠殺中國徒手民眾……用砲艦政策壓迫中國、強訂不平等條約，掠奪種種權利。」參見〈英海軍長極力詆毀中國之民眾運動〉，《廣州民國日報》（廣州），1927年2月9日，版2。相關類似宣傳報導，可參見〈漢口英兵又慘殺同胞事件〉、〈英兵在九江槍殺工人情形〉、〈英艦又接續在九江屠殺〉、〈英兵在漢屠殺後之昨訊〉、〈各界對漢口英兵屠殺案之憤慨〉、〈漢口九江兩慘案交涉近況〉、〈英水兵又在長沙橫行〉，《廣州民國日報》（廣州），1927年1月7日，版2、1927年1月10日，版2、1927年1月11日，版5、1927年1月18日，版2。

府的外交格局，在西方條約體系架構下，依據國際法與慣例，透過正規外交途徑來討回公道？[12]

　　愛仁輪事件發生之初，英國駐廣州代理總領事璧約翰（J.F. Brenan, Acting Consul-General, Canton）即照會國民政府特派廣東交涉員陳長樂，要求廣州當局應立刻派軍進剿與掃蕩大亞灣的海盜巢穴。當時廣州方面尚未完全掌握劫案詳情，故陳長樂在回覆照會中，僅強調已訓令有關軍事當局籌劃進剿海盜行動，同時下令地方行政首長著手調查劫案事實真相，但並未針對英國海軍潛艦擊沉愛仁輪之事表達抗議之意。[13]

　　然而，在事件詳情日漸明朗之後，英國對愛仁輪劫案的處理方式，無論是海軍擊沉輪船或是香港高等法院判決涉案海盜死刑等作為均引起國民政府的強烈不滿。1927年11月23日，愛仁輪劫案7名海盜被告在香港高等法院被陪審團認定「有罪」後，審判長隨即判處其「死刑」。[14]當獲悉香港擬處死人犯後，1927年12月，國民政府外交部即緊急透過特派江蘇（上海）交涉員（以下簡稱江蘇交涉員）郭泰祺向英國駐上海總領事提出交涉，要求通知香港政

12　關於北京政府的外交格局，及其以修約為核心來調整中外係的外交處理原則，可參見唐啟華，《被廢除不平等條約遮蔽的北洋修約史（1912-28）》（北京：社會科學文獻出版社，2010）一書的討論。

13　「英領來函」（1927年10月22日），《國民政府外交部檔案》，中央研究院近代史研究所檔案館藏，檔號：367.1/0007，影像號：11-EUR-02617；「國民政府外交部特派廣東交涉員陳長樂致英國駐廣州總領事函」（1927年10月29日），參見"Letter from Ch'en Cheong-lok, Commissioner for Foreign Affairs, Canton," 29 October 1927, CO 129/507/3. 陳長樂在事後給國民政府外交部的報告中，亦稱在收到英國總領事照會後，即已請廣州臨時軍事委員會派員剿辦海盜，並請廣東惠陽縣調查愛仁輪劫案詳情等。參見「廣東交涉員陳長樂呈國民政府外交部函」（1927年11月25日），《國民政府外交部檔案》，中央研究院近代史研究所檔案館藏，檔號：367.1/0007，影像號：11-EUR-02617。

14　"The Piracy of the *Irene*: Seven Captives Found Guilty and Sentenced to Death," *The North China Herald*, 26 November 1927；〈愛仁輪劫匪處死刑〉，《申報》（上海），1927年11月24日，版6。

府暫緩行刑，[15]但卻遭到英國方面的拒絕。[16]

　　國民政府外交部要求暫緩處死人犯的要求，其實關係到愛仁輪劫案的司法管轄權問題。就案件本身而輪，愛仁輪屬於輪船招商局所有，懸掛華旗，船籍爲中國；至於涉案的海盜，其國籍也是中國。而英國海軍潛艦發現愛仁輪被劫時，該輪已位處大亞灣水域，靠近中國領海範圍。換言之，無論是受害者、加害者或是海盜行爲的發生地點似應屬於中國的管轄權之內，所以香港法院對於愛仁輪事件究竟有無司法管轄權，自然不無爭議，也因此國民政府外交部才希望香港當局暫緩對海盜執刑，並應改由中國政府處理。

　　其次，愛仁輪遭英艦攻擊沉沒，因人員死傷嚴重，各大報亦陸續報導，國民政府外交部見報載後，認爲「英艦發現（劫案），儘可加以監視，乃任意開炮，致擊沉全船，傷斃多命，殊屬不合」，準備向英國駐華公使館提出嚴重抗議，故要求江蘇交涉員郭泰祺儘速詳細調查事件經過。[17]

三、國民政府外交部的內部擬議對策過程

（一）江蘇交涉員公署秘書吳國楨的建議與態度轉變

　　在獲悉愛仁輪劫案與慘劇之後，時任江蘇交涉員公署秘書兼交際科科

15　南京國民政府外交部在12月20日給江蘇交涉員郭泰祺的電報中，表示「香港法院已經將7名涉及愛仁輪劫案的海盜判處死刑，請立即寫信通知英國總領事，請其要求香港政府暫緩行刑。」參見「上海外交特派交涉員郭泰祺致英國駐上海總領事函」（1927年12月21日），"Translation of Letter from Commissioner for Foreign Affairs to H.M. Consul-General, Shanghai," 21 December 1927, CO 129/508/4.

16　根據英國駐上海總領事館給北京公使館的報告，江蘇交涉使署派遣秘書前來遞交此照會卻未說明理由，故總領事以理由不明爲詞，婉拒轉送此照會，並強調此事須先透過公使館才能轉送等。該秘書坦承，南京外交部僅要求經上海英國領事館轉告香港政府暫緩執行死刑，但卻未說明理由。換言之，江蘇交涉員對此案亦不甚清楚。參見"S. Barton Consul-General, Shanghai to British Minister, Peking," 28 December 1927, CO 129/508/4.

17　「國民政府外交部致江蘇交涉員訓令」（1927年11月1日），《國民政府外交部檔案》，中央研究院近代史研究所檔案館藏，檔號：367.1/0007，影像號：11-EUR-02617。

長的吳國楨[18]原先即擬具一份節略，呈請國民政府外交部應向英國政府提出抗議照會。在節略中，吳國楨認為英國潛艦在中國領海水域內砲擊中國輪船明顯乃是非法之舉。因為依據既有國際法原則，發生在公海上的海盜活動，任何國家的船隻均有權處理，並不限於船籍國，但是發生在一國領海水域內的海盜活動，則只有該主權國擁有管轄權。愛仁輪只要在中國領海水域內，船上任何犯罪行為，均應由中國握有絕對管轄權。英國潛艦試圖要臨檢或是砲擊愛仁輪的行為，其實均非法侵犯到中國的管轄權。其次，如果英艦只是試圖提供愛仁輪上船員與乘客援助，則砲擊行動更是「完全不必要」之舉，且會造成生命財產的重大損失。事實上，以當時情況來說，英艦僅需持續監視該輪，並待中國當局派船前來處理即可。因此，吳國楨建議國民政府外交部，應該對英國軍艦侵犯中國領海主權的惡劣行為，提出嚴重交涉，同時也保留對於愛仁輪相關人員生命財產損失的求償要求。[19]

　　然而，在進一步獲知愛仁輪劫案等相關細節之後，吳國楨態度卻有很大的轉變，反而建議應暫緩提出抗議照會。在其後續的節略中，吳國楨認為在向英國政府正式提出抗議照會前，國民政府外交部或許應事先從五個不同的角度，仔細審思未來可能面對的相關爭議問題。

　　其一，劫案發生的地點是否位於中國領海水域等問題。依據國際法學者的見解，發生於一國領海內的海盜案件，由該國享有絕對的管轄權，故愛仁輪劫案如發生於中國領海水域之內，則其管轄權應歸中國所有。然而外交部

18　吳國楨於1926年獲美國普林斯頓大學政治學博士學位後，返國擔任國立政治大學教授；1927年時，擔任國民政府外交部特派交涉員公署秘書兼交際科科長，1928年升任外交部第一司幫辦、條約委員會委員、湖北煙稅局局長，1929年任湖北財政局局長、1932年任漢口市市長。吳國楨經歷，參見李欷生等著，蔡登山編，《吳國楨事件解密》（臺北：獨立作家，2014），頁10。

19　吳國楨英文節略，日期不詳，參見「收吳國楨呈（關于愛仁輪案之節略）」，《國民政府外交部檔案》，中央研究院近代史研究所檔案館藏，檔號：367.1/0007，影像號：11-EUR-02617。

迄今依然無法確定劫案發生地，是否位真的於中國領海之內。再者，越來越多的國際法學者（例如Calvo, Dudley-Field, Oppenheim and Lawrence）也傾向認為即使是發生在一國領海之內的劫案案件，在本質上仍屬於海盜案件；換言之，無論劫案發生在在一國領海或是公海上，並不會改變其海盜案件的性質，後續處理方法也是一樣。

　　其二，英國潛水艦L4是否在中國領海水域內砲擊並拘捕愛仁輪等問題。類似上述第一點的情況，外交部迄今同樣無法確認英艦砲擊位置是否位於中國領海水域之內。其次，也有越來越多的國際法學者（例如Fiore, Jeannel, Piedelievre, Pradier-Fodere, Rivier, Senly, Tobarly Borgono, etc.）支持外國船艦亦可處理位於一國領海水域之內的海盜船案件。再者，依據晚清的中外條約，英國也有權在中國水域內追捕海盜。

　　其三，愛仁輪為懸掛中國旗的輪船問題。愛仁輪為懸掛中國旗的華輪，中國政府擁有管轄權。但是輪船一旦遭到海盜控制成為海盜船之後，則各國軍艦均有緝捕權，無論該輪懸掛何國國旗。

　　其四，英國潛艦逾越其職權，直接砲擊愛仁輪，而未確保船上乘客安全等問題。根據報告，英國潛艦L4在砲擊之前，曾多次向被海盜控制的愛仁輪提出警告，包括立即停船燈號、發射空包彈、發射凌空砲彈威嚇等。當上述警告均未獲得海盜理會後，L4潛艦才動武使愛仁輪失去動力，這也是不得不之舉。

　　其五，從技術層面來說，控制愛仁輪的惡徒是否為海盜，而愛仁輪是否為海盜船等問題。依照部分國際法學者（例如Pradier-Fodere, Deapagnet de Boeck, Travers, Tobarly Borgono, Percels, Merignac, and Bluntschli）的看法，要構成海盜案件，必須是該海盜造成普遍性危害，無分對象國籍。例如一艘船隻上的部分乘客嘩變並控制該船，則只是損害一國的利益（該輪懸掛

國旗所屬的船籍國），則這些乘客不過只是犯罪者，還不構成海盜。依此定義，即使某船被海盜挾持，或許也不能視爲是海盜船。所以英國潛艦不能援引國際法慣例，來砲擊該輪以及逮捕惡徒。然而，上述部分國際法學者的看法，不過只是國際法學界對於海盜細節定義的討論，尚未形成完整論述，也不能據此向英國提出抗議交涉。特別是還有許多國際法專家（例如Ortolan, Calvo, Hall, Lawrence, Hershey and Oppenheim）持相反意見，認爲上述惡徒還是能夠適當地視爲是海盜。再者，當愛仁輪行駛至大亞灣時，英國潛艦已經確認該輪被海盜挾持，即使該輪事實上並非是海盜船，但英艦還是可以合理懷疑該輪船是海盜船，而採取後續行動。

基於上述五項爭議，吳國楨認爲目前尚無充分理由可以向英國正式提交抗議照會，除非再有發現其他關鍵的事實。所以現階段國民政府外交部所能做的，應是訓令廣東交涉員與英國交涉，將海盜人犯引渡回中國，由中國法庭審理。[20]

（二）國民政府外交部歐美司幫辦朱世全的建議

國民政府外交部歐美司幫辦朱世全，也針對愛仁輪劫案後續處置事項，提出檢討意見書。朱世全認爲首先必須儘速釐清英艦砲擊愛仁輪的位置。中文報紙均稱砲擊地點位於大鵬灣內，該灣乃於1898年《展拓香港界址專條》中租予英國，故英國對於該灣擁有管轄權。[21]但是根據英文報紙以及英國駐廣州總領事給廣東交涉員陳長樂的照會中，均稱該處爲「"Bias Bay"（即大亞灣，或譯爲拜亞士灣、別司灣）」，此灣並非大鵬灣，乃位於其東側，屬

20　K.C. Wu（吳國楨），"Findings of the Case of SS Irene," 4 November 1927,《國民政府外交部檔案》，中央研究院近代史研究所檔案館藏，檔號：367.1/0007，影像號：11-EUR-02617。

21　例如上海《民國日報》即在事發的報導稱「招商局愛仁輪昨午在大鵬灣沉沒」，參見〈愛仁已沉〉，《民國日報》（上海），1927年10月23日，版4第1張。

於中國領海，故英艦無權要求中國輪船施以停船受檢之命令。

其次，愛仁輪乃是被海盜控制之商船，本身並非海盜船，故在應對處置上，不應只欲「捕海盜」，同時也應顧及救護遭劫客商。所以，英艦應該盡量追蹤監視愛仁輪，並設法通知中國當局，不應僅為了逮捕少數海盜，就採行砲擊手段，危及船上數百客商的性命。況且事發地點附近還有其他英艦，可待其一同參與圍捕。換言之，英艦竟「不惜用最慘酷之法」，「危害全船人名」，不但抵觸國際公法，也違背人道考量。

因此，朱世全建議外交部應向英國提出抗議，要求其向中國政府道歉保證往後不再發類似情況、賠償與撫卹死傷者、賠償招商局因愛仁輪沉沒的一切損失，以及以後不准英艦在中國領海內行駛。[22]

四、國民政府外交部的後續處置與提交抗議照會

為確認事件管轄權歸屬等問題，國民政府外交部乃要求輪船招商局、江蘇交涉員、廣東交涉員等，查明英艦砲擊愛仁輪地點是否位於中國領海（3海浬）之內。[23]此外，國民政府外交部也直接派遣科員郭德華前往上海調查相關事宜。1927年11月11日，在郭德華給外交部長伍朝樞的第一份報告中，透過愛仁輪買辦許培芝，引述事發時在船上的茶房楊昇證詞，指稱「愛仁輪擊沈地點離岸甚遠，岸邊之山隱隱可見，大約在5、6英里之外。」如此，英艦砲擊位置則似乎並非在於中國領海水域之內。但伍朝樞仍鍥而不捨，要

22　國民政府外交部歐美司幫辦朱世全，「關于愛仁輪船被英艦擊沈意見書」，《國民政府外交部檔案》，中央研究院近代史研究所檔案館藏，檔號：367.1/0007，影像號：11-EUR-02617。

23　「國民政府外交部致上海招商局電」（1927年11月8日）、「國民政府外交部致廣東交涉員電」（1927年11月8日）、「國民政府外交部致上海交涉員電」（1927年11月10日），《國民政府外交部檔案》，中央研究院近代史研究所檔案館藏，檔號：367.1/0007，影像號：11-EUR-02617。

求郭德華繼續嘗試與愛仁輪船長、船員等接洽查詢相關細節。在12月的報告中，郭德華則引述愛仁輪俄籍二副左恩柴可夫斯基（Mr. Zaionchkovsky, Second Mate, SS *Irene*）的證詞，愛仁輪遭到海盜挾持時，距離岸邊約20海浬，至於遭到英艦第一次砲擊的位置，則距離大陸約超過4海浬，但是離一無人島（即三角洲島，報告中稱之為Triple Island）則僅約2海浬。[24]換言之，如果愛仁輪二副的證詞無誤的話，愛仁輪在東南沿海遭到海盜挾持時，應該已經位於公海之上，而不在中國領海水域內；但是在廣東大亞灣遭到英艦砲擊位置，則似有模糊空間，離岸約4海浬，雖理應屬公海，但因其距離一無人島只約2海浬，該島主權屬中國，故如從該島起算，英艦砲擊位置或許仍可謂是在中國領海水域內。[25]

24　伍朝樞在郭德華所上簽條上，直接手書命郭德華待「船長、船員到時仍與接洽查詢」。參見「國民政府外交部科員郭德華呈」（1927年11月11日），《國民政府外交部檔案》，中央研究院近代史研究所檔案館藏，檔號：367.1/0007，影像號：11-EUR-02617。

25　郭德華進行調查時，除愛仁輪船長因傷尚未返回上海外，大副、二副、輪機長均已抵達上海。但因大副仍有傷在身，且英艦砲擊時其人並不在愛仁輪艦橋上，故郭德華後來僅請二副與輪機長親自到江蘇交涉員公署進行晤談。參見T. W. Kwok（郭德華）, "Case of the SS *Irene*," 7 December 1927 &「國民政府外交部科員郭德華呈」（1927年12月12日），《國民政府外交部檔案》，中央研究院近代史研究所檔案館藏，檔號：367.1/0007，影像號：11-EUR-02617。

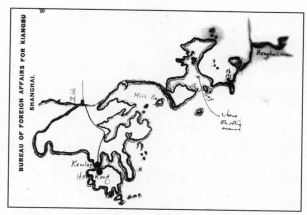

圖2　外交部科員郭德華繪製的愛仁輪事件地圖

資料來源："Case of the SS *Irene*," 7 December 1927,《國民政府外交部檔案》,中央研究院近代史研究所檔案館藏,檔號：367.1/0007,影像號：11-EUR-02617。

　　即是之故,雖然吳國楨、朱世全等對於是否要向英國提交抗議照會一事有不同的意見,但或許在前述郭德華1927年12月第二份報告的影響下,中國方面還是可以宣稱英艦砲擊位置屬於中國領海水域,而向英國政府主張領海主權與愛仁輪劫案的管轄權。加上,香港法院已對被捕的7名海盜進行審判程序,過程中,被告律師雖曾以「被告係華人、愛仁係華輪、出事地點為華界」為由,主張「應引渡華官審理」,但卻遭到香港法院拒絕。[26]稍後,香港法院正式完成審判程序,並判決7名愛仁輪海盜死刑。所以,國民政府外交部長伍朝樞電告江蘇交涉員盡快致函英國駐上海總領事,希望轉告香港總督府,以爭取此案的審判權。[27]稍後,伍朝樞更決定親上火線,透過英

26　〈愛仁輪劫案在港審訊：被告要求引渡不准〉,《民國日報》(上海),1927年11月10日,版1第2張。

27　為爭取此案審判權,國民政府外交部乃緊急電告江蘇交涉員,希望透過英國駐滬總領事館轉知香港總督府暫緩執行死刑。參見「國民政府外交部致江蘇交涉員電」(1927年12月20日),《國民政府外交部檔案》,中央研究院近代史研究所檔案館藏,檔號：

國駐上海總領事館，正式將抗議照會送給英國公使藍浦生（Miles Lampson, British Minister）。

在抗議照會中，伍朝樞分別從國際法與人道規定兩個角度，嚴辭指責英國海軍的不當行爲。首先從國際法角度來說：

> 公法上海盜罪之要素，係因其危及公海上之生命財產、專在洋面出沒梭巡、不論何國之商船一律施以襲擊，實具有與全世界爲敵之精神及志願。以此之故，對於海盜，視爲人類之公敵，不論何國船舶，凡有能捕獲之者，即受其國之審判。

所以，依據著名國際法專家以及國際聯盟「編定國際法專門委員會」（Committee of Experts for the Progressive Codification of International Law）於1926年2月針對海盜罪所提出的見解，[28] 愛仁輪劫案並不適用國際法層次的海盜問題，充其量「不過按照國內法，爲被盜隻船隻而已。」因爲愛仁輪是被海盜劫持，本身乃是受害者而非海盜船，加上海盜劫持愛仁輪後，並未利用該船在公海上攻擊其他國家船隻，所以英國海軍不得以國際法上的海盜罪定義來制裁該船。[29] 即或該船上有海盜，依據國際法規定，英艦只有權拘捕船隻，並將船上海盜受審，而無權在未經審判的情況下，摧毀船隻、殺死海盜。再者，愛仁輪爲華籍輪船，大亞灣又屬於中國領海範圍內，依據國際

367.1/0007，影像號：11-EUR-02617。

28　關於1926年國聯「編定國際法專門委員會」的相關歷史資料與研究，可參見Manley Ottmer Hudson, "The Progressive Codification Of International Law," *American Journal Of International Law*, Vol. 20, no. 4 (October 1926), pp 655-669; "United Nations Documents on the Development and Codification of International Law," *Supplement to American Journal of International Law*, Vol. 41, no. 4 (October, 1947), pp.29-148; Lawrence Azubuike, "International Law Regime Against Piracy," *Annual Survey of International & Comparative Law*, Vol. 15, Iss. 1(2009), pp.43-59.

29　伍朝樞引據國聯「編定國際法專門委員會」對於海盜罪的定義在於三點：1.海盜危害到公海上的行船安全、2.海盜無差別地攻擊各國船隻、3.海盜對於各國船隻有普遍性敵意。

法，中國政府享有愛仁輪海盜事件的司法管轄權，香港高等法院無權審判該批海盜。故伍朝樞在照會中，特別強調「別司灣（大亞灣）係中國領海，故凡在該海灣內拘捕人犯，應交中國法庭審。除鄭重聲明別司灣之全境皆爲中國轄境，並無任何部分可以認爲公海外，本部長對於香港高等法院妄思伸張其司法管轄權於中國領海之行爲，特提抗議。」[30]

其次，從人道考慮而言，愛仁輪本身並無武裝，船上又滿載乘客，英國海軍採取如此激烈的手段，不顧乘客安危，使用實彈與爆裂彈來攻擊輪船，必須受到國際法與公眾輿論的譴責。特別是根據以往大亞灣海盜的行爲模式，他們將船劫至此灣，目的乃是至此處後改乘小艇將劫掠品與人質運送登岸，因此英軍潛水艦有相當充分的時間可以籌思反制海盜的方案，毫無必要在提出警告後幾分鐘內即開砲攻擊。況且，當時大亞灣水域還有其他英國軍艦巡弋，也正趕往現場支援，如果該潛水艦等其他英艦趕到之後再一起採取反制或攻擊行動，那落水的乘客將可全數救起，就不會發生24名乘客因拯救不及而溺斃的慘劇發生。換言之，英艦艦長只是急於將船上的海盜繩之以法，卻不顧船上數百條人命，最後導致24人因此送命，還賠上整艘輪船以及船上所有貨物。

因此，基於上述種種理由，伍朝樞正式向英國政府提出四項要求：

一、對於中國領土主權之侵犯表示歉意；

二、因愛仁輪沉沒而人員死亡或受傷，及船隻貨物之遺失或損害，均加以撫卹賠償；

三、對於L4潛水艦艦長予以適當懲罰；

30　因當時國際上對於領海的定義爲離岸3海浬，而愛仁輪遭英艦砲擊位置，雖亦屬大亞灣內，但離岸4海浬、離島2海浬，恰巧屬於中國領海與公海間的模糊地帶。所以伍朝樞在給英國的照會中，僅強調大亞灣屬中國領海，卻不言愛仁輪沉沒的詳細地點，應該也是爲了迴避此爭議。

四、在香港扣留之嫌疑犯7人，移交中國法院審判。

最後，外交部長伍朝樞強調國民政府有解決廣東海盜問題的意志與決心，也不排斥未來考慮與香港合作處理海盜問題，但是英國海軍在追捕海盜的過程中，必須尊重中國的領土主權，也必須顧及不要傷及無辜人民的生命財產安全。[31]

尤有要者，除了正式的書面抗議照會外，伍朝樞同時還派遣其秘書，直接口頭告知英國駐上海領事館官員，此案不久亦將「訴諸媒體」（"communicate to the press"）。[32]換言之，伍朝樞似乎在暗示英國總領事館，國民政府考慮動用報紙輿論力量來聲援外交訴求。

五、英國政府內部的反應與評估

英國駐上海總領事館在收到伍朝樞的照會後，即將其轉送北京公使館，在給北京的電報中，英國總領事認爲該照會「長篇大論的從法律角度，爭論愛仁輪劫案只是搶劫而非海盜行爲」，而且試圖強調「愛仁輪事

31　伍朝樞的抗議內容，參見「國民政府外交部長伍朝樞致駐華英使照會」（1927年12月22日），《國民政府外交部檔案》，中央研究院近代史研究所檔案館藏，檔號：367.1/0007，影像號：11-EUR-02617；英文照會，則見 "A Note from Dr. C.C. Wu, Minister of Foreign Affairs of the Nationalist Government to Sir Miles Lampson, H.B.M. Minister," 22 December 1922, *The China Year Book, 1929-30*, pp. 795-797。此次抗議照會內容，因爲深度討論海盜罪定義問題等爭議，故英文《北華捷報》甚至以「南京外交部長對於海盜與海盜行爲的博學討論」爲報導副標題。參見 "Protest over Sinking of the Irene: Erudite Discussion on Pirates and Piracy by Nanking's Foreign Minister," *The North China Herald*, 7 January 1928..

32　"S. Barton Consul-General, Shanghai to British Minister, Peking," 28 December 1927, CO 129/508/4. 英國總領事巴爾敦在報告中並未指明伍朝樞所派之秘書爲何人，但根據《國民政府外交部檔案》，伍朝樞在1927年11、12月間曾以「手諭」派遣外交部科員郭德華專程前往上海調查愛仁輪案並與船員接洽事件相關情形。故巴爾敦所稱爲伍朝樞帶話的秘書，可能就是郭德華。參見「國民政府外交部科員郭德華呈」（1927年12月12日），《國民政府外交部檔案》，中央研究院近代史研究所檔案館藏，檔號：367.1/0007，影像號：11-EUR-02617。

件既嚴重抵觸國際法，也違背人道。」[33]由於伍朝樞的照會內容多從國際
法立論，故英國駐華公使館在收到照會，即針對其內容詳擬有一份備忘錄
（Memorandum），詳細分析其訴求與英國對此問題的因應之道。英國公使館
認為伍朝樞的訴求可以歸納為三大點：其一，愛仁輪劫案不屬於海盜案件；
其二，由於愛仁輪劫犯是在中國領海內被拘捕，故香港高等法院對其無管轄
權；其三，L4潛艦艦長的反制措施不符合比例原則。[34]

　　首先，關於第一點，英國認為伍朝樞主要訴求在於從法理上討論海盜
案件的構成要素，從而論證愛仁輪劫案僅是一宗搶劫案件（banditry），並非
海盜案件（piracy），如此將只有中國當局才擁有此案的管轄權。究其實際，
既有各種版本的國際法書籍對於海盜罪的定義本有不同，而中國水域的海盜
案件又是相當特別的新型態犯罪，乃是偽裝乘客從內部發動攻擊，而不是另
外乘坐船隻從外部進行攻擊，其型態之新，應超越目前國際法書籍的內容。
但儘管如此，英國還是認為許多國際法書籍不論在精神上還是字面上其實
均已含括中國水域內的海盜行為。在備忘錄中，英國公使館特別援引了豪爾
（Will Edward Hall）在《國際法論著》（*A Treatise on International Law*）中對
於海盜行為的見解：

> （海盜行為，就是）以武力或恫嚇方式，搶劫或是試圖搶劫一艘船，無論是
> 從外部發動攻擊，或是藉由船員的叛變，以便劫取船隻及其貨物。[35]

英國公使館認為，如果船員叛變被視為是海盜行為，那麼廣東人偽裝

33　"S. Barton Consul-General, Shanghai to British Minister, Peking," cited from Miles Lampson, Peking to the Foreign Office, London, 29 December 1927, CO 129/507/3.

34　"Memorandum by the British Legation," 10 January 1928, CO 129/508/4.

35　William Edward Hall, *A Treatise on International Law* (Oxford: The Clarendon Press, 1924), 8th edition, p. 314.

乘客劫掠船隻的作爲，則更顯惡劣，當然更有理由構成海盜行爲。爲了強化論證基礎，英國公使館還援引豪爾此書中所陳述其他多位知名國際法學者對於海盜的定義。例如摩利（Charles Molley）認爲海盜是「大海盜賊（sea theft）、人類公敵（hostis humani generis），爲了增加自己的財富，而在海上以突擊或公然動武的方式，劫掠貿易商船。」[36] 肯特（James Kent）以爲「在公海上進行未經合法授權的搶劫或是暴力劫掠，展露劫掠意圖（animo furandi），且無論在精神上還是意圖上，都帶有普遍性敵意（universal hostility）」，就是海盜行爲。[37] 腓利摩（Robert Phillimore）則主張海盜行爲乃是「在對航行在公海上的船隻的攻擊行爲，帶有劫掠意圖，但不管是否有實際上的搶劫或是暴力劫掠行動，且不管是否有伴隨著謀殺或人員的受傷。」[38] 換言之，從豪爾、摩利、肯特、腓利摩等國際法學者對於海盜行爲的定義，英國公使館認爲已足以明確印證愛仁輪劫案就是一件標準的海盜行爲。

　　至於第二點，亦即香港對於愛仁輪劫匪是否有司法管轄權的質疑，英國則引述美國國際法學者惠頓（Henry Wheaton）的《國際公法》（*Elements of International Law*）來駁斥伍朝樞的觀點：

> 犯公法之案，有數種，各國刑權所能及者，如海盜等類是也！……至於海盜，則爲萬國之仇敵，有能捕之誅之者，自萬國所同願，故各國兵船，在海上皆可捕拿，攜至疆域內，發交己之法院審斷。[39]

36　Charles Molloy, *A Treatise of Affairs Maritime and of Commerce* (London: T., Waller, 1769), 9th Ed., Chapter 4 "Piracy".

37　James Kent, *Commentaries on American Law* (New York: O. Halsted, 1826), vol. 3, p. 87.

38　Robert Phillimore, *Commentaries on International Law* (Philadelphia: T. & J. W. Johnson, 1854).

39　Henry Wheaton原著，丁韙良譯，《萬國公法（*Element of International Law*）》（北京，崇賓館，1864），卷2，頁43。

　　由於海盜罪屬於違背萬國公法的重罪，剿捕海盜更是符合萬國的共同利益，所以任何國家海軍均可逕自逮捕海盜，並由該國司法機關進行審判。

　　對於第三點，關於英軍動武行為是否違反比例原則的質疑，英國則認為這是事實認定的問題，無論是英國公使館或是伍朝樞均沒有立場來討論此事。[40]

表1　愛仁輪案中英爭論要點整理[41]

爭論點	中國論點	英國論點
海盜罪定義問題	愛仁輪劫案不屬於國際法定義下的海盜案件。	雖然目前國際法對於海盜案件的定義，意見紛歧且未有定論。但英國還是認為愛仁輪劫案屬於國際法定義下的海盜案件。
英艦在大亞灣執法與海盜審判問題	L4潛艦無權在大亞灣攔停愛仁輪及拘捕海盜，因為該水域屬於中國領海。也因此管轄權屬於中國，香港法院無權審理此案。	雖然大亞灣屬於中國領海，但因為中國政府無力解決海盜問題，其他國家自然有權處理，可以逕自逮捕海盜，並予以審判。
英艦動武比例問題	L4潛艦動武分寸已逾越所需要的情況。	L4潛艦動武是否過當，乃是事實與證據認定問題，雙方均無從置喙。但英國方面認為並無過當之處。

　　所以，英國公使館認為伍朝樞的三項主張完全是強詞奪理，毫無爭論的必要。特別是伍朝樞聲稱此批強盜雖然劫持愛仁輪，但因之後並未利用該船在公海上攻擊其他國家船隻，故不構成海盜罪的說法，實在是嚴重自

40　"Memorandum by the British Legation," 10 January 1928, CO129/508/4.

41　此處中英爭論要點，除參考英國駐華公使館備忘錄外，也參酌殖民部內部備忘錄所整理的爭論要點。基本上，殖民部內部備忘錄所整理的中英觀點，與駐華公使館稍有出入，但差異不大。其次，英國殖民部認為中國所提諸觀點在國際法層次上都是相當有爭議的。參見"Memorandum by the British Legation," 10 January 1928, CO129/508/4; "Minutes of the Colonial Office on China Piracy-Individual Cases," 28 March 1928, CO129/508.4.

相矛盾：因爲如果照此邏輯，海盜就算「滿手血腥」地搶劫一艘船，但只要他們未再搶劫其他船隻，是否就不構成海盜罪？以歸謬法（Reductio ad absurdum）來反證，[42]即可知伍朝樞的說法全然站不住腳！[43]

　　事實上，策劃愛仁輪劫案的匪徒，就是來自於一支惡名昭彰的海盜集團，先前即已犯下雙美輪、索爾維肯輪、日陞輪等多起劫案。[44]根據香港刑事情報處處長金恩（T. H. King, Director of Criminal Intelligence, Police Headquarters）給香港警察司的調查報告，愛仁輪劫案被捕的7名海盜中，經過指認，有6名已證明是海盜慣犯，先前已多次參與劫案。這6名海盜均是出身自大亞灣東岸的稔山鎮、白芒花市（今白花鎮）或平海鎮，與大亞灣有地緣上的利害關係。[45]換言之，這些海盜慣犯即是俗稱的大亞灣海盜。以下爲香港警方的調查報告：

42　英國公使館所稱的「歸謬法」，乃是指先假設某命題成立，但接著卻可以從過程中推論出矛盾、違反事實，或是極其荒謬的結果，從而可以反證此命題並不成立。如以伍朝樞所提的命題來說，是先假設海盜劫持輪船，但因並未利用此船攻擊其他船隻，故不構成海盜罪爲命題，然而海盜在劫持此輪船時，早已滿手血腥地以暴力行爲傷害人員，因此論證出現矛盾：爲何以暴力劫持輪船本身不構成海盜罪，但如以輪船去攻擊其他輪船卻構成海盜罪？所以，英國公使館認爲伍朝樞所提的命題並不成立。

43　"Memorandum by the British Legation," 10 January 1928, CO 129/508/4.

44　Naval Intelligence Division, Naval Staff, Admiralty, *Confidential Admiralty Monthly Intelligence Report,* No.106（15 March 1928）, p.41, CO 129/507/3.

45　"T. H. King, Director of Criminal Intelligence, Police Headquarters to the Captain Superintendent of Police, Hong Kong," November 1927, CO 129/508/4. 此外，海盜同夥中可能還有海外生活與商船服務的經歷與背景。愛仁輪船長事後即曾供稱「海盜一人曾告渠，昔曾在倫敦十年，又在紐約十年，且在某美船服務多年，並允得手之後，給渠重酬。」參見〈愛仁輪劫案嫌疑人之預審〉，《申報》（上海），1927年11月2日，版5。

表2 香港警察刑事情報處關於愛仁輪海盜嫌犯的調查報告（1927年11月）

	姓名	出身	海盜事蹟	指認者（或處理情況）
被告一	劉興	稔山鎮石井村	涉及1927年1月雙美輪劫案（SS Seang Bee Piracy）	雙美輪船員
			涉及1927年8月日陞輪劫案（SS Yat Shing Piracy）	日陞輪船長
			涉及1927年7月索爾維肯輪劫案（SS Solviken Piracy，音譯）	索爾維肯輪船員
被告二	李江	稔山鎮長排村	涉及雙美輪劫案	雙美輪大副
被告三	王添	稔山鎮或平海鎮	涉及雙美輪劫案	雙美輪船員
			涉及索爾維肯輪劫案	索爾維肯輪船員
被告四	洪均	稔山鎮桂（龜）洲村	疑似涉及1922年11月瀛州輪劫案（SS Ying Chow Piracy，音譯）	後因罪證不足獲釋
			1924年1月預謀劫掠河內輪（SS Hanoi Piracy）	劫案事前即被香港警方破獲，後被判以驅逐出境10年
			涉及雙美輪劫案	雙美輪船員
被告五	陳喜	白芒花市	涉及日陞輪劫案	日陞輪船長、二副
			涉及雙美輪劫案	雙美輪大副
被告六	謝華	白芒花市	涉及日陞輪劫案	日陞輪船長、舵手、水首長等人

簡單來說，英國公使館認為強盜攻擊船隻的行為本身即已構成海盜罪，無論其是否再利用該船去危害其他船隻：

廣東海盜劫掠手法日新月異，早已超越昔日的公海海盜，但以暴力控制船隻，以遂行搶劫目的的本質並沒有改變。此時去爭論愛仁輪案是否屬於海盜行為，不啻是去爭論一件謀殺行為是否為謀殺，而其差別只是在於是用毒藥

謀殺，而非使用斧頭。[46]

也因此，伍朝樞的照會與要求終究沒有得到英國政府的回應與答覆。即是之故，英國駐華公使藍浦生根本認為可以不用理會此則照會。在給英國倫敦外交部的電報中，藍浦生即「建議可以忽略此照會。假如國民政府當局本身無法推卸國際法上的責任，那他們也就無法依照法理來指責我們的保護性措施。」英國外交部也支持藍浦生的作法，不作回應，冷處理愛仁輪事件所引起的爭議。[47]

英文《北華捷報》（*The North China Herald*）甚至以漫畫方式來嘲諷伍朝樞，因為如果按照其主張，當英國艦長當懷疑愛仁輪有遭遇不測時，必須先弄清愛仁輪的屬性以及是否會侵害中國的主權，同時還要審慎考慮他是否有權採取援救行動，以及承擔行動後的所有責任；果真如此，英國艦長似乎除了置之不理、束手以觀外，也不能做什麼了。

至於英國海軍方面對於此案的反應，在英國海軍「中國艦隊」司令提

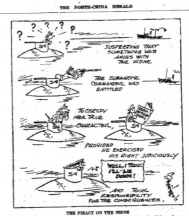

圖3　英文《北華捷報》針對伍朝樞抗議照會內容的嘲諷漫畫

資料來源：“The Piracy on the Irene,” *The North China Herald,* 7 January 1928.

46　“Memorandum by the British Legation,” 10 January 1928, CO 129/508/4.

47　“From China,” Miles Lampson, Peking to the Foreign Office, London, 29 December 1927, CO 129/507/3. 美國駐華公使馬慕瑞事後亦曾詢問藍浦生英國將如何回應中國方面的訴求，藍浦生則答以英國「外交部已有指示，無須為此案採取任何行動。」參見“J.V.A. MacMurray, American Minister, Peking to the Secretary of State, Washington,” 9 January 1928, RIAC, 893.8007 Irene/1.

威特（R.Y. Tyrwhitt, Vice Admiral, Commander-in-Chief, China Station）給海軍部的報告中，除了詳述事件原因外，同時也深入評估英國後續處置之道可能造成的影響。首先，威特坦承關於「愛仁輪大火與沉沒的真相細節，恐怕永遠無法探知。」雖然擊中愛仁輪船輪機室尾的砲彈會引起火災，但是卻沒有證據顯示火勢一路從船尾延燒到船首，從而導致全船大火沉沒。事實上，「相當可能的，海盜也要為大火負部分的責任，因為他們之前就已經威脅要縱火燒船。」[48]

其次，提威特認為此案的善後處置之道，勢將對於未來的海盜劫案處理方式，有著極其重要的影響。無庸諱言的，L4動武攻擊行動確實已對大亞灣海盜產生極大的鎮懾作用。往後海盜在拒絕執行英國海軍的停船命令前，必須要去考慮後續可能面對的攻擊行動。即是之故，提威特全力支持L4潛艦艦長的判斷，並為此作了強力背書：

> 我認為L4潛艦採取的行動符合我的訓令，同樣的，第一巡洋分遣艦隊（First Cruiser Squadron）司令以及其所屬各艦艦長、軍官、人員所採取的後續行動，也都值得大加讚揚。

另外一方面，提威特亦提醒海軍部，如果英國政府因為顧及此案所造成的悲劇，而限縮海軍的動武措施，則將產生負面作用：此後英國海軍恐怕將無法再強迫遭海盜劫持的輪船停船。況且對於英國海軍來說，縱容一艘遭到

---

48 "Piracy of SS *Irene*," Commander-in-Chief, China Station, *Hawkins* at Shanghai to the Secretary of the Admiralty, London, 24 November 1927, CO 129/508/4. 關於愛仁輪發生大火的真正原因，《申報》上也有類似的報導，認為火災原因其實並不單純：「（愛仁輪）著火原因，刻經詳細查詢，始悉一方因由於英潛艇L4號砲擊，彈中機房所致，但一方亦出海盜之縱火，以故當時火勢猛烈，瞬即延及全船，據L4艇所拯救之搭客與船員言，盜黨於離船前，曾一度以縱火相脅……。」參見〈愛仁輪慘禍之外訊〉，《申報》（上海），1927年10月25日，版10。上海英文《文匯報》（*The Shanghai Mercury*）亦稱愛仁輪中彈著火後，「觀其延燒之速，必盜黨從旁縱火者。」引自〈西報紀愛仁輪之遭劫沉海〉，《申報》（上海），1927年10月28日，版7。

海盜劫持的輪船離開，實在是「致命的錯誤」。

再者，愛仁輪劫案發生後不久，1927年11月起各國駐北京公使團即開始會商解決中國海盜問題，擬議共同採取聯合行動來掃蕩海盜。因此，提威特亦建議英國此時亦無須急於就愛仁輪善後處置問題表示態度，可以等待公使團有所決議後再做處置。[49]

六、美國對於中英愛仁輪事件爭議的從旁觀察

第一次世界大戰期間，德國為削弱英國抵抗意志，曾大量使用潛艦封鎖英國對外航運，許多往來英國的輪船遭到德軍潛艦擊沉。特別是發生在1915年5月的「路西坦尼亞事件」（*Lusitania Incident*），英國籍輪船路西坦尼亞號在從美國紐約前往英國利物浦途中遭到德軍潛艦擊沉，高達1,198人死亡，其中有128名為美國人。當時美國尚未參戰，但受到潛艦攻擊事件的影響，美國人仇德的情緒日益提高，主張美國參與對德作戰的輿論呼聲同樣也隨之攀升。[50]路西坦尼亞事件後，美國總統威爾遜發表聲明，強調「潛水艦用於攻擊商船，勢將不可避免地違背正義與人道的神聖原則。」[51]德國雖因此暫時稍偃潛艦攻勢，但到了1917年後，又續行推動無限制潛艦作戰，從而導致美國參戰，扭轉最後戰局的結果。從上述經過，不難想見潛艦攻擊商船行動，曾在美國人心中造成重大創傷。

美國素來重視人道主義，一戰後美國也致力於透過召開國際會議、凝聚共識，共同節制潛艦攻擊行動的範圍。例如華盛頓五國海軍會議中，美國代

---

49 "Piracy of SS *Irene*," Commander-in-Chief, China Station, *Hawkins* at Shanghai to the Secretary of the Admiralty, London, 24 November 1927, CO 129/508/4.

50 "*Lusitania ship*," *Columbia Encyclopedia*.

51 "A Draft of the First *Lusitania* Note," Arthur S. Link ed., *The Papers of Woodrow Wilson* (Princeton: Princeton University Press, 1966-94), Vol. 33, pp. 155-548.

表羅拖（Elihu Root）即曾提案，強調戰時潛艦在攻擊商船前，必須先執行臨檢、搜索、拿捕、扣押、警告等程序，同時也主張建立審判懲罰機制，對於違反前述程序的潛艦官兵，以「觸犯海盜罪」進行審判與懲罰。[52] 愛仁輪事件雖然與路西坦尼亞事件性質不同，英軍潛艦在攻擊行動前似也已善盡警告之責，但從美國對於人道的關懷以及對於潛艦攻擊行動的節制傾向，或許可以反思美國如何看待愛仁輪事件中的重大死傷，以及英軍潛艦攻擊行動所造成的爭議。

事實上，早在愛仁輪事件爭議之初，美國駐華公使馬慕瑞（J.A.V. MacMurray）即相當關注此事件，並向美國國務院報告此事件，同時也將國民政府外交部部長伍朝樞給英國的抗議照會翻譯成英文，供國務院參考。然而，馬慕瑞在報告中並未對於英國潛艦所造成的重大華人死傷多做評論，反而試圖幫潛艦艦長辯解，稱其做了其應為之事，「阻止海盜殺害白人船員、鑿沉船隻（危及）全船人員。」其次，更為重要的，對於伍朝樞在抗議照會中聲稱愛仁輪劫案不屬於國際法定義下的海盜行動，馬慕瑞表示非常不能苟同，因為這明顯是對「法律的曲解」（"juridical casuistry"）。馬慕瑞嚴辭抨擊伍朝樞在抗議照會中所提出的觀點，就算不是「智識的虛偽」（"intellectual dishonesty"），也是「心智偏差」（"bias of mind"），充分展現了「東方以政治手法，來處理本質上屬於法律屬性的事務。」當伍朝樞「虛偽地嘗試」想要論述此事件完全不是海盜行為的同時，卻適得其反地讓人「心生厭惡」。而且伍朝樞在愛仁輪事件出現出來的態度，也近乎類似王正廷在1925年特別關稅會議的作為。所以馬慕瑞坦言對於伍朝樞感到失望，因為他雖然擁有法律相關學位，卻選擇「利用政治手段，以詭辯的語言來曲解

52　"Minutes of Committee on Limitation of Armament," Tenth Meeting, December 28, 1921, 3.30 P.M., U. S. Naval War College, *Documents: Conference on the Limitation of Armament*, pp. 115-116.

法律。」最後，馬慕瑞強調，上述情況在在都證明了美國不應該放棄「在華的治外法權，否則勢將危及美國人在華的生命與利益。」[53]

從馬慕瑞的報告中，明顯可以看出其立場傾向英國。而從其強調英艦攻擊行動的必要性上，似乎刻意維護英國潛艦艦長。因為對於任何熟悉廣東海盜犯罪模式之人來說，有必要「阻止海盜殺害白人船員、鑿沉船隻（危及）全船人員」的說詞，顯然違反過去的實際情況，因為除非遭遇抵抗，否則一般來說廣東海盜多不會傷害船員，更不會鑿沉船隻。而英國潛艦發現愛仁輪時是在大亞灣水域附近，此時海盜早已控制住輪船，目的也只在於盡速攜帶劫掠物品登岸，不會再多傷性命。從美國各地領事館歷來有關海盜情況的報告中，也清楚呈現在絕大多數情況下，海盜登岸後，除部分華人乘客被擄為人質外，船隻、船員以及其餘乘客均能平安返回。特別是廣東海盜不但甚少騷擾歐籍白人船員與乘客，反倒會多加關照，避免其遭受到非人道待遇。[54]換言之，馬慕瑞上述評論很明顯有意在幫英籍潛艦艦長卸責。

至於伍朝樞主張愛仁輪事件並非海盜行為的主張，則似乎激怒了馬慕瑞，認定中國方面在強詞奪理，玩弄法律文字遊戲，並試圖利用政治炒作來掩蓋事實真相。無庸諱言，雖然國際法上對於海盜行為的定義仍有歧見，愛

---

53 "J.V.A. MacMurray, American Minister, Peking to the Secretary of State, Washington," 9 January 1928 & "Translation of Dispatch from Mr. Chao-Chu Wu to Sir Miles Lampson," 22 December 1927, RIAC, 893.8007 Irene/1. 無獨有偶，美國駐港澳總領事崔德威爾在向國務院報告此案時，同樣亦未提及或是評論援救過程中所造成的重大人員死傷，而僅是表示英國海軍艦艇及時的制止劫案，並強調大亞灣水域海盜問題已日趨頻繁。參見"Piracy in South China Waters- Attitude of the Hong Kong Government," Roger Culver Tredwell, American Consul General, Hong Kong to the Secretary of State, Washington, 25 October 1927, RIAC, 893.8007/30.

54 例如1924年10月美國駐福州領事館以及1927年2月美國駐港澳總領事館給北京公使館的報告中，均特別強調廣東海盜犯案時對於船上外國乘客的特別禮遇。參見"Pirating of the SS *Nienshin*," Ernest B. Price, American Consul, Foochow to Edward Bell, American Charge d'Affaires ad interim, Peking & the Secretary of State, Washington, 13 October 1924, RIAC, 893/8007/14; "Piracy in Chinese Waters," Roger Culver Tredwell, American Consul General, Hong Kong & Macao to the American Minister, Peking, 1 February 1927, RIAC, 893.8007/22.

仁輪事件或許也不一定符合嚴格定義下的公海海盜行為,然而從海盜偽裝乘
客挾帶武器登船、伺機發動攻擊行動、控制輪船劫往大亞灣等客觀事實,卻
要去否認愛仁輪事件並非海盜案件,誠如馬慕瑞所言,顯然有些強詞奪理、
玩弄法律文字遊戲。究其實際,國民政府在處理愛仁輪事件爭議上,如果只
將重點放在英國潛艦反應過當、徒然造成不必要的人員死傷與船隻損失,或
許更能影響美國對於此案的態度。此時去爭論海盜行為的定義,極易容易模
糊焦點,讓人忽略事件背後所造成重大傷亡等人道問題。

七、結語

　　歷經鴉片戰爭以降的各次戰爭與之後的條約簽署,列強逐步樹立在華的
條約特權體制,從而確立所謂「條約列強」(Treaty Powers)在中國的特殊地
位。但是與此同時,清朝處理涉外事務的官員,也在一連串的戰爭、談和與
一般交涉的過程中,慢慢學習到如何與列強和平相處與自保的行為模式。尤
其自晚清國際法知識引進中國後,清朝的涉外官員即已知道利用國際法與國
際慣例,來處理中外各類糾紛與衝突,以維護中國的主權與條約權利。到了
民國時期,中國政府外交官中,不少是留學西方、熟悉國際政治運作、知曉
國際法的優秀人才,他們頂著西方名校的政治學與法學學位,操持著流利的
英語,充滿自信地與西方列強交涉,以彼之道、還治彼身。在愛仁輪事件善
後交涉中,即可以看到伍朝樞、吳國楨等人在擬議應對之策的過程中,善於
利用國際法知識與慣例,來與英國講公道與爭是非。

　　然而,另外一面,國民政府外交部長伍朝樞在給英國正式照會中提出愛
仁輪事件非屬海盜行為的主張,卻引起中英之間的國際法論爭。這反映出當
時國際上對海盜行為的定義尚缺乏集體共識,也沒有放諸四海皆準的國際法
原則。也因此,江蘇交涉署秘書吳國楨即曾籌思若以此角度來爭論是非,恐

不易取得交涉上的有利地位。而從英國方面的初步反應來看，固然對於因英國海軍攻擊行動所造成的重大人員死傷感到相當棘手，但對於伍朝樞在照會中所提出的論點，卻似乎有些見獵欣喜，藉此大作文章。因為伍朝樞海盜行為爭論，非但無法在國際法爭論上站得住腳，且更容易造成負面影響，令人心生厭惡之感，認為中國方面在強詞奪理、玩弄文字遊戲，故意忽略日益嚴重的廣東海盜現象與中國政府的無作為，同樣也是造成愛仁輪悲劇的幫兇之一。事實上，國民政府外交部提出海盜行為定義的法律論爭，可能不但無法因此得到國際支持，反而會模糊原先的焦點，讓極其重要的愛仁輪人員死傷與人道問題，掩蓋在爭論不休、尚無定論的法律爭議之下。特別是連素來強調人道、主張限制潛艦攻擊商船行動的美國，也明確表示無法容忍此主張。美國駐華公使馬慕瑞甚至因此得出中國人習於利用政治手段玩弄法律案件的結論，從而認定中國司法條件尚為成熟，主張美國不應該過早放棄在華治外法權，以免美人在華的生命財產無法獲得確保。這可謂是國民政府在外交上的一大失策，既無法爭回公道，也失去可能獲得的外來支持。[55]換言之，國民政府外交部提出海盜行為爭論的主張，似乎在交涉策略上有著重大的疏失。

其次，從國民政府外交部在處理愛仁輪事件的作法上，也看到另外一種層次的重要意義。在國民革命軍北伐期間，國民政府中央雖歷經幾次重大的政權重組與更迭，從廣州國民政府、武漢國民政府，到南京國民政府，在重大外交事務上，往往十分著重對輿論宣傳的掌握，意欲挾輿論以為外交之

---

55 事實上，在中英陷入愛仁輪事件爭議時，部分中國人還試圖尋求美國的支持。例如在美國國務院檔案中，即收錄一封署名「國民作業社」社長的中國人，為此特地寫信向美國總統胡佛（Herbert Clark Hoover）陳情。參見「國民作業社社長致美國胡佛總統英文信」（1929年12月24日），RIAC, 893.8007 Irene/ 2.

助，也因此外交事務與輿論宣傳之間有著十分複雜的牽扯關係。[56]尤其在對
英外交上，國民政府更是一脈相承，偏向「革命外交」路線，利用鼓動公眾
輿論，喚起群眾力量。從收回九江、漢口英租界的過程中，均可以清楚看到
國民政府以動員群眾，以近乎暴力形式，來聲援外交交涉。此套對英強硬外
交模式，並非始於北伐期間，早自孫文擬收回廣州稅關時已可略見其端倪。
而五卅期間由國民政府主導推動的反英風潮與省港大罷工等行動，同樣也是
挾群眾輿論以為外交之助的經典代表之作。而慣常的手法，即是透過中英
衝突「慘案化」的細緻操作，刻意重寫事件過程，以悲情但極具感染力的口
吻，渲染衝突過程，激起群眾百姓的憤怒與不滿情緒，從而堅定外交立場。
而在愛仁輪事件中，從事件本身過程來看，僅就英艦在中國水域內擊沉華輪
並造成數十人死傷的客觀事實，即充分具備操作成重大「慘案」的條件，可
以藉此鼓動民意，仿效五卅慘案的模式，號召大規模的反英與抵制英國的行
動。

　　然而，就國民政府外交部在愛仁輪事件後的相關舉措來看，卻顯然並
未依循既有「革命外交」方式來處理。造成此重大轉變的原因之一，可能與
當時國民政府內部陷入重大權力鬥爭、政權中樞動盪不安有關。愛仁輪事件
前的1927年8、9月間，為使分裂寧漢重新合一，在李宗仁、白崇禧、何應
欽等人的運作下，蔣介石辭職離開南京，胡漢民也隨之而去。寧漢雖告重新
合作，但國民政府權力中樞仍然極不穩定，蔣介石、胡漢民與汪精衛等人之
間仍然陷於緊張的對立狀態，分合不定。[57]或許即是在這樣的混沌政局間，

56　以廣州當局為例，1928年初在李濟深的主持下，還特別於廣州政治分會下成立宣傳局，
　　專司宣傳工作，並由外交部駐廣東特派交涉員林長樂兼任宣傳局局長。從由外交官兼任
　　宣傳局局長，也可以看出當時外交事務與輿論宣傳之間的密切關連。參見〈陳長樂就宣
　　傳局長職之通告〉，《廣州國民日報》（廣州），1928年3月5日，版5。

57　關於1927年下半年國民政府內部的權力鬥爭，可參見郭廷以，《近代中國史綱》（香港：
　　中文大學出版社，1989），頁563-564。

當國民政府高層忙於內部爭鬥、無暇他顧之際，外交部在部長伍朝樞的帶領下，以專業外交官群體為核心，就愛仁輪事件開展了與英國的外交周旋，暫且擱置先前的革命外交路線，而改以國際法、慣例與條約為雙方交涉主要基調。雖然外交部長伍朝樞曾派人向英國駐滬總領事暗示可能將「訴諸媒體」，即不排除藉由報紙管道，鼓動群眾輿論力量來聲援外交訴求，然而根據後來的實際作為，伍朝樞與外交部官員所著重的交涉焦點，均是思考如何從國際法、國際慣例與人道問題上去指責英國海軍艦艇的不當行為，從而要求英國政府必須為此道歉、賠償並懲處相關人等。雖然在爭論愛仁輪事件本身是否屬於海盜行為時，有些弄巧成拙，曾被英、美等國外交官視為玩弄法律文字遊戲，有曲解國際法之嫌。但是這也代表著國民政府外交部嘗試以國際外交慣常交涉模式，來解決中英外交問題。亦即國民政府外交部最後選擇在條約體制內，依循西方國際慣例，找尋可供立論與交涉的基礎，而非透過體制外的操縱群眾路線，來處理中英外交糾紛。[58]

因此，從愛仁輪事件與國民政府的善後處置過程來看，溫和的外交交涉與訴諸國際法立論，確實是外交部處理此案的主要因應策略。但是這樣的作為，如果放在國民革命軍北伐期間國民政府運用的革命外交模式，以「打到列強、除軍閥」為國民革命成功主要訴求的大歷史環境下一併思考，又體現著何種意義？軍事北伐、政治與外交南侵，經常被用來理解北伐前後國民政府內外局勢演變的一種重要的現象。整體來說，北伐期間國民政府在對外

---

58 與國民黨關係密切的上海《民國日報》，在愛仁輪案發生後，不但未刻意渲染事件經過，反而引述「路透社」電文，客觀指稱英國潛艦官員已善盡援救之責，甚至稱其援救行為令人可敬：「艇長夏拉漢見愛仁船上之人紛紛躍入海中，即將艇停博愛仁之旁，救援落水之人……彼時風浪頗大，故救援諸人登艇，甚不易為，但艇中水兵既登愛仁，下錨之後，諸船員及搭客均安登潛艇，此皆由艇長夏拉漢及全船人員勇武有以致之……。該潛艇一面從事將躍入海中之人一一救起，諸人多挾有救生圈，艇中水兵不時投海援救諸泅水者，勇武可敬。」參見〈招商局愛仁輪在廈遇盜〉，《民國日報》（上海），1927年10月22日，版4第1張。

舉措上確實較偏重以革命外交模式、群眾暴力路線來處理中外爭執，以維護
或爭取收回中國主權，但是否意謂著外交官員已全然放棄傳統外交的途徑與
作法？這當然有進一步深入討論的空間。特別是在1927年國民政府歷經武
力清黨與和平分共等重大政治事件後，逐漸與俄共、中共等激進勢力分道揚
鑣，在對外作為上也不再以打倒列強等反帝國主義宣傳為唯一路線。其次，
隨著北伐軍事行動的順利進展，控有華中與東南半壁等精華地區，國民政府
也逐漸跳脫出以往的地方政權性質，隱然有成為中國中央政府的態勢，列強
也不得不籌思調整對華政策，正視國民政府的地位。此時此刻，對國民政府
外交部來說，與其再延續革命外交路線，挑戰條約體制，遍地烽火地與列強
較勁，重演南京事件後的列強武力干涉，倒不如逐步調整對外政策，與列強
盡量維持彼此協調的關係，以便盡早完成北伐大業。因為英、美、日等列強
此時均已大幅增兵上海，不但調動大批各類軍艦駐防，僅英國陸軍部隊就已
高達上萬人，大有隨時進行武力干涉的意圖與實力。[59] 於此緊張的情勢下，
國民政府外交部應該體認到如繼續與列強對立，仍以鼓動群眾運動的方式衝
撞條約特權體制，極有可能插槍走火，造成難以收拾的後果，非但可能出現
重大百姓死傷，也勢必會影響到後續的北伐行動。所以，繼續操縱輿論宣
傳，推動「革命外交」，恐非明智之舉。事實上，早在南京事件發生後，國
民革命軍總司令蔣介石對上海各報記者的談話，或許也可略見國民政府後來
對外政策調整轉向的端倪：「國民政府絕不採用武力或藉群眾騷動以變更外
國租界之治制，迭經負責長官發表宣言，余欲於此再贅一語，即國民政府唯
有採用和平方法，進行談判是也。」[60]

---

59 〈各國軍艦仍陸續來華：上海一隅已有英兵逾萬〉，《廣州民國日報》（廣州），1927年3月9
　　日，版7。

60 在與記者談話中，蔣介石雖然對於租界現況感到不滿，也對英美軍艦砲轟南京一事表達
　　抗議之意，但卻重申黨軍會善盡保護外人之責，對於租界問題也不會動用武力或群眾運

動解決，而是希望透過談判方式，調整中外關係，並由列強主動撤出租界內的軍備部
署，讓國民政府負保護外僑之責。參見〈蔣總司令關於租界治制之談話〉、〈蔣總司令力
斥英美艦炮擊南京〉，《廣州民國日報》（廣州），1927年4月11日，版4。

餘論：尋覓「大歷史」、「小歷史」的共振可能

楊子震

南臺科技大學通識教育中心助理教授

問題意識

　　國立政治大學人文中心「中外關係與近現代中國的形塑」研究群的成員，主要爲有志於外交史領域從事學思探索的青年研究者，依照成立時所凝聚的共識，以中國外交爲討論主軸，持續舉辦「二十世紀的中國與世界」（2011）、「國際法的詮釋與運用」（2012）、「國際秩序與中國外交的形塑」（2013）、「衝突、糾紛與中國外交的形塑」（2014）等學術研討會。更於2014年8月中央研究院近代史研究所暨二十世紀中國史學會主辦「全球視野下的中國近代史研究」國際學術研討會之際，積極回應徵文，嘗試與相關領域的研究者展開學術對話。[1]

　　在此過程中，政大人文中心不僅提供研究群成員使用政大的學術資源，

---

[1]　蕭道中，〈導論：全球視野下的中國外交研究〉，收入周惠民主編，《全球視野下的中國外交史論》（臺北：政大出版社，2016），頁iii-xi。而研究群的革創過程，可參考許峰源，〈「外交史青年學者研究群」的成長與蛻變〉，《國史研究通訊》，第4期（2013年6月），頁88-94。

對於例行會議或年度的研討會舉辦皆不吝給予人力與經費上的支援。而成員們在歷次研討會中宣讀發表的論文，亦在政大人文中心的鼎力支持下，得以付諸出版。衷心期待吾人在學問上的考察與思辨能獲得學界及社會的指教、批評或共鳴。[2]

承接迄今的研究成果，研究群繼而以「近代中國外交的大歷史與小歷史」為主題，於2015年1月假國立政治大學社會科學資料中心舉辦年度學術研討會，冀能為外交史研究開拓新的學術空間，尋覓新的考察視角。本論文集即由在該次研討會上宣讀的諸篇論考，經過學者專家匿名審查後結集而成。然而，何謂「大歷史」、「小歷史」？其定義又是如何？

或許因人而異，但提到所謂「大歷史」時，腦海浮現的多是「改朝換代」、「治亂興衰」、「典章制度」等關鍵字。而言及所謂「小歷史」時，頭中閃過的常是「日常生活」、「喜怒哀樂」、「社會慣習」等關鍵字。[3]但是，歷史敘事中的「整體」對「個人」、「中央」對「地方」、「突發」對「常態」，有可能完全絕對化或單一化嗎？

事實上，對於何謂「大歷史」、「小歷史」這問題，研究群並未準備提出一明確的回答。在研討會的籌備階段，研究群成員任天豪曾就此言及，認為「大寫歷史」（History）常因偏重國家、政府等的影響力，或強調帝王將相、知名人物的表現，而忽略隱身在歷史大局背後的庶民的、非權力者的「小寫歷史」（histories）。[4]傳統的外交史寫作往往著重外交官員、外交部門乃至政

2　包括上揭論文集，至2016年2月止計有：國立政治大學人文中心編，《多元視野下的中華民國外交》（臺北：國立政治大學人文中心，2012）；周惠民主編，《國際法在中國的詮釋與運用》（臺北：政大出版社，2012）；周惠民主編，《國際秩序與中國外交的形塑》（臺北：政大出版社，2014）；唐啟華等著，《近代中國的中外衝突與肆應》（臺北：政大出版社，2014）。

3　趙世瑜，《小歷史與大歷史：區域社會史的理念、方法與實踐》（北京：生活・讀書・新知三聯書店，2006），頁10。

4　任天豪，〈「中外關係與近現代中國的形塑」研究團隊的研究理念與發展〉，《國史研究通

權中央的決策或思考，但是在不平等條約的影響下，所謂「中國外交」中，實則存在著地方交涉員、海關甚至軍人等非「上層」的參與者。因此，在對主權國家層次的「大外交」進行論述的同時，倘若能兼顧各種涉外相關的「小外交」，或能更具呈現近代中國的實況。[5]同為研究群成員的王文隆則認為「大歷史」（Macrohistory）著重歷史的「宏觀」，意在凸顯歷史發展的重大脈絡，關注的是具有關鍵影響的決策高層，而「小歷史」（Microhistory）則重視中下層社會的民眾，「微觀」常隱伏於斷簡殘編中的個人、族群、區域的片段記錄。然「大歷史」、「小歷史」彼此交相影響，不應偏廢一端。「大歷史」或將左右「小歷史」的論述可能，「小歷史」亦有可能翻轉「大歷史」的既有認識。[6]就筆者的個人見解而言，若拿人體來做比喻，「大歷史」欲掌握的是骨骼、筋肉、血管，「小歷史」欲明瞭的是神經、器官、組織，以醫學的見地來看，實無所謂孰輕孰重的問題。同樣地，質量俱佳的歷史論述必是血肉、骨架兩者兼備的。

惟須請讀者留意的是，本論文集的各篇作者對於何謂「大歷史」、「小歷史」係各自持有見解，研究群並未強求共識的形成或定義的統一，而由參與成員自由發揮闡述。希望經由本論文集的拋磚引玉，可以促進更多學界先進與研究同好參與何謂「大歷史」、「小歷史」的討論。

反省檢討

不可否認，過往的外交史研究主要關注國家間的合縱連橫，寫作上多外交談判、條約締結等「大歷史」論述，在史料運用上著重官方文書的耙梳整

訊》，第10期（2016年6月），頁172-179。

5　任天豪，〈卷後語〉，收入唐啟華等著，《近代中國的中外衝突與肆應》，頁251-256。
6　王文隆的見解詳見本論文集的導論。

理，史料批判上對其來源或出典亦力求明確，常視「小歷史」性質的研究爲瑣碎破裂的軼聞逸事整理。然而，傳統「大歷史」的外交史研究關懷上層官方往來，對中下層社會民眾的所思所感往往有所忽略，若能借鑒「小歷史」的分析視角，當有可能開闢新的詮釋角度。而且，「大歷史」性質的外交史研究其檔案基礎或許嚴謹，但有時卻淪爲官樣文章的羅列排比，甚至於不自覺中成爲科層體制的辯護或宣傳。若能向「小歷史」的取材多元借鏡，應可在既知的官方文書以外擴大史料來源。而且，若能審慎運用「小歷史」的研究成果，當可豐富歷史書寫的內容，避免欠缺歷史詮釋應有的生動描繪。東海大學歷史學系主任唐啓華評論本研究群另一成員應俊豪的近著時，指其一貫在研究上利用英國領事館報告與同時代的報章雜誌填補官方文書的不足，剖析公眾輿論與政治宣傳的相互影響，兼顧外交衝突中的上層交涉折衝與下層民眾反應。[7]在尋覓「大歷史」、「小歷史」的共振可能上，此研究手法或可汲取作爲參考。

　　本論文集的各篇論文皆利用中外檔案的一手史料，並積極嘗試將「大歷史」、「小歷史」互做連結，都可謂是實證嚴謹的個案研究。雖然部分論考對何謂「大歷史」、「小歷史」的討論確實存在力有未逮之處，但多能關注中國外交史上較不爲人所知悉的案例。相信研究群此次的嘗試在近代中國的歷史研究上必將發揮引玉之磚的作用。

　　對包括筆者在內的研究群成員而言，身爲一有志於鑽研外交史的學徒，如何經由史料的發掘或批判完成案例研究，進而對既存的歷史認識重新提出詮釋，是需要不斷地與研究同好進行辯駁並反覆自我省思的。而傳統外交史研究主要仰賴的檔案史料在記載的內容、觀點上確存有限制。儘管研究群成

7　應俊豪，《英國與廣東海盜的較量：一九二〇年代英國政府的海盜剿防對策》（臺北：臺灣學生書局，2015），頁iii-v。

員的學術關懷各有不同，如何善用此次何謂「大歷史」、「小歷史」的討論成果來豐富歷史寫作的內容，開拓未見的史料來源，進而重新檢視思考詮釋的視角，自是吾人在未來應正視及努力的課題。

個人見解

就筆者的認知，本研究群的「大歷史」、「小歷史」主題設定，另一個目的在於亟思與其他的學術社群能在學思上有所對話。眾所皆知的，二十世紀的歐美史學研究趨勢有兩次重大轉變，一是自1960年代以來的「新史學」挑戰了傳統史學，逐漸成為歷史學研究的主流。繼而於1980年代起，「新文化史」取代了「新史學」躍為學界的主流，發展至今仍方興未艾。而「新文化史」研究者關注身體（body）、國家認同（identity）與觀念（idea）等主題，在研究對象的取捨上，則聚焦下層民眾。[8]就此來看，「新文化史」的研究取徑應該是接近或等於「小歷史」範疇的。乍看之下，無論關懷主題或研究對象，本研究群實與「新文化史」學術社群「道不同，不相為謀。」然而，若欲對影響「新文化史」研究頗深的「想像的共同體」（imagined community）或「創出的傳統」（invented tradition）等概念加以討論或檢驗，切入角度以「由上至下」為主的外交史研究實亦為一極佳的場域。試想，怎可能僅對「記憶」、「象徵」等關鍵詞進行闡述，而忽視國家體制等框架的實際存在呢？另一方面，若對外交官員身處的時空背景或面對的社會實況缺乏掌握，對於彼等在政策決定過程中的發言、討議或判斷恐亦將淪於片面的了解。筆者以為，「大歷史」、「小歷史」間實存有相同或共通的問題意識。事實上，將「新文化史」強調的「由下至上」分析視角利用於外交史研究的可能性，業已為

8　關於當代新文化史的研究趨勢討論，詳見蔣竹山，《當代史學研究的趨勢、方法與實踐：從新文化史到全球史》（臺北：五南圖書出版股份有限公司，2012），頁13-44。

本研究群部分成員所提示，本論文集即可作爲檢驗的材料。

　　此外，筆者竊以爲本研究群應可透過對「大歷史」、「小歷史」的討論，與近年蓬勃發展的臺灣史學術社群開展交流。臺灣史研究先驅的曹永和先生鑑於過往的臺灣歷史研究因政治因素的限制，在論述上多以統治者或漢民族爲中心，遂有「臺灣島史觀」概念的倡議。認爲島嶼臺灣在不同的時期，由於國際情勢的推移、生產方式的相異、住民活動的變遷、經濟項目的替換等因素的影響，各時期呈現不同的社會特徵。在臺灣島這基本空間單位上，當以島上的住民作爲研究的主體，縱觀臺灣在時間長河中透過海洋與外界建立的各種關係，以及此島嶼在不同時間段落的世界潮流、國際情勢內的位置與角色，方得一窺臺灣歷史的眞面目。[9]就筆者個人的見解，近年呼應「臺灣島史觀」概念的研究成果多從「小歷史」角度出發，且讀者即鎖定於社會大眾。[10]但究曹永和先生所言的「臺灣在不同時間段落的世界潮流、國際情勢內的位置與角色」，又何嘗不是立基於「大歷史」視角的問題提起呢？試舉一例，研究關心雖有不同，但若欲了解1945年以降的臺灣究竟在世界潮流內處於何種位置，在國際情勢中扮演何種角色，實不可能無視當時國民黨政權的文書檔案或不言及相關的政策決定過程。筆者相信二戰後中華民國外交史的研究成果定能反饋於臺灣史研究上，而臺灣史研究的成果亦將深化二戰後中華民國外交史的研究。

　　在本論文集行將付梓前，國史館因配合現行法令的需要公告調整閱覽規定，引起國內外學界的注目與討論。其中有表示理解的聲音，亦有批評反對

9　曹永和，〈台灣史研究的另一個途徑：「台灣島史」概念〉，《臺灣史田野研究通訊》，第15
　　期（1990年6月），頁7-9。

10　筆者管見有限，例如：蔣竹山，《島嶼浮世繪：日治臺灣的大眾生活》（臺北：蔚藍
　　文化出版社，2014）；張素玢，《濁水溪三百年：歷史‧社會‧環境》（新北：衛城出
　　版，2014）；鄭麗玲，《躍動的青春：日治臺灣的學生生活》（臺北：蔚藍文化出版社，
　　2015）；戴寶村策畫，《「小的」與1895》（臺北：玉山社，2015）等等。

的意見。對此問題，本研究群中雖有部分成員參與反對運動的連署，惟研究群本身一本學術自由的初衷，並未就此議題對成員的言論或行動有所指涉。另有部分成員或逕行投書報刊，或經由網路評論各自向社會傳達己身的想法。[11]筆者認為誠如彼等所言，保管收藏於臺灣的史料若無法不分身分、畛域、國籍地提供研究者自由使用，將導致臺灣日後在世界的學術發展中失去能見度，進而失去自我詮釋的話語權。而開放透明的史料管理，不僅能讓本國研究者得以發展論述，更能使國外學者質疑時有所依據，讓研究成果得歷練不同角度的分析、詮釋、批判與辯駁。放諸東亞與其他國家相較，公開且便利的史料典藏原為臺灣的學術優勢，而且「三十年原則」亦已經成為先進國家的檔案管理趨勢。對歷史研究者而言，無論考察視角、研究手法是「大歷史」或「小歷史」，作為史料來源的官方檔案，不論經史料批判後其價值是高或低，公開、便利、平等、透明的取得途徑是不可或缺的。即使因為政治因素或個別研究者人格特質的緣故，偶有難謂客觀、中立的論述問世，但相信該等論說終將淘汰於學術史的潮流當中。與其增加無謂的限制，在過往檔案公開的基礎上，繼續推進文獻解題與目錄整理等基礎工作方為臺灣歷史學界的當前要務。記得電影《侏羅記公園》（*Jurassic Park,* 1993）中有句著名的臺詞：「Life finds a way」。筆者尋思，非但生命如此，檔案亦復如此。

11　例如：陳冠任，〈國史館自失發言權〉（2016年7月30日），收入於「自由評論網」：http://talk.ltn.com.tw/article/paper/1016367。（2016年8月23日點閱）；陳立樵，〈國家檔案開放與自我詮釋優勢：從英國與伊朗經驗說起〉（2016年8月4日），收入於「自由評論網」：http://talk.ltn.com.tw/article/breakingnews/1783785。（2016年8月23日點閱）